AF821911

HANS GLOTH

Die Entwicklung des Kommunalkredits

Untersuchungen über das Spar-, Giro- und Kreditwesen

Schriften des Instituts für das Spar-, Giro- und Kreditwesen
an der Universität Bonn

Herausgegeben von Prof. Dr. Dr. Dr. h. c. Fritz Voigt

Band 36

Die Entwicklung des Kommunalkredits

Eine Untersuchung der Beziehungen zum Steueraufkommen

Von

Dr. Hans Gloth

DUNCKER & HUMBLOT / BERLIN

Gedruckt 1967 bei Alb. Sayffaerth, Berlin 61
Printed in Germany

Vorwort

In dem vorliegenden Buch wird der Versuch unternommen, die Zusammenhänge zwischen der Entwicklung des Kommunalkredits und der gemeindlichen Steuereinnahmen theoretisch zu klären und für die Zeit der Weimarer und der Bundesrepublik empirisch zu belegen.

Der theoretische Teil der Arbeit befaßt sich insbesondere mit der Problematik des kommunalen Verschuldungszwanges und untersucht in diesem Zusammenhang die Frage, für welche Zwecke und in welchem Maße die Kommunalkreditnahme sinnvoll ist und inwieweit sie den finanziellen Spielraum der Gemeinden erweitert. Ein zweiter Problemkreis behandelt Möglichkeiten und Grenzen der Attrahierung privater Unternehmen mittels kreditfinanzierter kommunaler Vorleistungsinvestitionen, und ein dritter analysiert die Beziehungen zwischen kommunalen Einnahmen und Ausgaben sowie gemeindlicher Verschuldung in verschiedenen Konjunkturphasen.

Die im theoretischen Teil ermittelten Aussagen werden im Schlußteil mit den Ergebnissen der empirischen Untersuchung konfrontiert. Sinn dieser Gegenüberstellung ist es, zu ermitteln, ob und inwieweit die Thesen unter der Voraussetzung der finanziellen Situation der Gemeinden vor und nach dem Zweiten Weltkrieg zutreffen.

Dem Direktor des Instituts für das Spar-, Giro- und Kreditwesen, meinem verehrten Lehrer, Herrn Professor Dr. Dr. Dr. h. c. Fritz Voigt, bin ich für die Anregung zu dieser Arbeit und für seine niemals erlahmende Unterstützung dankbar. Ferner danke ich Herrn Dr. Horst Friedrich für seine wertvollen Hinweise sowie meiner Frau für ihre Unterstützung.

Düsseldorf, im Herbst 1967

Hans Gloth

Inhaltsverzeichnis

Verzeichnis der Tabellen

Verzeichnis der Abbildungen

Einleitender Teil

Einleitung und begriffliche Abgrenzung

1. Kap.: Problemstellung und Gang der Untersuchung

In der vorliegenden Arbeit wird der Versuch unternommen, die Beziehungen zwischen der Entwicklung des kommunalen Steueraufkommens (einschließlich Finanz- und Lastenausgleich) und der Entwicklung des Kommunalkredits zu analysieren. Bei dieser Untersuchung werden nicht nur die Schulden berücksichtigt, die den ordentlichen Haushalt zusätzlich und effektiv belasten (unrentable Schulden)[1], sondern auch jene, die den Charakter durchlaufender Posten haben (Durchleitungsschulden) und den ordentlichen Haushalt nicht belasten sowie solche Schulden, die zwar die Gemeinde belasten, jedoch nicht die allgemeinen Deckungsmittel des ordentlichen Haushalts, weil ihnen zusätzliche Einnahmen aus den mit den Darlehen geförderten Maßnahmen gegenüberstehen (rentable Schulden).

Von wesentlichem Einfluß für die Kommunalkreditnahme sind der dringliche Finanzbedarf der Gemeinden, Maßnahmen der kommunalen Aufsichtsbehörden[2], die wechselnde Lage auf dem Kreditmarkt, haushaltsrechtliche Vorschriften[3] u. ä. m. Den Beziehungen zwischen kommunaler Verschuldung und diesen — neben der Steuerkraft bestehenden — Faktoren kann jedoch im Rahmen unserer Themenstellung nicht im einzelnen nachgegangen werden. Wenn trotzdem dieser oder

---

[1] Vgl. Egon *Barocka*, Die Analyse der Gemeindeschulden, in: Der langfristige Kredit, 8. Jg. (1957), Heft 21/22, S. 387. Siehe auch Carl *Düvel*, Rechtfertigung und Grenzen kommunaler Schuldenaufnahme, in: Der langfristige Kredit, 8. Jg. (1957), Heft 21/22, S. 375 ff.

[2] Vgl. Egon *Barocka*, Die Verschuldungsgrenze der Gemeinden, in: Zeitschrift für das gesamte Kreditwesen, 8. Jg. (1955), Heft 16, S. 612.

[3] Als Beispiel: Notverordnung des Reichspräsidenten vom 6. Oktober 1931 (RGBl. I S. 537). Danach bedurften die Gemeinden und Gemeindeverbände zur rechtswirksamen Aufnahme von Anleihen und Darlehen, zur rechtswirksamen Übernahme von Bürgschaften usw. der vorherigen Genehmigung durch die Landesregierung oder die von ihr beauftragten Behörden. Als Anleihe oder Darlehen war die Aufnahme jeder Art von Kredit anzusehen. Kassenkredite bedurften jedoch der Genehmigung nicht (Dritter Teil, Kapitel I).

jener oben erwähnte Bestimmungsfaktor des Kommunalkredits einmal herangezogen wurde, dann geschah das immer nur im Interesse der eigentlichen Untersuchung.

Die Arbeit ist wie folgt aufgebaut: Zunächst wird eine Klärung der für das Thema relevanten Begriffe vorgenommen.

Im *ersten Abschnitt* des *Hauptteils* sollen die theoretisch denkbaren Beziehungen zwischen dem Steueraufkommen und der Kommunalverschuldung bzw. dem Kommunalkredit aufgezeigt werden. Der *zweite Abschnitt* des *Hauptteils* — der Schwerpunkt der Untersuchung — ist vorwiegend empirischer Natur. Aufgrund des statistischen Materials werden die Entwicklungslinien des Steueraufkommens und des Kommunalkredits dargestellt sowie ihre gegenseitige Beziehung analysiert. Dieser Teil ist sowohl chronologisch als auch systematisch gegliedert worden. Als Untersuchungszeitraum wurde die Periode von 1914 bis zur Machtübernahme durch den Nationalsozialismus für das Gebiet des Deutschen Reichs sowie die Zeit nach der Währungsreform (1948) bis zur Gegenwart für die Bundesrepublik gewählt. Bei dieser Untersuchung war es notwendig, die Entwicklungsreihen im gesamten wirtschaftlichen Ablauf für den Untersuchungszeitraum zu erörtern, um die Ausgangsbasis für einen Vergleich zu schaffen.

Im *Schlußteil* werden die im theoretischen Teil aufgezeigten möglichen Funktionszusammenhänge mit den im zweiten Abschnitt des Hauptteils gewonnenen Ergebnissen konfrontiert. Dabei wird zu prüfen sein, inwieweit die theoretischen Überlegungen mit den Ergebnissen der statistischen Analyse übereinstimmen.

2. Kap.: Begriff und Abgrenzung des Kommunalkredits

Nur selten ist versucht worden, den Kommunalkredit aus dem Sammelbegriff „Öffentlicher Kredit", der wesentliche Tatbestände verdeckt, herauszulösen und ihn als Kredit eigenständiger Prägung zu erfassen. „Durchforscht man die dem öffentlichen Kredit gewidmete Literatur, so stößt man auf die merkwürdige Tatsache, daß mit dem öffentlichen Kredit fast immer nur der Staatskredit gemeint ist und der Kommunalkredit bestenfalls am Rande erwähnt, jedoch nicht näher behandelt wird[1]." Dadurch, daß man Staatskredit, Länderkredit und die Vielzahl der möglichen Kommunalkredite in der wirtschaftswissenschaftlichen Literatur bisher überwiegend als eine Kre-

[1] Ernst-Günter *Winkler*, Aufgaben und Grenzen der gemeindlichen Kreditnahme, Berlin—München 1961, S. 7.

ditart behandelt hat[2], blieben wesentliche Unterschiede, die sich aus der anders gearteten Struktur des Kommunalkredits und den Verhaltensweisen der Gemeinden bzw. der Führungsschicht der kommunalen Selbstverwaltung ergeben, unberücksichtigt.

Von den übrigen Formen des öffentlichen Kredits unterscheidet sich der Kommunalkredit dadurch, daß die Gemeinden und Gemeindeverbände vom Staat beaufsichtigt und kontrolliert werden. Die Kommunen sind damit in ihrer Kreditwirtschaft nicht autonom, da der Staat sowohl fördernd als auch hemmend eingreifen kann[3]. Auf Einzelheiten der grundsätzlichen Unterschiede zwischen staatlicher und kommunaler Verschuldung kann hier nicht eingegangen werden; wir verweisen in diesem Zusammenhang auf die bereits angeführte Arbeit von *Winkler*.

Der Begriff „Kommunalkredit" im finanztechnischen Sinne wird klar, wenn man seinen Bereich nach der Laufzeit, nach dem Verwendungszweck sowie nach der rechtlichen Natur der Kreditnehmer betrachtet.

I. Die Abgrenzung des Kommunalkredits nach der Laufzeit

Der Kommunalkredit umfaßt kurz-, mittel- und langfristigen Kredit. Vor dem 2. Weltkrieg hat das Statistische Reichsamt die Kredite nach der Laufzeit eingeteilt in:

1. Kurzfristige Kredite mit einer Laufzeit bis zu einem Jahr oder jederzeitiger Kündbarkeit,
2. mittelfristige Kredite mit einer Laufzeit von einem Jahr bis unter 10 Jahren,
3. langfristige Kredite mit einer Laufzeit von 10 Jahren und darüber.

Heute werden die Kommunalkredite nach der Laufzeit vom Statistischen Bundesamt wie folgt untergliedert:

a) Kurzfristige Kredite mit einer Laufzeit bis zu einem Jahr oder jederzeitiger Kündbarkeit,

---

[2] So beispielsweise *v. Eheberg*: „Das Wesen des kommunalen Kredits unterscheidet sich grundsätzlich nicht von dem des Staatskredits. Wir verweisen deshalb auf die einschlägigen Artikel über Kredit und Staatsschulden." (Karl Theodor *v. Eheberg*, Artikel Gemeindefinanzen, in: Handwörterbuch der Staatswissenschaften, 4. Bd., vierte, gänzlich umgearbeitete Auflage, Jena 1927, S. 835.)

[3] Vgl. Hans *Ritschl*, Eine Neuregelung des Finanzausgleichs in Beziehung zu Artikel 107 des Grundgesetzes für die Bundesrepublik, in: Finanzarchiv Tübingen, N. F. 13 (1951/52), S. 370, und August *Zimmermann*, Die Grundlagen des Kommunalkredits, in: Kommunalwirtschaft, Jg. 1955, Heft 12, S. 587.

b) mittelfristige Kredite mit einer Laufzeit von mehr als einem Jahr bis zu 4 Jahren,
c) langfristige Kredite mit einer Laufzeit von mehr als 4 Jahren.

Der *kurzfristige* Kredit an Kommunen ist ein Ausgleichskredit; er ist „die Brücke zwischen normaler Verausgabung und normaler Vereinnahmung von Etatmitteln"[4]. Der Ausgleichskredit erscheint in der Form des echten und unechten Kassenkredits oder als Liquiditätskredit. Vom echten (unechten) Kassenkredit spricht man im allgemeinen dann, wenn die gewöhnliche Rückzahlungsfrist nicht (geringfügig) überschritten worden ist. Liquiditätskredit liegt vor, wenn in der Kommune eine Geldknappheit zwischen zwei Steuerterminen überbrückt werden muß.

Mittelfristiger Kommunalkredit ist Überbrückungs-, Ablösungs- oder Investitionskredit. Als Kredit für Investitionen von hoher Rentabilität wird mittelfristiger Kredit dann verwandt, wenn langfristiger Kommunalkredit nicht verfügbar ist. Der Überbrückungs-(Defizit-)Kredit unterscheidet sich vom Kassenkredit dadurch, daß die finanzplanmäßige Deckung fehlt. Dient der Kredit der Ablösung oder Umschuldung aufgenommener kurzfristiger Kredite oder Kreditreste, dann spricht man von Ablösungskredit.

Der *langfristige* Kommunalkredit, dessen Laufzeit 4 bis etwa 35 Jahre beträgt, ist Investitionskredit und dient einem Bedarf, der seinem Wesen nach Anlage auf lange Sicht bedeutet und der dementsprechend auch nur langfristig getilgt werden kann.

II. Die Abgrenzung des Kommunalkredits nach dem Verwendungszweck

Nach der Art des Verwendungszweckes unterscheidet *Gerloff*[5] beim Kommunalkredit zwischen Unternehmungskrediten, Kulturkrediten und Notkrediten. Der *Unternehmungskredit* (auch Erwerbs- oder Rentabilitätskredit genannt) wird von der öffentlichen Körperschaft als Wirtschaftssubjekt unter ertragswirtschaftlichen Erwägungen in Anspruch genommen. Unternehmungskredit ist somit erwerbswirtschaftlich begründeter Kredit, der „sich immer selbst im Geldertrag seiner Verwendung als berechtigte marktwirtschaftliche Kapitalnachfrage erweisen"[6] muß. Nimmt die öffentliche Körperschaft dagegen

---

[4] Fritz *Butschkau*, Kommunalkredit und kommunale Kreditinstitute, in: Deutscher Städtetag (Tagungsberichte), Juli 1949, S. 103.

[5] Vgl. Wilhelm *Gerloff*, Artikel Öffentlicher Kredit, in: Handwörterbuch des Bankwesens, Berlin 1933, S. 407.

[6] Wilhelm *Gerloff*, a. a. O., S. 407.

als Verwaltungssubjekt einen Kredit in Anspruch (sog. Verwaltungskredit), dann entbehrt ein derartiges Darlehen eines solchen Maßstabes seiner Rechtfertigung.

Der *Kulturkredit* dient öffentlichen Investitionen, die aus Gründen der Gemeinnützigkeit ohne Rücksicht auf die Rentabilität vorgenommen werden.

Der *Notkredit* schließlich wird zur Befriedigung eines plötzlich auftretenden Bedarfs nachgefragt, „dessen Bestreitung auf anderem Wege entweder überhaupt nicht möglich oder (z. B. Vermögensveräußerung) als unökonomisch erscheint"[7]. Da Notkredit vornehmlich bei Naturkatastrophen und in Krisenzeiten aufgenommen wird, spricht man auch von Krisenkredit.

Barocka[8] unterscheidet im Hinblick auf das praktische Bankwesen im Kommunalkreditgeschäft nach Verwendungszwecken zwischen Investitionskrediten, Bauzwischenkrediten, Kassenkrediten, Betriebskrediten, Liquiditätskrediten sowie Ablösungs- oder Umschuldungskrediten.

Investitionskredite dienen der Finanzierung lang- und mittelfristiger Investitionen. Dabei kann es sich um Kredite für rentable Zwecke (Produktivitätskredite), für beschränkt rentable Zwecke und um Kredite für unrentable Zwecke handeln.

Bauzwischenkredite treten als echte Bauzwischenkredite oder als Vorfinanzierungskredite auf. Echte Bauzwischenkredite füllen das Finanzierungsvakuum vom Beginn des Bauvorhabens bis zur Auszahlung der langfristigen Darlehen oder der Ib-Hypotheken nach Beendigung des Bauprojekts aus. Um die zügige Durchführung kommunaler Bauten zu ermöglichen, können Bauzwischenkredite auch zur Vorfinanzierung kommunaler Bauten gewährt werden, falls staatliche Hilfen zugesagt worden sind. Bei der Gewährung von Bauzwischenkrediten muß die Dauerfinanzierung immer gesichert sein. Noch nicht gesichert ist dagegen die Dauerfinanzierung bei der Gewährung von *Vorfinanzierungskrediten*, die von öffentlich-rechtlichen Unternehmungsträgern dann nachgefragt werden, wenn mittel- und langfristiger Investitionskredit nicht verfügbar ist, und die man so lange verlängert, bis ein Investitionskredit, der dann als Ablösungskredit bezeichnet wird, aufgenommen werden kann.

Kassenkredite dienen dazu, die kurze Zeitspanne zwischen Geldbedarf und Geldeingang zu überbrücken. Sie werden immer auf-

---

[7] Wilhelm *Gerloff*, a. a. O., S. 407.

[8] Vgl. Egon *Barocka*, Kommunalkredit und kommunale Finanzwirtschaft, Frankfurt am Main 1958, S. 126.

genommen, wenn zwischen den kommunalen Haushaltseinnahmen und -ausgaben Lücken entstehen; sie stellen somit eine Vorwegnahme von zu erwartenden Einnahmen dar. „Nicht ‚Deckung', sondern ‚Vorlage' ist in der Regel ihre Aufgabe[9]."

Betriebskredite werden von Wirtschaftsunternehmen der Gemeinden aufgenommen; in der Regel sollen sie aus dem Erlös des laufenden Geschäftsjahres zurückgezahlt werden.

Liquiditätskredite werden zur Überbrückung einer vorübergehenden Liquiditätsanspannung von den Kommunalwirtschaften nachgefragt.

Hat die kurzfristige kommunale Verschuldung eine solche Höhe erreicht, daß eine Verzinsung und Tilgung aus dem ordentlichen Haushalt des laufenden Haushaltsjahres nicht mehr gewährleistet ist, dann werden kurz-, mittel- oder auch langfristige[10] Umschuldungskredite aufgenommen. Von den Umschuldungskrediten zur Ablösung von unechten Kassenkrediten, Liquiditäts- oder Notkrediten sind die sog. Investitions-Umschuldungskredite zu unterscheiden, die der Ablösung einer planmäßigen Vor- oder Zwischenfinanzierung einer Investition dienen.

III. Die Abgrenzung des Kommunalkredits nach der rechtlichen Natur der Kreditnehmer

Nach dem Hypothekenbankgesetz vom 13. Juli 1899[11] und dem Gesetz über die Pfandbriefe und verwandten Schuldverschreibungen der öffentlich-rechtlichen Kreditanstalten vom 21. Dezember 1927[12] zählen nach der Art der Darlehnsnehmer zum Kommunalkredit im weiteren Sinne der Kredit an Städte, Gemeinden und Gemeindeverbände (Land- und Stadtkreise, Amts-, Bezirks- und Landschaftsverbände), die Darlehen an Landeswohlfahrtsverbände, an Wasser- und Bodenverbände, an Wasserwirtschaftsverbände und an eine Anzahl inländischer Verbände des öffentlichen Rechts, denen der Charakter der öffentlichen Körperschaft durch Gesetz verliehen worden ist und die Umlagen und Steuern erheben und im Verwaltungszwangs-

---

[9] Wilhelm *Dieben* und Kurt *Ebert*, Die Technik des öffentlichen Kredits, in: Handbuch der Finanzwissenschaft, 3. Bd., zweite, völlig neubearbeitete Auflage, Tübingen 1958, S. 37.

[10] Die Umschuldungskredite aus den Emissionen des Umschuldungsverbandes deutscher Gemeinden vom Jahre 1933 waren langfristige Überbrückungkredite.

[11] RGBl. I S. 375 in den Fassungen vom 29. 3. 1930 (RGBl. I S. 108) und vom 5. 2. 1963 (BGBl. I S. 81).

[12] RGBl. I S. 492 in der Fassung vom 8. 5. 1963 (BGBl. I S. 312). — Im folgenden zitiert als „öffentliches Pfandbriefgesetz".

verfahren beitreiben können[13]. Zum Kommunalkredit gehören weiterhin alle jene Kredite an dritte Personen, für die eine inländische öffentlich-rechtliche Körperschaft[14] die Bürgschaft übernimmt.

Unzweifelhaft gehören zu den Körperschaften des öffentlichen Rechts auch die Zweckverbände[15], die von Trägern großer überörtlicher Wasser- und Energieversorgungsunternehmen bevorzugt werden. Häufig wird auch die Rechtsform des Zweckverbandes für Schulbauten, an denen mehrere Gemeinden beteiligt sind, verwendet. Zu den Körperschaften des öffentlichen Rechts im Sinne von § 41 Hypothekenbankgesetz und § 7 des öffentlichen Pfandbriefgesetzes zählen ferner die Teilnehmergemeinschaften der Grundstücksumlegung, die Deichverbände, Meliorationsgenossenschaften und ähnliche Körperschaften des öffentlichen Rechts. Sowohl in der Praxis als auch in der Wissenschaft hat man den Kredit an Wasser- und Bodenverbände, an Wasserwirtschaftsverbände und an Teilnehmergemeinschaften der Grundstücksumlegung aber immer mehr unter der Bezeichnung „Meliorationskredit" abgezweigt, obwohl er nach der Konstruktion seines Passivgeschäftes als eine Abart des Kommunalkredits anzusehen ist.

Zu den öffentlich-rechtlichen Körperschaften gehören ferner die öffentlichen Genossenschaften (wie Forstgenossenschaften, Haubergsgenossenschaften, Jagdgenossenschaften) und die sog. Realgemeinden nach altem hannoverschen Landesrecht. Weitere Beispiele sind die landschaftsähnlichen Banken mit Mitgliedschaftsprinzip, die Innungen, die Handwerkskammern, die Industrie- und Handelskammern sowie die Landschaftskammern.

Die bisherige Aufzählung zeigt den sehr weitgezogenen Begriff der öffentlich-rechtlichen Körperschaft. Hinsichtlich des Kommunal-

---

[13] Eine ausführliche Aufzählung der Kreditnehmer gibt *Achterberg*. Vgl. Erich *Achterberg*, Artikel Kommunalobligationen, in: Enzyklopädisches Lexikon für das Geld-, Bank- und Börsenwesen, Bd. II, Frankfurt am Main 1957, S. 1007. Siehe auch Manuel *Falter*, Die Praxis des Kreditgeschäfts bei Sparkassen und anderen Kreditinstituten, fünfte, völlig neubearbeitete Auflage, Stuttgart 1962, S. 32, 124 f., 569 ff.

[14] Zur Definition der öffentlich-rechtlichen Körperschaft siehe Ernst *Forsthoff*, Lehrbuch des Verwaltungsrechts, neunte, neubearbeitete Auflage, München und Berlin 1966.

[15] Bei ihnen wird durch Assoziation ein Sammelbedürfnis befriedigt (zur Definition des Sammelbedürfnisses und zur Bedürfnislehre siehe Hans *Ritschl*, Theorie der Staatswirtschaft und Besteuerung, Bonn und Leipzig 1925). Nach *Ritschl* ist es all diesen Verbänden und Gesellschaften eigen, „daß sie niemals alle Bewohner eines Gebietes umfassen können, alle Glieder eines Standes in sich vereinigen, denn der Austritt und Zutritt steht ja den einzelnen frei. Deshalb spricht man bei der Assoziation auch von einer freien Gemeinwirtschaft." (Hans *Ritschl*, Theorie der Staatswirtschaft und Besteuerung, a. a. O., S. 40.)

kredits ist dabei wichtig, daß alle genannten Verbände von ihren Mitgliedern Beiträge erheben können, auch zu dem Zweck, den Schuldendienst von aufgenommenen Darlehen zu erfüllen.

Zum Kommunalkredit zählen weiterhin jene Kredite, die von Gemeinden für Eigen- und Regiebetriebe aufgenommen werden sowie solche Darlehen, die an kommunale Versorgungs- und Verkehrsbetriebe gewährt werden, die in der Form der Aktiengesellschaft oder als GmbH, als sonstige privat-rechtliche Gesellschaft oder als Genossenschaft betrieben werden. Wie *Barocka*[16] darlegt, ist es gleichgültig, in welcher Rechtsform die Unternehmen betrieben werden; allerdings muß sich das Gesellschaftskapital ganz oder überwiegend in öffentlicher Hand befinden.

Da sowohl das Hypothekenbankgesetz als auch das öffentliche Pfandbriefgesetz nur von Darlehen an inländische Körperschaften sprechen, nicht aber von Anstalten und Stiftungen des öffentlichen Rechts, taucht im weiteren die Frage auf, ob der Kredit an diese Korporationen zum Kommunalkredit gehört. *Barocka* bejaht dies, wenn er darauf hinweist, daß zum Kommunalkredit auch der Kredit an Anstalten des öffentlichen Rechts zu rechnen ist[17]. Unter die rechtsfähigen öffentlichen Anstalten fallen dabei die Länderbanken (z. B. die Braunschweigische Staatsbank, die Bayerische Staatsbank, die Landesbanken und Girozentralen), die sonstigen Kreditinstitute der Länder (z. B. die Deutsche Pfandbriefanstalt, die Deutsche Landesrentenbank, die Deutsche Siedlungsbank, die Bayerische Landesbodenkreditanstalt), die Spar- und Girokassen sowie die Sparkassen- und Giroverbände. Nach der *Barocka*'schen Abgrenzung zählen somit beispielsweise Kreditbeziehungen zwischen Sparkassen und Girozentralen zum Kommunalkredit. Hier liegt jedoch — und darauf wird unten noch zurückzukommen sein — eine Denaturierung des Begriffs „Kommunalkredit" vor.

Für eine Darlehensgewährung und für eine Gewährleistung von Kommunaldarlehen kommen schließlich noch die Sozialversicherungsanstalten, die Universitäten und die Rundfunkorganisationen als weitere Beispiele für rechtsfähige öffentliche Anstalten in Betracht.

Der Begriff „Gewährleistung" für Darlehen durch eine öffentlichrechtliche Körperschaft ist, abgesehen von der Einschränkung, daß es sich um eine inländische Körperschaft des öffentlichen Rechts han-

---

[16] Vgl. Egon *Barocka*, Kommunalkredit und kommunale Finanzwirtschaft, a. a. O., S. 136.

[17] Vgl. Egon *Barocka*, Kommunalkredit und kommunale Finanzwirtschaft, a. a. O., S. 137.

deln muß, gesetzlich nicht definiert und in keiner Weise eingeschränkt. Auch die Mustersatzungen für Sparkassen schränken die Gewährleistung für Kommunalkredite für öffentlich-rechtliche Körperschaften nicht ein. Man wird darunter alle Formen von Bürgschafts- und Garantieübernahmen folgender Bürgen zu verstehen haben: Bund, Länder, Gemeinden, Gemeindeverbände, Zweckverbände, Kirchengemeinden und andere leistungsfähige öffentlich-rechtliche Körperschaften mit Umlage- und Zwangsbeitreibungsrecht. Zweifelhaft ist dabei die Gewährleistungsfähigkeit der Bahn und der Post. Namentlich bei der Reichsbahn war die Gewährleistung im Sinne des Hypothekenbankgesetzes und des öffentlichen Pfandbriefgesetzes lange Zeit umstritten. Noch 1938 schied die Deutsche Reichsbahn als Bürge für Kommunaldarlehen aus, weil ihr die Merkmale der öffentlich-rechtlichen Körperschaft (gesicherter Mitgliederbestand, Recht zur Erhebung von Umlagen und zu ihrer außergerichtlichen Beitreibung) fehlten. Erst ab 1939 und in neuerer Zeit ab 1951 wurde der Reichs- bzw. Bundesbahn die Übernahme von Bürgschaften gestattet. Das gleiche gilt seit 1951 für die Bundespost[18].

3. Kap.: Begriffliche Abgrenzung des Kommunalkredits im Hinblick auf die vorliegende Arbeit

Im vorstehenden Kapitel sind diejenigen Kreditnehmer angeführt worden, die zu den kommunalen Korporationen im Sinne des Bankgesetzes gehören. Dabei wurde bereits darauf hingewiesen, daß Kreditbeziehungen zwischen beispielsweise Sparkassen und Girozentralen unter den „Kommunalkredit" fallen. Daß diese Abgrenzung den Begriff Kommunalkredit denaturiert und zu absurden Ergebnissen führt, dürfte unschwer einleuchten; dieser Begriff ist somit in unserer Arbeit nicht zu verwenden.

Aus diesem Grunde sind in der vorliegenden Untersuchung in Übereinstimmung mit der offiziellen Bankenstatistik nur Zahlen ermittelt worden, die den Kommunalkredit im ursprünglichen Sinne des Wortes umfassen, d. h. Kredite *von* inländischen Sparkassen, Girozentralen und Landesbanken, von Landeskreditanstalten und sonstigen öffentlich-rechtlichen Kreditinstituten, überregionalen Instituten mit Sonderaufgaben und von sonstigen Kreditinstituten *an* Städte, Gemeinden und Gemeindeverbände, die räumlich eine Mehr-

---

[18] Vgl. Egon *Barocka*, Kommunalkredit und kommunale Finanzwirtschaft, a. a. O., S. 135 f.

zahl von Gemeinden umfassen. Außerdem werden bei der Besprechung von Gesamtverschuldungsziffern die (zeitweise vorhandenen) kommunalen Schulden auf ausländischen Geld- und Kapitalmärkten sowie die Anleihen der gemeindlichen Gebietskörperschaften berücksichtigt.

Inwieweit in den angegebenen Ausleihungen Kommunalkredite enthalten sind, die von öffentlich-rechtlichen Körperschaften an Dritte weitergeleitet wurden (sog. unechte oder „pervertierte" Kommunalkredite), ließ sich nicht feststellen[1].

Nicht erfaßt wurden die Schulden der Landschaftsverbände sowie der selbständigen preußischen Gutsbezirke, die Ende der zwanziger Jahre aufgelöst wurden und die an sich auch nur eine geringe Verschuldung aufweisen dürften. Die Kommunalkreditnahme der Gemeinden in den Stadtstaaten Hamburg, Bremen und Lübeck blieb ebenfalls unberücksichtigt. In die statistische Erhebung wurden schließlich nicht einbegriffen die aus öffentlichen Mitteln an Gemeinden gewährten Bankkredite (Treuhandkredite usw.) sowie interkommunale Schuldaufnahmen.

Da detaillierte statistische Angaben über die rentable und unrentable Kreditmarktverschuldung kommunaler Eigengesellschaften fehlen, wird im empirischen Teil der Untersuchung die Verschuldung der Städte verglichen ohne Berücksichtigung der Verschuldung von kommunalen Unternehmen, die in Form von Gesellschaften des privaten Rechts geführt werden. Das gleiche gilt für die Verschuldung gemeindlicher Eigenbetriebe[2]. Künftig sollte die Statistik jene Anteile der *Kreditmarktverschuldung* von gemeindlichen Unternehmen[3] ausgliedern und ausweisen, die den Schuldendienst selbst zu tragen vermögen, damit die Höhe der unrentablen Verschuldung dieser Unternehmen bei den verschiedenen Städten und Gemeinden ermittelt werden kann.

Zum Sprachgebrauch ist abschließend zu bemerken, daß unter „Gemeinde", „gemeindlich", „Kommune" oder „kommunal" die Gemeindeverbände, (Ämter, Kreise, Bezirksverbände) mitgemeint sind, falls nicht ausdrücklich anders angegeben.

---

[1] Daß eine exakte Abgrenzung nicht immer vorliegt, steht außer Zweifel. Dazu Statistisches Bundesamt: „An ‚Kommunaldarlehen', in denen allerdings auch Darlehen an vergesellschaftete Unternehmen und auch an Länder enthalten sind, . . .". (Wirtschaft und Statistik, 3. Jg. N. F., Heft 3, 1951, S. 126.)

[2] Vgl. hierzu Kapitel 9.

[3] Bisher wurde lediglich die Gesamtverschuldung kommunaler Eigenbetriebe sporadisch erfragt und ausgegliedert, nicht dagegen die Kreditmarktverschuldung. — Vgl. auch Kapitel 9.

Hauptteil

Erster Abschnitt

Analyse der Beziehungen zwischen gemeindlichen Steuereinnahmen und kommunaler Verschuldung

4. Kap.: Der Finanzbedarf und seine Deckungsmöglichkeit

I. Der Gemeinbedarf als Grundlage des Finanzbedarfs der Gemeinden

Die kommunale Wirtschaft ist ein Zweckgebilde, eine zentral geleitete Wirtschaft, die nach einem einheitlichen Haushaltsplan geführt wird. Sie ist damit eine Planwirtschaft, die einem System von Zwecken dient, deren Rangordnung in den Haushaltsplänen bestimmt wird. Jeder dieser Zwecke der kommunalen Wirtschaft erfordert wirtschaftliche Güter und Dienstleistungen, die wieder mit Geldmitteln beschafft oder entgolten werden, sofern die Kommune nicht unmittelbare Dienstleistungen ihrer Bürger beansprucht, wie Wegebaufronden und andere Naturalleistungen.

Diesem System von Zwecken entspringt und entspricht ein *Gemeinbedarf*, der heute überwiegend in der Form des *Finanzbedarfs* in Erscheinung tritt[1]. Die Befriedigung dieses Gemeinbedarfs bzw. dieser Gesamtheits- oder Gemeinschaftsbedürfnisse ist nach *Ritschl* die eigentliche Aufgabe der Gemeinden[2].

II. Die Deckung des Finanzbedarfs der Gemeinden

Die Kommunalwirtschaft deckt die Kosten für die Befriedigung des Gemeinbedarfs, der in der Form des Finanzbedarfs erscheint, wie folgt:

---

[1] Vgl. Hans *Ritschl*, Artikel Finanzwissenschaft, in: Handwörterbuch der Betriebswirtschaft, Bd. II, dritte, völlig neubearbeitete Auflage, Stuttgart 1957/58, S. 1939 f.

[2] Vgl. Hans *Ritschl*, Theorie der Staatswirtschaft und Besteuerung, a. a. O., S. 43 ff. und S. 64 ff.

1. Einmal kann die Gemeinde hier jene Überschüsse verwenden, die ihr bei der erwerbsmäßigen Befriedigung von unverbundenen Einzel- oder Sammelbedürfnissen der Bürger zugeflossen sind. Bei diesen Erwerbseinkünften der Gemeinde handelt es sich um ursprüngliche Einnahmen. Die Kommune erhält als Produzent und Anbieter von Gütern und Dienstleistungen einen Anteil am Sozialprodukt[3].

2. Da die Einkünfte aus der kommunalen Markterzeugung und Fremdleistung nicht ausreichen, um die Kosten der gemeindlichen Haushaltswirtschaft zu decken, treten die regelmäßig erhobenen Geldsteuern als aus dem Einkommen des Individuums abgeleitete Einnahmen der Kommunalwirtschaft, die der einzelne Bürger als Mitglied der Gesamtheit entrichten muß, hinzu. Die Gemeinde zwingt den einzelnen hier, „nach seinen Kräften als Glied des Ganzen für die Allgemeinheit zu opfern, so, als ob das Glied den Gemeinsinn hätte"[4]. In diesem Falle ist die kommunale Ausgabenwirtschaft gegeben, die der Marktwirtschaft „überlagert"[5] ist.

Die Besteuerung bedeutet nach *Ritschl* eine nachträgliche Umformung (Remedur) der in der Volkswirtschaft vollzogenen freien Einkommensverteilung zugunsten des noch ungedeckten Finanzbedarfs des Staates und auch der Gemeinden, denen in der Einkommensverteilung nur Erträge aus gemeindlichen Unternehmen oder kommunalem Vermögen zufließen[6]. Die Steuer schränkt so die private Nachfrage ein, indem sie den Privaten Kaufkraft entzieht.

Das Ausmaß der Besteuerung verändert sich bei einer Gemeinde immer dann, wenn der kommunale Finanzbedarf sich ändert. Steigt er an, dann werden die Gemeinden versuchen, ihre Steuerquellen stärker auszunutzen und die den Einzelwirtschaften zufließenden Mittel erneut zu kürzen. Ob und inwieweit das möglich ist, hängt davon ab,

a) in welchem Umfang die Kommunen über eigene Steuern verfügen und welchen Spielraum sie für die Erhöhung ihrer Steuereinnahmen haben (sog. „Gestaltungsspielraum")[7] und

b) wie stark die politischen Widerstände gegen eine Steuererhöhung sind.

---

[3] Vgl. dazu Hans *Ritschl*, Die Prinzipien der Staatswirtschaft, in: Finanzarchiv Tübingen, N. F. 12 (1951), S. 586 f.

[4] Hans *Ritschl*, Theorie der Staatswirtschaft und Besteuerung, a. a. O., S. 74.

[5] Vgl. Hans *Ritschl*, Die Prinzipien der Staatswirtschaft, a. a. O., S. 586.

[6] Vgl. Hans *Ritschl*, Begründung und Neugestaltung der steuerlichen Entlastung des Sparens (Gutachten), in: Sparkasse, 74. Jg. (1957), Heft 20, S. 318.

[7] Vgl. dazu Heinz *Haller*, Zur Problematik der Kreditfinanzierung öffentlicher Aufgaben, in: Finanzarchiv Tübingen, N. F. 19 (1959), S. 90.

Zu a): Verfügen die Gemeinden über solche Steuern, bei denen keine Konkurrenz mit den übergeordneten Gebietskörperschaften besteht, deren Gestaltung also nicht durch dauernde Veränderungen in der Gesetzgebung des Bundes und der Länder beeinflußt wird („Grundsatz der Konstanz des Gemeindesteuersystems"[8]) und ist dem „Grundsatz der Beweglichkeit der Gemeindesteuern"[9] Rechnung getragen, dann besteht für die Kommunen zumindest für einen Teil der Besteuerung ein gewisser Gestaltungsspielraum[10] zur Erhöhung der Steuersätze.

Zu b): Die Befugnis der Gemeinden, bei einem Teil ihrer Steuern die Steuersätze selbst festzusetzen, kann von der politischen Kräfteverteilung innerhalb der Gemeindevertretung nicht unberührt bleiben. Daher ist für den Wirkungsgrad neben dem allgemeinen politischen Zustand die Zusammensetzung der Volksvertretungen in den Gemeinden von wesentlicher Bedeutung[11]. Sind in den Gemeindeparlamenten die steuerlich leistungsfähigen und somit durch Steuererhöhungen unmittelbar Betroffenen von überwiegendem Einfluß, dann werden bei jeder Erhöhung der Steuersätze sehr wahrscheinlich Widerstände auftreten. Sind dagegen die wenig oder gar keine Steuern zahlenden Gemeindevertreter, die auf Kosten anderer bewilligungsfreudig sein können, in der Mehrzahl, dann werden die politischen Widerstände gegen eine Steuererhöhung schwächer sein. „Da in den Gemeinden (ausgenommen die Landgemeinden) die politische Entscheidungsbefugnis hauptsächlich bei denen liegt, die von den Steuern nicht betroffen werden und diejenigen, die die Steuerlast zu tragen haben, die Gewerbetreibenden und die Grundbesitzer, nur eine Minderheit der Wählerschaft darstellen, kann angenommen werden, daß die eine Steuererhöhung verhindernden politischen Widerstände im allgemeinen schwächer sein werden als beim Staat[12]." Andererseits darf jedoch das Gewicht der Interessenten, wie der Haus- und Grundbesitzervereine, der Industrie- und Handelskammern, des Bundes der Steuer-

[8] Vgl. Johannes *Popitz,* Der künftige Finanzausgleich zwischen Reich, Ländern und Gemeinden. Gutachten, erstattet der Studiengesellschaft für den Finanzausgleich, Berlin 1932, S. 117 f.

[9] Nach *Popitz* muß das Gemeindesteuersystem nach diesem Grundsatz so gestaltet sein, „daß die Anlage eines Teils der Gemeindesteuern der Gemeinde selbst die Entschließung darüber freistellt, in welcher Höhe die Anspannung der Besteuerungsmöglichkeit erfolgen soll". (Johannes *Popitz,* Der künftige Finanzausgleich zwischen Reich, Ländern und Gemeinden, a. a. O., S 113.)

[10] Joseph Alois *Schumpeter* (Das deutsche Finanzproblem, in: Schriftenreihe des deutschen Volkswirts, 1928) gebraucht den Ausdruck „Wahlfreiheit".

[11] Vgl. Johannes *Popitz,* Artikel Finanzausgleich, in: Handwörterbuch der Staatswissenschaften, 3. Bd., vierte, gänzlich umgearbeitete Auflage, Jena 1926, S. 1020.

[12] Ernst-Günter *Winkler,* a. a. O., S. 22 f.

zahler, der Verbände des Hotel- und Gaststättengewerbes usw. nicht unterschätzt werden. Wie *Schmölders* schreibt, wissen „auch kleinere Verbände das Ohr der Öffentlichkeit durch geschickte Propaganda für sich zu gewinnen“[13].

Wurde im bisherigen Verlauf der Arbeit der gemeindliche Finanzbedarf lediglich als Gesamtgröße betrachtet, so erfordert die weitere Untersuchung eine Aufgliederung der gesamten kommunalen Ausgaben. Hierbei ist insbesondere das Verhältnis zwischen den Ausgaben für den laufenden öffentlichen Verbrauch und die laufenden Einkommensübertragungen („vermögensunwirksame“ Ausgaben) und den Ausgaben für Sach- und Finanzinvestitionen („vermögenswirksame“ Ausgaben) wichtig[14].

Während die laufenden Ausgaben mit ordentlichen Einnahmen zu finanzieren sind, besteht für die Deckung kommunaler Investitionen außerdem die Möglichkeit der Finanzierung aus Abschreibungen (siehe Schaubild 1), die im ordentlichen Haushalt erwirtschaftet werden müssen[15]. Hierbei unterscheidet *Behmenburg* drei Arten:

„1. Die Möglichkeit der Re-Investition der jährlichen Abschreibungen mit dem Gedanken, veraltete und überholte Einrichtungen auf den jeweils modernsten Stand zu bringen;

2. die Möglichkeit einer Rücklagenansammlung, falls die Abschreibungsbeträge nicht direkt einer Verwendung zugeführt werden können, damit sie zu einem späteren Zeitpunkt zur Re-Investition zur Verfügung stehen; und

3. Verwendung dieser angesammelten Rücklagen zur Finanzierung anderer dringender Investitionen unter Beachtung der Kapitalbindungszeiten (innere Darlehen)[16].“

Als weitere Möglichkeit der kommunalen Investitionsfinanzierung ist die später darzustellende Kreditaufnahme zu nennen[17]. Die Notwendigkeit einer Verschuldung erklärt sich wie folgt: Da die Gemeinden in der Wahl ihrer Steuern und in der Steuersatzbemessung nicht autonom sind und sie ebenfalls nicht autonom bestimmen können, auf welche

---

[13] Günter *Schmölders*, Kommunale Finanzpolitik, in: Handbuch der kommunalen Wissenschaft und Praxis; Hrsg.: H. *Peters*, Bd. III, Berlin, Göttingen, Heidelberg 1959, S. 41.

[14] Vgl. Gutachten des Wissenschaftlichen Beirats beim Bundesministerium der Finanzen, Zur gegenwärtigen Problematik der Gemeindefinanzen, Köln 1959, S. 7.

[15] Vgl. Friedrich Wilhelm *Behmenburg*, Die langfristige Investitionsplanung der Gemeinden, Düsseldorf 1962, S. 68 ff.

[16] Friedrich Wilhelm *Behmenburg*, a. a. O., S. 71.

[17] Siehe Kapitel 6.

Abb. 1: Möglichkeiten zur Finanzierung kommunaler Investitionen

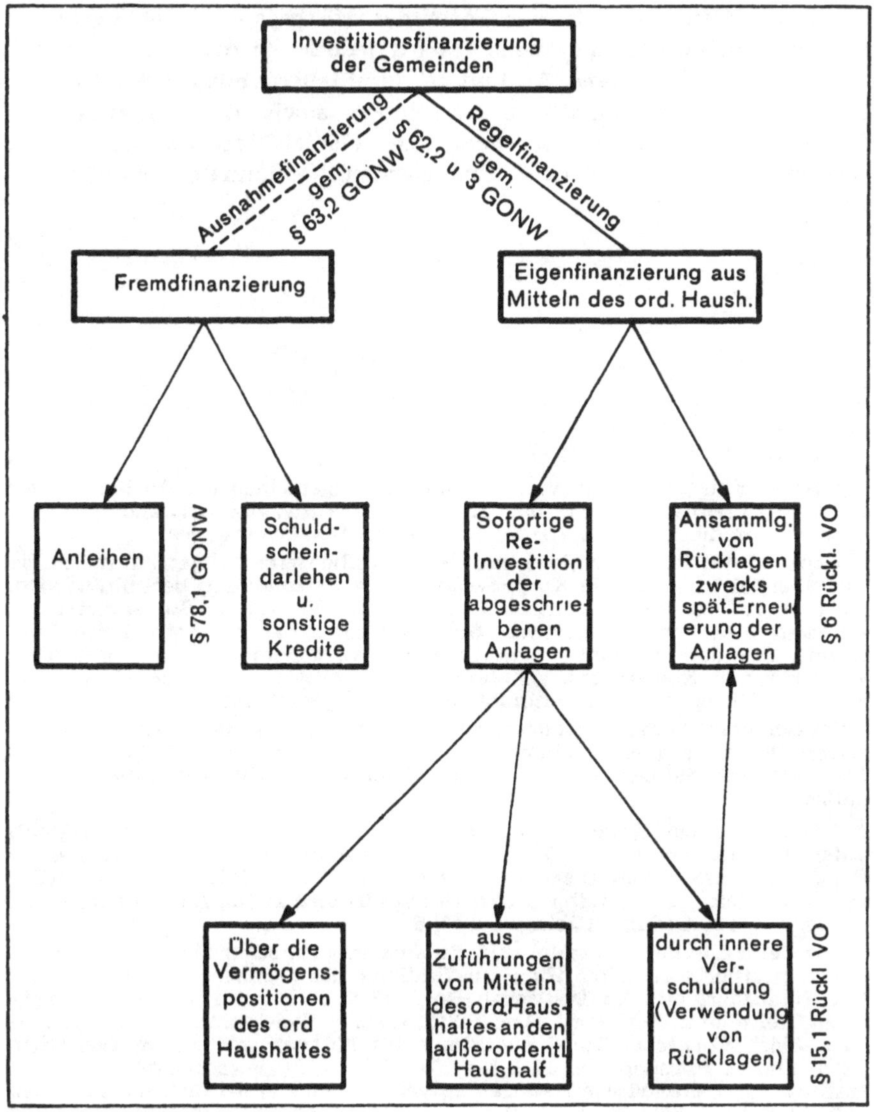

Quelle: Friedrich Wilhelm *Behmenburg*, a. a. O., S. 70.

Steuern des Staates sie Zuschläge erheben wollen, können sich aus dieser Begrenzung des Spielraums ihrer steuerpolitischen Autonomie Finanzierungslücken ergeben. Derartige Lücken sind nur dadurch zu schließen, daß die Gemeinden an dem Aufkommen der Steuern des

Staates beteiligt werden. Dies geschieht durch den Finanzausgleich[18] zwischen den uns hier nur interessierenden zwei politischen Ebenen Staat und Gemeinden in der Form des Mischsystems, des Verbundsystems und des Trennsystems[19]. Wird jedoch die durch den Finanzausgleich vorgenommene Aufteilung der Steuerquellen der Höhe des Finanzbedarfs der einzelnen Gemeinden sowie der Dynamik der Bedarfsverschiebungen zwischen den Gebietskörperschaften nicht gerecht, dann ist eine Kreditfinanzierung kommunaler Investitionsausgaben notwendig.

---

[18] Unter Finanzausgleich versteht man im allgemeinen die Aufteilung der öffentlichen Aufgaben und der zu ihrer Finanzierung notwendigen Einnahmen auf die Gebietskörperschaften eines Staatsverbandes.

Während der Finanzausgleich auf der Ausgabenseite weitgehend durch die Aufgabenzuteilung an die Körperschaften (Lastenzuteilung) beeinflußt wird, regelt er auf der Einnahmenseite hauptsächlich die Art der Steuerverteilung zwischen Staat und Gemeinden. Sie kann mittelbar sein, wenn die Verteilung aus dem Gesamtsteueraufkommen vorgenommen wird und nicht an bestimmte Steuerarten gebunden ist. Unmittelbar ist die Verteilung, wenn den Körperschaften bestimmte Steuern zugeteilt werden.

Bei der unmittelbaren Steuerverteilung können Staat und Gemeinden aus getrennten Steuerquellen schöpfen; es ist aber auch möglich, daß sowohl der Staat als auch die Gemeinden eine oder mehrere gleiche Steuerquellen ausnutzen.

[19] Die einzelnen Systeme werden in der Literatur zum Finanzausgleich unterschiedlich verwendet. Vgl. beispielsweise die Arbeiten von Johannes *Popitz* (Artikel Finanzausgleich, a. a. O.) und von Wilhelm *Bickel* (Der Finanzausgleich, in: Handbuch der Finanzwissenschaft, 2. Bd., zweite, völlig neubearbeitete Auflage, Tübingen 1956, S. 730 ff.).

Aus der Fülle der Literatur zum Finanzausgleich seien hier die folgenden Arbeiten zitiert: Einzelschriften zur Statistik des Deutschen Reichs, Nr. 16: Der Finanzausgleich im Deutschen Reich (Teil I: Der Finanzausgleich zwischen Reich und Ländern); Hrsg.: Statistisches Reichsamt, Berlin 1931. — Hans-Erich *Hornschu*, Die Entwicklung des Finanzausgleichs im Deutschen Reich und in Preußen von 1919 bis 1944, Kiel 1950 (Forschungsberichte des Instituts für Weltwirtschaft an der Universität Kiel, 3). — Institut „Finanzen und Steuern": Finanzverwaltung und Finanzausgleich in der Weimarer Republik, Heft 42, Bonn 1956. — Peter *Habermehl*, Der Finanzausgleich, in: Finanzarchiv Tübingen, N. F. 11 (1949), S. 707 ff. — Rudolf *Stucken*, Der Finanzausgleich in der Bundesrepublik, in: Finanzarchiv Tübingen, N. F. 14 (1954), S. 695 ff. — Willi *Albers*, Artikel Finanzausgleich (III) Deutschland, in: Handwörterbuch der Sozialwissenschaften, 3. Bd., Stuttgart, Tübingen, Göttingen 1961, S. 553 ff. — Theo *Keller*, Artikel Finanzausgleich (I) Allgemeines, in: Handwörterbuch der Sozialwissenschaften, 3. Bd., Stuttgart, Tübingen, Göttingen 1961, S. 541 ff.

5. Kap.: Die Inanspruchnahme kommunaler Darlehen

I. Die Ausdehnung der Gemeindeausgaben als Folge des wirtschaftlichen Wachstumsprozesses

In einer wachsenden Wirtschaft können solche Ausgaben ständig ansteigen, denen sich die kommunalen Finanzwirtschaften selbst bei sparsamster Finanzführung nicht entziehen können. Insbesondere der technische Fortschritt sowie die steigenden Ansprüche der Bevölkerung an die allgemeine Lebenshaltung haben ein ständiges und unaufhaltsames Anwachsen des Finanzbedarfs auch auf der gemeindlichen Ebene zur Folge.

In der Zeit von 1955 bis 1964 betrug der gesamte Ausgabenanstieg der Gemeinden und Gemeindeverbände (ohne Rücklagenbildung) 166,8 v. H. Er war damit prozentual stärker als der von Bund, Ländern und Gemeinden (Gemeindeverbände) zusammen mit 146,6 v. H.[1]. Die Kommission für die Finanzreform nimmt an, „daß sich in dieser Entwicklung die Mehrung der kommunalen Aufgaben und der Grad ihrer Dringlichkeit widerspiegeln“[2]. Zum großen Teil ist die Höhe der gemeindlichen Ausgaben durch gesetzliche Bestimmungen festgelegt, nämlich soweit die Gemeinden im „übertragenen Wirkungsbereich“ tätig sind. Hier ist der Spielraum für eine sparsame oder großzügige Erfüllung der gestellten Aufgaben sehr klein. Aber auch die in den vergangenen Jahren vorwiegend innerhalb des kommunalen Bereichs getätigten Ausgaben konnten in der Regel als unabweisbar angesehen werden.

Die Tatsache, daß der Anteil kommunaler Investitionsaufwendungen an den Gesamtausgaben der Gemeinden und Gemeindeverbände von 25,0 v. H.[3] im Jahre 1949 auf 46,3 v. H.[4] im Rechnungsjahr 1964 angewachsen ist, läßt eine bemerkenswerte Umschichtung innerhalb der gesamten Ausgaben erkennen. Nach Angaben von *Weinberger*[5] wurden in der Zeit von 1948 bis 1961 42,4 Mrd. DM für kommunale Bauten[6] ausgegeben. Mit einem Anteil von 28,9 v. H. (= 12,26 Mrd. DM) lag der Straßenbau an der Spitze. Dann folgte mit 20,6 v. H. oder 8,7 Mrd. DM

---

[1] Quelle: Gutachten über die Finanzreform in der Bundesrepublik Deutschland, Stuttgart, Köln, Berlin, Mainz 1966, S. 210.

[2] Gutachten über die Finanzreform in der Bundesrepublik Deutschland, a. a. O., S. 112.

[3] Quelle: Wirtschaft und Statistik, 10. Jg. N. F., Heft 4, 1958, S. 243.

[4] Quelle: Gutachten über die Finanzreform in der Bundesrepublik Deutschland, a. a. O., S. 209.

[5] Siehe Bruno *Weinberger*, Die Gemeindefinanzen an der Jahreswende, in: Der Städtetag N. F., 17. Jg. (1964), Heft 1, S. 5 f.

[6] Der Anteil kommunaler Bauten an den gesamten Sachinvestitionen der Gemeinden und Gemeindeverbände in der Zeit von 1948 bis 1961 (43,6 Mrd. DM) betrug durchschnittlich 97 v. H.

der Schulbau. Beide Aufgabengebiete zusammen machten damit die Hälfte der kommunalen Bautätigkeit im Berichtszeitraum aus. Weitere 19,5 v. H. (= 8,3 Mrd. DM) entfielen auf Anstalten und Einrichtungen. In die restlichen 31 v. H. teilten sich u. a. der eigene Wohnungsbau (ohne Darlehen), die Fürsorge und Jugendfürsorge, wirtschaftliche Unternehmen (soweit sie im Haushaltsplan der Gemeinden erscheinen), Sport, Gesundheits- und Jugendpflege.

Die von Jahr zu Jahr gestiegenen Investitionsausgaben kennzeichnen die entscheidende Aufgabe, die den Gemeinden bis heute zugefallen ist, und die ihnen auch in absehbarer Zukunft zufällt: „Sie haben in dem breiten Bereich der sog. Daseinsvorsorge (vor allem Schulwesen, Kulturpflege, Sozialhilfe, Jugendhilfe, Gesundheitswesen und Jugendpflege, Wohnungsbau, Straßen- und Brückenbau, gemeindliche öffentliche Einrichtungen wie Abwässerbeseitigung und Müllabfuhr sowie Versorgung mit Wasser, Gas und Elektrizität) zahlreiche und kostspielige Einrichtungen zu schaffen und zu unterhalten, ohne die ein geordnetes Zusammenleben und vor allem auch eine wachsende Wirtschaft nicht denkbar sind[7]."

Das gilt insbesondere für den Ausbau der Straßen, die zur Zeit durch Kraftfahrzeuge überlastet sind. Nach dem Bericht der Sachverständigenkommission über eine Untersuchung von Maßnahmen zur Verbesserung der Verkehrsverhältnisse der Gemeinden sind „Produktion und Verwendung von Kraftfahrzeugen in erheblichem Maße dem Straßenbau vorangeeilt. Da Produktion und Verwendung unablässig fortschreiten, klafft die Schere zwischen der Zahl der Kraftfahrzeuge und dem Umfang der verfügbaren Verkehrsflächen immer weiter auseinander. Davon werden besonders die Gemeinden betroffen, da sich der weitaus größte Teil aller Verkehrsvorgänge im kommunalen und regionalen Bereich abspielt[8]." Dies zeigt folgende Übersicht:

Straßenlänge in Kilometer	Art der Straße	Prozentualer Anteil am gesamten Straßennetz	Träger der Baulast
25 309	Bundesautobahn und Bundesstraßen	6,8 v. H.	Bund
55 031	Landstraßen I. Ordnung	14,8 v. H.	Länder
48 450	Landstraßen II. Ordnung	13,1 v. H.	Landkreise
242 092	Sonstige	65,2 v. H.	Gemeinden

Quelle: Die Gemeinden sind die wesentlichsten Verkehrsbereiche, in: Der Städtetag N. F., 17. Jg. (1964), Heft 1, S. 16.

[7] Gutachten über die Finanzreform in der Bundesrepublik Deutschland, a. a. O., S. 113.

[8] Deutscher Bundestag — 4. Wahlperiode, Drucksache IV/2661, S. 10.

Die Sachverständigenkommission hat den künftigen Bedarf im kommunalen Verkehrsbereich untersucht. Nach der Schätzung des Berichts beträgt er in der Zeit von 1965 bis 1975, also für 10 Jahre, 53,72 Mrd. DM, für den Zeitraum von 25 bis 30 Jahren 132,5 Mrd. DM[9].

Eine Vorausschau auf den *gesamten* künftigen Investitionsbedarf der Gemeinden ist seit Jahren immer wieder vorgenommen worden. So hatte bereits 1958 der Deutsche Städtetag die notwendigen Investitionen bis 1968 mit 65 Mrd. DM[10] angegeben. Zu einem ähnlichen Ergebnis (etwa 61 Mrd. DM als Untergrenze) gelangte das Gutachten des Wissenschaftlichen Beirats beim Bundesministerium der Finanzen „Zur gegenwärtigen Problematik der Gemeindefinanzen"[11]. Gegenwärtig sind diese Schätzungen überholt. Deshalb hat der Deutsche Städtetag im Jahre 1962 den kommunalen Investitionsbedarf neu errechnet; für die nächsten 10 Jahre wird er mit 157 Mrd. DM[12] angegeben. Neuerdings beziffert er ihn für die Jahre 1966 bis 1975 bereits auf 216 Mrd. DM[13].

In der Vergangenheit mußten die Gemeinden für jene Investitionen, die nicht aus laufenden Einnahmen gedeckt werden konnten, Kredite aufnehmen[14]. Damit stellt sich die grundsätzliche Frage, wann die Kommunen gezwungen sind, sich zu verschulden. Hierzu ist festzustellen: Kann das durch die wachsende Ausdehnung der kommunalen Tätigkeiten verursachte Mehr an Ausgaben durch ein aus dem Wirtschaftswachstum resultierendes Einnahmenmehr nicht ausreichend gedeckt werden, und erhalten die Gemeinden keine höheren Finanzausgleichsmittel vom Oberverband, dann sehen sie sich gezwungen, die Steuern zu erhöhen und immer größere Teile des Sozialprodukts für sich in Anspruch zu nehmen. Da die Kommunen dabei jedoch auf die bereits im vierten Kapitel behandelten Grenzen stoßen können, entsteht ein Verschuldungszwang.

---

[9] Quelle: Drucksache IV/2661, S. 218 f.

[10] Quelle: Herbert *Sattler*, Zum kommunalen Investitionsbedarf, in: Der Städtetag N. F., 11. Jg. (1958), Heft 9, S. 407. — Darin enthalten sind allerdings die Stadtstaaten Berlin, Bremen und Hamburg. Das Saarland fehlt dagegen.

[11] Gutachten des Wissenschaftlichen Beirats beim Bundesministerium der Finanzen, a. a. O., S. 9 ff. und S. 32. — Dabei wurde allerdings auf den hypothetischen Charakter der Schätzungszahlen hingewiesen.

[12] Quelle: 157 Milliarden — Der Deutsche Städtetag errechnet den Investitionsbedarf der Gemeinden, in: Der Städtetag N. F., 15. Jg. (1962), Heft 5, S. 230. Siehe auch Gutachten über die Finanzreform in der Bundesrepublik Deutschland, a. a. O., S. 114.

[13] So das Gutachten über die Finanzreform in der Bundesrepublik Deutschland, a. a. O., S. 114.

[14] Vgl. dazu Gutachten über die Finanzreform in der Bundesrepublik Deutschland, a. a. O., S. 113.

Ein Zwang zur Kommunalkreditnahme kann insbesondere durch plötzliche Ausgabenerhöhungen infolge Änderung der Aufgabenverteilung zwischen den Gemeinden und den übergeordneten Gebietskörperschaften eintreten. Die Notwendigkeit einer Verschuldung kann unter Umständen aber auch dadurch hervorgerufen oder verstärkt werden, daß viele Ausgaben ruckartig anwachsen[15], der Staat jedoch mit einer entsprechenden Verbesserung der kommunalen Finanzlage, soweit er sich dazu überhaupt bereit erklärt, nachhinkt. Ein derartiger Ausgabenstoß erfolgte bei den Gemeinden beispielsweise nach dem 2. Weltkrieg, als die Kriegsschäden vor allem in den Großstädten, die einseitig betroffen worden waren (selten dagegen kleinere Städte und kaum Landgemeinden), beseitigt werden mußten, die Bevölkerung durch Zuwanderung von Vertriebenen stark zunahm und der lange Zeit zurückgestaute Investitionsbedarf auf eine baldige Befriedigung drängte.

Gesamtwirtschaftlich betrachtet steht nur ein Teil der Gemeinden unter einem Verschuldungszwang, wenn die Steuereinnahmen (einschließlich der Zuweisungen im Rahmen des Finanzausgleichs) in ihrer Gesamtheit zur Finanzierung des Deckungsbedarfs zwar ausreichen, wenn sich die Mittelverteilung jedoch nicht an dem unterschiedlichen Finanzbedarf orientiert, d. h., wenn die Mittel zu ungleichmäßig auf die einzelnen kommunalen Gebietskörperschaften verteilt sind. Ist nämlich — *einzelwirtschaftlich* gesehen — die Steuerkraft von Gemeinde zu Gemeinde sehr unterschiedlich und werden diese Unterschiede durch Finanzausgleichsmaßnahmen nur unzureichend ausgeglichen, entspre-

---

[15] Das gilt insbesondere für die kleinen Landgemeinden. Je kleiner nämlich ein Gemeinwesen ist, desto eher werden die Investitionsausgaben diskontinuierlich auftreten. Beispiel: Schulbau, der in einer Landgemeinde nur jeweils in der zweiten Generation durchgeführt wird (dazu Kurt *Wilharm*, Aktuelle Tendenzen im Kommunalkredit, in: Kommunalwirtschaft, Jg. 1963, Heft 5, S. 197, und Heinz *Haller*, a. a. O., S. 90). Aber auch in den größeren und den Großgemeinden lassen einige Ausgabenkategorien Kostensprünge erkennen. Viele Einrichtungen werden überhaupt erst von einer gewissen Gemeindegröße an notwendig. Während die Kosten der Anlagen bereits in voller Höhe bei der Erreichung bestimmter Schwellenwerte anfallen, wird ihre volle Auslastung erst in einer höheren Größenklasse möglich. Norbert J. *Lenort* (Strukturforschung und Gemeindeplanung, Köln und Opladen 1960, S. 200 ff.) hat gezeigt, daß bei den Personalkosten deutliche Sprungzonen auftreten — z. B. bei 25 000, 35 000, 40 000 und 150 000 Einwohnern. Das gleiche gilt beim Verwaltungszweig „Öffentliche Sicherheit und Ordnung“ bei etwa 50 000 Einwohnern, im Schulbereich bei etwa 80 000 Einwohnern, in der Kulturpflege bei 40 000, 70 000 und 100 000 Einwohnern sowie in der Verwaltung der öffentlichen Einrichtungen bei 50 000 und bei 100 000 Einwohnern.

Zu den einzelnen Möglichkeiten kommunaler Finanzpolitik, auf derartige Ausgabeentwicklungen anders als mit Verschuldung zu reagieren, vgl. Karl-Heinrich *Hansmeyer*, Gemeindliche Schuldaufnahme und wirtschaftliches Wachstum, in: Archiv für Kommunalwissenschaften; Hrsg.: H. *Herzfeld* u. a., 4. Jg. (1965), Stuttgart und Köln 1965, S. 203 ff.

chen andererseits die Unterschiede in der Finanzkraft nicht den regionalen Unterschieden im Finanzbedarf — es gibt steuerstarke Gemeinden mit relativ geringem und steuerschwache Kommunen mit relativ hohem Finanzbedarf —, dann müssen diejenigen gemeindlichen Gebietskörperschaften, bei denen ein starkes Mißverhältnis zwischen unabweisbaren Ausgabeerfordernissen und Einnahmemöglichkeiten besteht, Kommunalkredite aufnehmen. In der Regel dürfte diese Situation für die finanzschwachen Gemeinden zutreffen, während die reichen Kommunen relativ niedriger verschuldet sein dürften. Inwieweit diese Annahme der Wirklichkeit entspricht, wird später noch zu untersuchen sein. Ihr steht nämlich entgegen, daß die primären Dekkungsmittel erst die Abgeltung des aus dem Kommunalkredit erwachsenden Schuldendienstes gewährleisten, wodurch die Möglichkeit zur Kreditfinanzierung von Investitionsausgaben gerade den steuerstarken Gemeinden gegeben ist. Dies Ergebnis deckt sich mit der Aussage des Wissenschaftlichen Beirats beim Bundesministerium der Finanzen, der in seinem Gutachten „Zur gegenwärtigen Problematik der Gemeindefinanzen" festgestellt hat, daß „die steuerstarken Städte in der Lage (sind), relativ mehr Schulden (auch für unrentable Zwecke) aufzunehmen, weil ein höherer Schuldendienst für sie tragbar ist. Der Schuldendienst, gerechnet in DM je Einwohner, ist daher bei den steuerstarken Städten höher als bei den steuerschwachen. Aber die Schuldendienstquote, d. h. das Verhältnis des Schuldendienstes zum Überschuß der vermögensunwirksamen Rechnung, also zu der Quelle, aus der er zu finanzieren ist, ist bei den steuerschwachen Städten höher, z. T. sogar erheblich höher als bei den steuerstarken[16]."

Die bisherigen Ausführungen sollen nun aber nicht den Eindruck erwecken, als ob die Kommunalverschuldung immer durch den Zwang unabweisbarer Investitionsausgaben hervorgerufen wird. Es ist ebenfalls möglich, daß die Kommunalkreditnahme das Ergebnis einer gemeindlichen Ausgabefreudigkeit ist: Posten auf der Ausgabenseite werden ohne Rücksicht auf die Haushaltslage leichtfertig erhöht und können später oftmals nicht mehr gesenkt werden. Manchmal kann also eher die Gefahr einer üppigen und sorglosen Verausgabung als die einer zu sparsamen Haushaltsführung bestehen, vor allem dann, wenn die Mittel hierfür auf dem Kapitalmarkt beschafft werden können und nicht durch gleichzeitige Mehrbelastung der Steuerzahler aufgebracht werden müssen. „Während die Folgen der Ausgabenvermehrung in weiter Ferne liegen und für sie (die Volksvertreter, d. Verf.) keine unangenehmen Wirkungen haben, könnten sich die Folgen einer ablehnenden Abstimmung schon am nächsten Tage, wenn sie vor die

[16] Gutachten des Wissenschaftlichen Beirats beim Bundesministerium der Finanzen, a. a. O., S. 12.

Wähler treten müssen, bemerkbar machen[17]." Nicht das Volumen „unabweisbarer" Ausgaben[18] läßt also immer und überall die Verschuldung ansteigen, sondern oft kann es auch die Möglichkeit des Borgens sein, die die Ausgaben in die Höhe treibt.

Bei der Darlehnsnahme stoßen die Gemeinden jedoch auf enge Grenzen[19]. Die Kreditgebarung der Kommunen unterliegt zudem der staatlichen Kontrolle, so daß die Aufsichtsbehörden unter Hinweis auf die Vorschriften der Gemeindeordnungen, nach denen Darlehen nur für unabweisbaren Bedarf genommen werden dürfen, die Genehmigung zur Darlehnsnahme verweigern können[20]. Da die Aufsicht jedoch nicht immer streng ausgeübt wird[21], sollte man die Bedeutung dieser Regelung nicht überschätzen. Außerdem ist es für die Aufsichtsbehörde im einzelnen Fall sehr schwer, wenn nicht unmöglich, objektive Kriterien dafür zu finden, wann ein Bedarf als unabweisbar anzusehen ist, d. h. zeitlich und sachlich nicht mehr aufgeschoben werden kann, und wann eine Investition „verschwenderisch" ist und eine Kreditnahme daher abgelehnt werden muß.

---

[17] Gustave *Le Bon*, Psychologie der Massen, Stuttgart 1957, S. 175.

[18] Dabei ist es problematisch, wenn nicht gar unmöglich, „freiwillige" und „dringliche" (bzw. „unabweisbare") Ausgaben zu trennen.

[19] Vgl. Kapitel 6, Abschnitt III. — Weiter ergeben sich Zugangsbeschränkungen zum Kapitalmarkt, und zwar einmal dadurch, daß nur sehr wenige Kommunen emissionsfähig sind. Zum andern wirken diejenigen Vorschriften bei Hypothekenbanken und Sparkassen, die die Kommunalkreditgewährung an feste Relationen zu den gesamten Eigenmitteln bzw. Einlagen binden, in dieselbe Richtung. Nach dem Hypothekenbankgesetz können Kommunalobligationen in Höhe des 15fachen der Eigenmittel, Pfandbriefe in Höhe des 20fachen der Eigenmittel ausgegeben werden (§§ 7 und 41 Abs. 2 Hypothekenbankgesetz vom 13. 7. 1899 in der Fassung vom 5. 2. 1963; BGBl. I S. 81). Bei den Sparkassen darf der insgesamt gewährte langfristige Kredit an Kommunen das 12,5fache der gesamten Einlagen nicht übersteigen (vgl. § 24 Abs. 3 Satz 1 der Mustersatzung für Sparkassen gemäß Erlaß des Ministers für Wirtschaft und Verkehr und des Innenministers des Landes Nordrhein-Westfalen vom 19. 3. 1958. II B 2 — 182 — 59; III B 5/711 — 576/58 — GVNW 1958, S. 111).

[20] Siehe z. B. § 80 Gemeindeordnung Nordrhein-Westfalen vom 28. 10. 1952 in der Fassung vom 31. 5. 1961 (GVNW S. 219); vgl. auch Kapitel 6, Abschnitt I.

[21] Vgl. dazu Erich *Becker*, Die Selbstverwaltung als verfassungsrechtliche Grundlage der kommunalen Ordnung in Bund und Ländern, in: Handbuch der kommunalen Wissenschaft und Praxis; Hrsg.: H. *Peters*, Bd. I, Berlin, Göttingen, Heidelberg 1956, S. 113 ff.

II. Die Ausgabenpolitik der Gemeinden zur Auslösung eines örtlichen Wachstumsprozesses

Im vorstehenden Abschnitt ist skizziert worden, daß gesamtwirtschaftliche Entwicklungen zu einer Ausdehnung der Gemeindeausgaben und zur Kreditfinanzierung kommunaler Investitionen zwingen können. Im folgenden soll nun gezeigt werden, daß die Gemeinden im Sinne aktiver Gestaltungsinterventionen ein lokales Wachstum anstreben und verwirklichen können, das sich nicht von selbst durch den marktwirtschaftlichen Prozeß einstellen würde. „Passives Determiniertsein durch gesamtwirtschaftliche Prozesse und aktive Gestaltung des raumwirtschaftlichen Gefüges durch die Gemeinden selbst verbinden sich hier zu einem Geflecht interdependenter Beziehungen[22]."

Hängen beispielsweise die kommunalen Einnahmen in überragendem Maße von der Steuerkraft der ortsansässigen Wirtschaft ab (wie bei einem gebundenen Trennsystem, in dem die Steuereinnahmen überwiegend von Gewerbebetrieben stammen), dann können die gemeindlichen Gebietskörperschaften versuchen, Industrie- und Gewerbebetriebe anzuziehen bzw. das Wachstum bereits ansässiger Unternehmen zu begünstigen.

Besitzen die Kommunen eine unbeschränkte Ausgabenhoheit — d. h. können sie frei darüber entscheiden, wie sie die gegebene Finanzmasse auf die verschiedenen Aufgaben verteilen wollen —, dann bietet die Ausgabenpolitik der Gemeinden einen Ansatzpunkt für örtliche Wachstumsprozesse. Sie kann innerhalb gewisser (noch zu behandelnder) Grenzen in den Dienst der Einnahmenerzielung gestellt werden. Bei gegebenen Steuersätzen und gegebenem Finanzbedarf (ohne wirtschaftsfördernde Sozialinvestitionen) wird das Ausmaß der einnahmeorientierten Ausgabenpolitik vom kommunalen Steuersystem bestimmt.

1. Ausgabenänderung zur Anziehung von Unternehmungen und Möglichkeiten der Gemeinden, ihr örtliches Wirtschaftswachstum zu beeinflussen

Ist die Gewerbesteuer ausschlaggebend für das gemeindliche Ausgabensystem, dann gilt folgender Kausalzusammenhang: Die Finanzlage aller Gemeinden wird von der Ausstattung mit Gewerbebetrieben bestimmt. Daher können die kommunalen Gebietskörperschaften mittels Vorleistungsinvestitionen versuchen, Industrie- und Gewerbe-

---

[22] Norbert *Kloten*, Standortwirkungen kommunaler Besteuerungsformen, in: Kommunale Finanzen und Finanzausgleich (Schriften des Vereins für Socialpolitik N. F., Bd. 32); Hrsg.: H. *Timm* und H. *Jecht*, Berlin 1964, S. 130.

betriebe anzuziehen[23]. Solche „Vorleistungen“ sind beispielsweise: Geländeaufbereitung (Bau von Zufahrtswegen zu den Produktionsstätten, Aufschließung neuen Baugeländes), Abwässeranlagen, billige Lieferung von Wasser und Energie, Darlehnsgewährung, Lieferung billigen Baumaterials aus gemeindeeigenen Forsten usw.

Streben die Gemeinden im Sinne aktiver Gestaltungsinterventionen mittels ihrer Ausgabenpolitik ein lokales Wachstum an, dann wirken sich Umfang und Einsatzpunkt kommunaler Vorleistungs-(Basis-) investitionen unmittelbar auf die Unternehmung oder eine Gruppe von Unternehmungen aus. Die Gemeinden können mit besonders gezieltem und konsequentem Einsatz ihrer Mittel einen großen Einfluß auf ihr örtliches Wachstum ausüben, denn derartige Basisinvestitionen verringern die privatwirtschaftlichen Produktionskosten und führen zu „external economics“ (im Sinne *Marshalls*). Dadurch kommt es zu „komparativen externen Ersparnissen“, die als Standortfaktor angesehen werden können[24]. Die wirtschaftliche Aktivität in diesen Gemeinden kann durch den Zuzug von Betrieben gestärkt und die Steuerkraft dadurch erhöht werden. Wachsende Steuereinnahmen bedingen in der Folge wiederum bessere Verschuldungsmöglichkeiten und eine großzügigere Ausgabenpolitik auch für unrentable Investitionen. Gemeinden mit geringeren öffentlichen Leistungen erleiden hingegen einen Wachstumsverlust und eine Einbuße der Finanzkraft.

In der Regel sind neue Betriebe ihrerseits wieder ein bedeutender ausgabeverursachender Faktor. Die Industrie benötigt beispielsweise leistungsfähige Verkehrs- und Versorgungsnetze, die von der Gemeinde errichtet werden müssen, und die möglicherweise eine zusätzliche Verschuldung erforderlich machen. Außerdem kann die Sogwirkung neu

[23] In der Regel wird es sich dabei um die Gründung neuer Produktionsstätten oder um Erweiterungsinvestitionen (Zweigwerke) handeln und nicht um Standortverlagerungen bestehender Unternehmen, weil die dabei eintretenden Kapitalverluste zu groß wären.

Derartige Zweigunternehmen sind im Raum von Unna im Land Nordrhein-Westfalen von dem amerikanischen Chemiekonzern Du Pont, der holländischen Heemaf AG, der Minnesota Mining and Manufactoring Company u. a. gegründet worden. Die kommunalen Vorschußinvestitionen für Geländeaufbereitung usw. betrugen etwa 20 Millionen DM.

Ein anderes Beispiel bietet Harrislee, eine Randgemeinde der Stadt Flensburg. Diese Gemeinde hat verkehrsgünstiges Industriegelände an der Bundesstraße nach Dänemark und der Bahnverbindung zwischen Schleswig-Holstein und Jütland angeboten sowie (mit Hilfe des Landes Schleswig-Holstein) Versorgungsanlagen geschaffen und Straßen gebaut. Mit Hilfe dieser u. ä. Vorleistungen ist es ihr gelungen, skandinavische Mittelindustrien anzuziehen. (Vgl. dazu H. *Steinert*, Wie man Industrie ansiedelt, in: Handelsblatt Nr. 181 vom 20. 9. 1965.)

[24] Vgl. dazu Konrad *Littmann*, Raumwirtschaftliche Auswirkungen der Finanzpolitik, in: Finanzarchiv Tübingen, N. F. 19 (1959), S. 374 f.

angesiedelter Unternehmen auf Komplementärindustrien über eine Belebung der Handels- und Handwerksbetriebe als Folge der vermehrten monetären Nachfrage zu gesellschaftlichen Umschichtungen der Bevölkerung und auch hier wiederum zu weiteren Investitionen führen (höhere Wohlfahrtsleistungen, Maßnahmen auf dem Schulsektor und dem Sportwesen, öffentliche Ordnung u. ä.). Diese Infrastrukturinvestitionen müssen u. U. mit Kreditmarktmitteln finanziert werden; derartige kreditfinanzierte Investitionsausgaben sind jedoch möglich, weil die Kommune steuerstärker und ihre Schuldendienstleistungsfähigkeit[25] größer geworden ist.

Die Möglichkeiten der Gemeinden, ihr Wachstum aktiv zu beeinflussen, berührt das Problem der Intensität einer kommunalen Industrie- und Gewerbeansiedlungspolitik. Diese Intensität hängt ab: erstens vom Mobilitätsanteil[26] (frei verfügbare Mittel) an den gesamten Steuereinnahmen und zweitens von der Erschließung anderer Quellen, so z. B. der Kreditaufnahme, die in ihrer Ergiebigkeit wiederum vom kommunalen Steueraufkommen bestimmt wird. Die frei verfügbaren Mittel als kommunalstrategisch verwendbare Finanzreserve werden ihrerseits vom Hebesatz und von der Steuerkraft bestimmt. Letztere hängt ab von den Fähigkeiten der in einer Gemeinde ansässigen Unternehmer, den allgemeinen volkswirtschaftlichen Wachstumstendenzen, der jeweiligen konjunkturellen Situation und der wirtschaftsgeographischen Lage.

Die Finanzkraft einer Gemeinde kann darüber hinaus nicht unwesentlich von dem für die Finanzzuweisungen verwendeten Verteilungsschlüssel abhängen[27]. Werden die allgemeinen Finanzzuweisungen nach der *Finanzkraft* bemessen, dann sind folgende Möglichkeiten denkbar: Die Finanzkraft einer Gemeinde liegt unter dem Durchschnitt, und ihr Finanzbedarf liegt in gleichem Ausmaß oder noch stärker unter dem Durchschnitt. Erhält diese Gemeinde Finanzzuweisungen, dann verschaffen sie ihr einen Ausgaben- und Verschuldungsspielraum, den andere kommunale Gebietskörperschaften nicht besitzen und mit denen sie ihr örtliches Wirtschaftswachstum beeinflussen können. Umgekehrt wäre die Wirkung dann, wenn die Finanzkraft einer Kommune überdurchschnittlich hoch ist, aber gleichzeitig der Finanzbedarf noch stär-

---

[25] Siehe zum Begriff Kapitel 6, Abschnitt III.

[26] Dieser Ausdruck stammt von *Kloten*. Siehe dazu Norbert *Kloten*, Standortwirkungen kommunaler Besteuerungsformen, a. a. O., S. 146. — *Derselbe*, Steuerpolitik als regionale Strukturpolitik, in: Archiv für Kommunalwissenschaften; Hrsg.: H. *Herzfeld* u. a., 3. Jg. (1964), Stuttgart und Köln 1964, S. 47 f.

[27] Hierzu Willi *Albers*, Artikel Finanzausgleich (III) Deutschland, a. a. O., S. 553 ff.

ker über dem Durchschnitt liegt. Nunmehr würde diese Gemeinde keine Finanzzuweisungen erhalten bzw. würde sogar zu deren Finanzierung verstärkt herangezogen werden. In diesem Falle wäre sie gegenüber anderen Gemeinden in der Anziehungsmöglichkeit von Industrie- und Gewerbebetrieben benachteiligt.

Werden die Finanzzuweisungen nach dem *Bedarf* bemessen, dann sind die gleichen unbefriedigenden Wirkungen möglich. So kann ein überdurchschnittlich hoher Bedarf einer überdurchschnittlich hohen Finanzkraft, ein unter dem Durchschnitt liegender Bedarf einer gleichfalls unter dem Durchschnitt liegenden Finanzkraft gegenüberstehen. Ist der Finanzbedarf einer Kommune überdurchschnittlich hoch und ihre Finanzkraft im Verhältnis zu derjenigen anderer vergleichbarer Gemeinden ebenfalls relativ hoch, dann wird diese Gemeinde bevorzugt. Sie erhält solange einen Wachstumsvorteil, wie die Finanzzuweisungen höher sind als die Differenz zwischen Finanzbedarf und Finanzkraft. Benachteiligt können dagegen finanzschwache Gemeinden werden, in denen entweder der Finanzbedarf zwar nicht über dem Durchschnitt, aber noch höher als ihre Finanzkraft liegt oder die Finanzzuweisungen bei einem überdurchschnittlichen Finanzbedarf kleiner als die Differenz zwischen diesem Bedarf und der Finanzkraft sind.

Unter der Voraussetzung eines gegebenen Finanzbedarfs und einer wenig differenzierten Streuung der Hebesätze ist es das außergemeindlich bestimmte Steuerkraftgefälle, das letztlich die frei verfügbaren Mittel quantitativ fixiert. Ein gegebenes Steuerkraftgefälle enthält u. a. ungleiche Startbedingungen im Gewerbe- und Industrieansiedlungswettbewerb und damit divergierende Verschuldungsmöglichkeiten und Entwicklungschancen. Denn die kommunale Anziehungspolitik von Industrie- und Gewerbebetrieben mittels kreditfinanzierten zusätzlichen Nettoinvestitionen (hier: Infrastrukturinvestitionen) — mit Multiplikatorwirkung auf das Einkommen — löst räumliche Reflexe in der Volkswirtschaft aus. Bei jeder einzelnen Investition ergeben sich (gerade auch hinsichtlich des Multiplikatoreffekts) in der Regel begünstigte Zentren (gekennzeichnet durch erhöhtes Einkommen, Steigerung der Grenzleistungsfähigkeit des Kapitals, induzierte Investitionen), an die sich Strahlungsbereiche anschließen, während es demgegenüber oft Räume gibt, die überhaupt nicht von den Auswirkungen der Investition und der Einkommenserhöhung berührt werden. Möglicherweise werden wieder andere Kommunen durch den Vorgang sogar benachteiligt (Abfluß von Kaufkraft, Benachteiligung der Konkurrenzlage, Abwanderung der Arbeitskräfte). Das Strahlungszentrum der erhöhten Einkommen entsteht meist nur unmittelbar am Ort der Gemeinde und in der Umgebung der Investitionen. *Voigt*[28] nimmt an, daß sich die Auswirkungen der zusätzlichen Investitionsausgaben und somit das Ausmaß der Einkommenserhöhung mit der Entfernung von der Gemeinde entsprechend der abnehmenden Streuung der Wohnplätze der Begünstigten verringern. Da vom Ort der Investition weiterhin „Sekundärstrahlungen" (Käufe der Kleinhändler bei Großhändlern, der Großhändler bei Produzenten, der Produzenten bei den Produktionsmittelherstellern) erfolgen, wird nach *Voigt* durch die Nettoinvestition nur ein bestimmtes „Strahlungsgebiet" getroffen. Dagegen können weite Gebiete von diesem Prozeß unberührt bleiben. Ein und derselbe Gesamtprozeß kann also bei einigen Gemeinden negative, bei anderen positive Entwicklungen hervorrufen.

Die Weite und Struktur der Streuung wird zweifellos mit durch Art und Güte des Verkehrssystems bedingt. Je minderwertiger Verkehrsmittel sind, desto enger werden sich die Strahlungen um den ursprünglichen Platz herum ballen. Je stärker die Verkehrswertigkeit[29] der Verkehrsmittel steigt, um so mehr verteilen sich die Strahlungen auf die einzelnen Gemeinden. Auf jeden Fall ist aber festzuhalten, daß der Raum einer Volkswirtschaft nicht gleichmäßig getroffen wird, sondern die Einkommenserhöhung als Folge kommunaler Vorleistungsinvestitionen sowie sonstiger Privatinvestitionen sich in gemeindlichen Ballungszentren, Bereichen abnehmender Strahlung und indifferenten kommunalen Zonen manifestiert.

Die ökonomisch rückständigen Gemeinden mit unerheblichem Industrialisierungsgrad haben im weiteren Wirtschaftsverlauf meist geringe Möglichkeiten, ihr örtliches Wirtschaftswachstum erfolgreich zu beeinflussen. Bei ihnen läßt die zeitlich festgelegte Raumstruktur Wachstumsprozesse auch in geringem Ausmaß kaum zu. Versuche der Kommunen, *mit* eigenen und *am Kreditmarkt aufgenommenen Mitteln* Infrastrukturinvestitionen vorzunehmen, um kleinere Unternehmungen anzulocken, können außerordentlich risikobehaftet sein. Denn es besteht die Möglichkeit, daß im Wirtschaftsaufschwung genommene Kredite bei einem allgemeinen Konjunkturrückgang oder bei einer

---

[28] Vgl. Fritz *Voigt*, Aussagefähigkeit und Erkenntnisgrenzen der modernen Wirtschaftstheorie, in: F. *Voigt* (u. a.): Beiträge zur Theorie des Sparens und der wirtschaftlichen Entwicklung, Schriften des Instituts für das Spar-, Giro- und Kreditwesen, Bd. 1, Berlin 1958, S. 7—83.

[29] Vgl. dazu Fritz *Voigt*, Die Einwirkungen der Verkehrsmittel auf die wirtschaftliche Struktur eines Raumes, dargestellt am Beispiel Nordbayerns, in: Die Nürnberger Hochschule im fränkischen Raum, Nürnberg 1954, S. 107 ff. — *Derselbe*, Die volkswirtschaftliche Bedeutung des Verkehrssystems, Bd. 1 der verkehrswissenschaftlichen Forschungen (Schriftenreihe des verkehrswissenschaftlichen Seminars der Universität Hamburg), Berlin 1960.

Branchenkrise, von der die kreditnehmende Gemeinde betroffen wird, nur schwer oder überhaupt nicht getilgt werden können. Ähnliches gilt für die in einem Konjunkturrückgang eingegangene Verschuldung, die in der Hoffnung vorgenommen wurde, sie im späteren Wirtschaftsaufschwung abtragen zu können. In beiden Fällen ist es möglich, daß infolge wirtschaftlicher Strukturänderungen diese Gemeinde weiter „entleert" (*Voigt*) wird, so daß die Tilgung der Kredite trotz Steuererhöhungen nicht gewährleistet ist.

Allgemein ist festzustellen: Sind die örtlichen Entwicklungschancen unter den gegebenen Umständen schon weitgehend ausgeschöpft, dann werden Gewerbe- und Industrieansiedlungsmaßnahmen mittels Vorleistungsinvestitionen nicht sehr erfolgreich sein; lokale Wachstumsprozesse finden nicht statt. Werden trotzdem Basisinvestitionen vorgenommen, dann fließt ein Großteil der entstandenen Einkommen zu Einkaufszentren hin ab, ohne daß von den umliegenden, meist noch kleineren Gemeinden, eine Kompensation zu erwarten ist.

Dagegen gilt für Großstädte sowie mittlere und kleinere Gemeinden in zentraler Lage bzw. in den entwicklungsfähigen Randgebieten von Ballungen: Infolge günstiger Lage besitzen sie hohe Gewerbesteuereinnahmen bei zum Teil mäßigen Ausgaben; damit ist ihnen die Möglichkeit gegeben, mittels Basisinvestitionen Gewerbebetriebe anzuziehen[30]. Im allgemeinen wird die kommunale Gewerbeförderung und damit der örtliche Wachstumsprozeß dort am stärksten sein, wo die Steuerkraft bei gegebenem Finanzbedarf relativ am höchsten ist, wo die Zuwachsraten der Steuereinnahmen am größten sind oder als sehr hoch erwartet werden und wo die frei verfügbaren Mittel besonders gezielt eingesetzt werden[31]. Das trifft in erster Linie für die großen Gemeinden zu. Bei ihnen spricht darüber hinaus noch für lokale Wachstumschancen „1. die wachsende Bedeutung des Ferndienstleistungsgewerbes, das vorzugsweise in den großen bis mittleren Orten seinen geeigneten Standort findet; 2. die Persistenz bestehender Agglomerationen, handle es sich um ausgesprochene Ballungen oder nur um grö-

[30] Mit dieser Ansicht korrespondiert das Ergebnis einer Enquête der Bundesanstalt für Arbeitsvermittlung und Arbeitslosenversicherung (Die Standortwahl der Industriebetriebe in der Bundesrepublik Deutschland im Zeitraum von 1950 bis 1960; Hrsg.: Bundesministerium für Arbeit und Sozialordnung, Bonn 1961). Dort heißt es: „In dem Zeitraum von 1955—1957 siedelten sich die Industriebetriebe zum großen Teil in den Randbezirken der Großstädte und Ballungsräume an. In den Jahren 1958—1960 wurden die industriell weniger erschlossenen ländlichen Gebiete bevorzugt, in denen noch Arbeitskräfte gewonnen werden konnten." (Zitiert bei: Norbert *Kloten*, Standortwirkungen kommunaler Besteuerungsformen, a. a. O., S. 146.)

[31] Vgl. Norbert *Kloten*, Standortwirkungen kommunaler Besteuerungsformen, a. a. O., S. 146.

ßere Kommunen; 3. die Anziehungskraft, die jede größere Gebietskörperschaft aus wirtschaftlichen, kulturellen u. a. Gründen (vorgeleistete Sozialinvestitionen) ausstrahlt; 4. das Gefälle in der Finanzkraft von den großen zu den kleinen Gemeinden[32]." Innerhalb jeder Gemeindegrößenklasse sind die Chancen wiederum verschieden. Das hängt vor allem von den kommunalpolitischen Rahmenbedingungen (d. h. ob kreisfreie oder kreisangehörige Gemeinden, ob Eingemeindungen oder Satellitengründung möglich sind usw.) und der Besiedlungsdichte ab.

2. Ausgabenveränderung zur Befriedigung der Kollektivbedürfnisse privater Haushalte

Im vorstehenden Teil dieses Abschnitts wurde darauf hingewiesen, daß eine wachstumsorientierte Ausgabenpolitik der Gemeinden vom kommunalen Steuersystem bestimmt wird. Nehmen wir an, daß *nicht* die Gewerbesteuer, sondern beispielsweise eine Gemeindeeinwohnersteuer ausschlaggebend für das kommunale Ausgabensystem ist, dann ergibt sich eine völlig andere Situation. Nunmehr hängt die gemeindliche Finanzkraft nicht mehr vom Umfang der Industrialisierung ab. In diesem Fall gilt: Die Ausstattung der Gemeinden mit Einrichtungen, die der Befriedigung von Kollektivbedürfnissen privater Haushalte dienen, bestimmt die kommunale Finanzlage. Auch hier bietet die gemeindliche Ausgabenpolitik einen Ansatzpunkt für örtliche Wachstumsprozesse. Durch den Bau von Schwimmhallen und Bibliotheken, Anlegung stadteigner Grünanlagen, Zurverfügungstellung von billigem Bauland, Verbot der Errichtung von Industrie- und Gewerbebetrieben u. ä. m. kann erreicht werden, daß diese begünstigten Wohngebiete von den Wohnungssuchenden bevorzugt werden. Dadurch kann die kommunale Steuerkraft gestärkt werden, was in der Folge zu besseren Verschuldungsmöglichkeiten der Gemeinden (auch für unrentable Zwecke) und damit wiederum zu einer großzügigeren Ausgabenpolitik in mannigfachen Formen führen kann.

Fassen wir zusammen: Die Gemeinden werden zu jedem Zeitpunkt durch gesamtwirtschaftliche Prozesse beeinflußt. Dadurch können innerhalb der jeweiligen historischen Rahmenbedingungen örtliche Wachstumsprozesse ausgelöst werden, durch die einige Kommunen begünstigt, andere benachteiligt und wieder andere überhaupt nicht tangiert werden. Im Verlauf dieser Entwicklung besteht die Möglichkeit daß — wie im ersten Abschnitt dieses Kapitels dargelegt – solche Aufgaben ständig ansteigen, denen sich die Gemeinden trotz sparsamster

---

[32] Norbert *Kloten*, Standortwirkungen kommunaler Besteuerungsformen, a. a. O., S. 133 f. (dort Fußnote 14).

Finanzführung nicht entziehen können. Insbesondere das Bevölkerungswachstum und die damit verbundenen Folgeinvestitionen treiben den kommunalen Finanzbedarf unaufhaltsam in die Höhe. Weiterhin können plötzliche Ausgabenerhöhungen als Folge einer Änderung der Aufgabenverteilung zwischen Gemeinden und übergeordneten Gebietskörperschaften sowie sonstige Ausgabenstöße zu einem *Verschuldungszwang* führen. Eine übermäßige Kommunalkreditnahme kann aber auch das Ergebnis der gemeindlichen Ausgabenfreudigkeit sein.

In diesem Abschnitt wurde sodann gezeigt, daß der durch den gesamtwirtschaftlichen Entwicklungsprozeß hervorgerufene räumlich differenzierte Wachstumsprozeß von den Gemeinden *aktiv* beeinflußt werden kann. Hierbei wurde vorausgesetzt:

— eine finanzwirtschaftliche Autonomie der Kommunen,

— die eingangs kurz skizzierten raumwirtschaftlichen Entwicklungstendenzen und

— Maßnahmen der Ausgabenpolitik.

Das Ausmaß der einnahmeorientierten Ausgabenpolitik wird bei gegebenen Steuersätzen und gegebenem Finanzbedarf (ohne die wirtschaftsfördernden Basisinvestitionen) vom kommunalen Steuersystem bestimmt. Ist die Ausstattung der Gemeinden mit Gewerbebetrieben für ihre Finanzlage bestimmend, dann können die kommunalen Gebietskörperschaften mittels eigen- und kreditfinanzierten Vorleistungsinvestitionen versuchen, gewerbliche Unternehmen anzuziehen, um damit einen Einfluß auf ihr Wirtschaftswachstum auszuüben. Durch den Zuzug neuer Betriebe und die Erweiterung bereits ansässiger Unternehmen kann das *Steueraufkommen wachsen*, was in der *Folge* wiederum *bessere Verschuldungsmöglichkeiten und eine großzügigere Ausgabenpolitik* auch für unrentable Investitionen bedingt. Zwar sind neue Betriebe ihrerseits wieder ein ausgabenverursachender Faktor; eventuell notwendig werdende Basisinvestitionen können jedoch mit eigenen und geborgten Mitteln finanziert werden, weil die Wachstumsgemeinden steuerstärker geworden sind und ihre Verschuldungskapazität sich erweitert hat.

Wird aber das kommunale Ausgabensystem beispielsweise von einer Gemeindeeinwohnersteuer bestimmt, dann können die kommunalen Gebietskörperschaften vor allem solche Vorleistungsinvestitionen durchführen, die der Befriedigung von Kollektivbedürfnissen privater Haushalte dienen. In der Folge besteht eine wesentliche Möglichkeit, daß diese Gemeinden Wohnungssuchende anlocken, damit ihre Steuerkraft stärken und ihre Verschuldungskapazität (auch für unrentable Zwecke) erweitern.

Ein derartig ablaufender Prozeß hat zur Folge, daß die aktiven Gemeinden finanzkräftig werden, während solche mit geringen öffentlichen Leistungen einen Wachstumsverlust und eine Einbuße der Finanzkraft erleiden; die räumlichen Unterschiede in der Steuerkraft werden damit noch vergrößert.

Unter der Voraussetzung einer wenig differenzierten Streuung der Hebesätze und gegebenem Finanzbedarf werden die Möglichkeiten der Gemeinden, ihr lokales Wirtschaftswachstum zu beeinflussen, letztlich vom außergemeindlichen Steuerkraftgefälle bestimmt, das die Mobilitätsanteile fixiert. Ein gegebenes Steuerkraftgefälle bedeutet ungleiche Startbedingungen, somit unterschiedliche Verschuldungsmöglichkeiten und aufgrund der Multiplikatorwirkung jeder zusätzlichen Nettoinvestition auf das Einkommen verschiedene Entwicklungschancen. Gemeinden, deren örtliche Entwicklungschancen weitgehend ausgeschöpft sind, können in der Regel keine lokalen Wachstumsprozesse einleiten. Werden trotzdem mit eigenen und am Kreditmarkt aufgenommenen Mitteln Infrastrukturinvestitionen vorgenommen, dann kann eine derartige Handlungsweise mit den dargelegten finanziellen und konjunkturellen Risiken behaftet sein. Dagegen sind entwicklungsfähige Gemeinden in der Lage, die jeweiligen Gemeindesteuern ergiebig zu gestalten, indem sie sich hierbei der Ausgabenpolitik bedienen[33].

---

[33] Ob man auch durch Steuersenkungen Unternehmen und Arbeitskräfte anziehen und somit die Standortwahl nachhaltig beeinflussen kann, ist ein bis heute noch ungeklärtes Problem der Regionalpolitik. *Kloten* (Standortwirkungen kommunaler Besteuerungsformen, a. a. O.) kommt auf Seite 141 zu dem Ergebnis: „Erhebungen wie statistische Angaben legen den Schluß nahe, daß die unternehmerischen Standortentscheidungen so gut wie kaum von der bestehenden Hebesatzstreuung beeinflußt werden und daß die Hebesätze der Gewerbesteuer mit großer Wahrscheinlichkeit und im Durchschnitt wenigstens in den letzten Jahren auch nicht als Instrument einer Attrahierungspolitik eingesetzt werden." *Kloten* (a. a. O., S. 138 f.) zitiert außerdem das Ergebnis der bereits erwähnten Enquête der Bundesanstalt für Arbeitsvermittlung und Arbeitslosenversicherung (a. a. O., S. 10): „In keinem Fall wurden steuerliche Anreize durch niedrigere Hebesätze als Ursache, ja nicht einmal als ergänzender Faktor angeführt. Dagegen wurde für die Jahre 1955 bis 1957 bei einem Sechstel der Betriebsverlagerungen aus fernen Ballungsräumen die öffentliche Förderung (regionale Förderungsprogramme des Bundes und der Länder) durch Steuererleichterungen und Finanzhilfen vorangestellt."

III. Konjunkturbedingte Einflüsse auf die gemeindliche Finanzwirtschaft

1. Die Entwicklung der Steuereinnahmen und Haushaltsausgaben im konjunkturellen Verlauf

Bei unveränderter Steuergesetzgebung und gleichbleibender Steuerzahlungstechnik nehmen die Gemeindesteuereinnahmen im Wirtschaftsaufschwung zu und mit fallender Konjunktur ab. Dabei zeigen die einzelnen Steuerarten — wenn man die steuerrechtlichen Aufkommensänderungen ausklammert — beachtliche Unterschiede in ihrer Verknüpfung mit dem Bruttosozialprodukt und damit in der Schnelligkeit und Intensität ihrer Reaktionsweise. Wesentlich für das Ausmaß der Konjunkturabhängigkeit kommunaler Haushaltseinnahmen ist, in welchem Verhältnis die Besteuerungsgrundlagen (im besonderen Gewerbe einerseits, Grundbesitz andererseits) zueinander stehen. Es muß freilich beachtet werden, daß Höhe und Wachstumsgeschwindigkeit der Steuereinnahmen nicht nur vom Wirtschaftsverlauf, sondern auch von der Entwicklung des Steuerrechts und der Steuerzahlungstechnik abhängen.

Was die Ausgaben der Gemeinden anbelangt, so sind sie im Gegensatz zu den kommunalen Steuereinnahmen heute generell wenig konjunkturreagibel. Dagegen haben sie sich früher stärker den wirtschaftlichen Schwankungen angepaßt. Die Reaktionsstärke gemeindlicher Ausgaben wurde dabei von der Schnelligkeit bestimmt, mit der der Block konjunkturabhängiger Ausgaben auf wirtschaftliche Wechsellagen reagierte.

2. Beziehungen zwischen Steueraufkommen und Kommunalkredit bei rückläufiger Konjunktur

a) Eintritt und Umfang kommunaler Haushaltsfehlbeträge

aa) Unter der Voraussetzung eines gleichbleibenden Finanzausgleichs und konstanter Besteuerung

Bei konjunkturreagiblen Steuereinnahmen und annähernd konstanten Haushaltsausgaben stellen sich im Verlauf eines Wirtschaftsrückgangs Haushaltsdefizite ein. Ob und wann diese Situation eintritt, hängt bei konstanten bzw. wenig konjunkturreagiblen Ausgaben von der Intensität und Schnelligkeit ab, mit der die einzelnen Steuerarten auf den Rückgang der regionalen Wirtschaftsaktivität reagieren. Welche Höhe die Ausgabenüberschüsse erreichen, wird dabei von der Dauer der rückläufigen Steuereinnahmen bestimmt. Im einzelnen sind folgende Möglichkeiten denkbar:

a) Verfügt eine Kommune über Steuern, die mit einem kurzen „time-lag“ auf die fallende Konjunktur reagieren und ist außerdem der Anteil konjunkturempfindlicher Steuereinnahmen am gesamten Steueraufkommen hoch (und somit das Ausmaß der Konjunkturabhängigkeit erheblich), dann werden sich bei umfangreichen gemeindlichen Ausgaben, die schnell auf einen Rückgang der wirtschaftlichen Aktivität ansprechen, in relativ kurzer Zeit bedeutende Haushaltsdefizite einstellen. Diese Fehlbeträge vergrößern sich mit anhaltendem Wirtschaftsrückgang so lange, wie das Steueraufkommen bei steigenden bzw. konstanten kommunalen Haushaltsausgaben sinkt.

b) Relativ langsamer treten dagegen geringere Ausgabenüberschüsse bei gleich starkem Rückgang der wirtschaftlichen Aktivität dann auf,

— wenn entweder die automatischen Ausgabeschwankungen nur von geringer (oder auch starker) Intensität sind, der Anteil konjunkturreagibler Gemeindesteuern hoch ist, die Steuereinnahmen jedoch mit einem langen „time-lag“ auf den Wirtschaftsrückgang reagieren,

— wenn bei relativ geringem Anteil konjunkturempfindlicher Steuern das gemeindliche Steueraufkommen schnell auf die fallende Konjunktur reagieren, während die konjunkturreagiblen Ausgaben von unerheblichem (oder auch erheblichem) Einfluß sind oder

— wenn bei einem bedeutenden Anteil konjunkturabhängiger Steuereinnahmen und schneller Reaktion gemeindlicher Steuern auf die rückläufige Konjunktur die automatischen Ausgabeschwankungen nur von geringer Intensität sind.

c) Bleiben die Steuereinnahmen dagegen vom Wirtschaftsrückgang relativ unberührt, während lediglich der unabweisbare Finanzbedarf steigt, dann sind die Haushaltsfehlbeträge bei gleich starkem Wirtschaftsrückgang ebenfalls geringer.

d) Nur unwesentliche Haushaltsfehlbeträge stellen sich schließlich bei solchen Gemeinden ein, bei denen sowohl die Intensität automatischer Ausgabeschwankungen als auch der Anteil konjunkturreagibler Steuereinnahmen am Gesamtsteueraufkommen gering ist.

bb) Bei variablen Steuersätzen und einer Änderung des Finanzausgleichs

Eintritt und Umfang kommunaler Haushaltsfehlbeträge können außer von den vorstehend genannten Faktoren nicht unwesentlich vom Finanzausgleich zwischen Staat und Gemeinden beeinflußt werden. So kann bei fallender Konjunktur eine Änderung des Finanz- und Lastenausgleichs zugunsten der Gemeinden den Zeitpunkt des Eintritts von Haushaltsdefiziten hinausschieben und die Höhe der

Krisendefizite verringern. Dagegen verstärkt eine Kürzung der kommunalen Finanzzuweisungen und/oder eine Veränderung der Lastenzuteilung zuungunsten der gemeindlichen Gebietskörperschaften die Ausgabenüberschüsse im Konjunkturabschwung. Dieser Entwicklung kann mit einer Steuersatzerhöhung begegnet werden. Ob und inwieweit das möglich ist, hängt von den im vierten Kapitel genannten Faktoren ab.

b) Die Bedeutung von Intensität und Schnelligkeit mit der einzelne Steuerarten auf die rückläufige Konjunktur im kommunalen Raum reagieren, für die gemeindliche Kreditaufnahme

Bisher ist gezeigt worden, daß sich infolge der automatischen Reagibilität von Steuereinnahmen und Haushaltsausgaben bei rückläufiger Konjunktur Ausgabenüberschüsse einstellen können. Sofern die kommunale Investitionstätigkeit nicht eingeschränkt wird, ergibt sich die Höhe der Verschuldung aus dem Umfang der gemeindlichen Haushaltsfehlbeträge. Ein ausreichendes Kapitalangebot unterstellt, nehmen die Gemeinden daher Kredite auf. Dadurch erhöht sich in der Regel nicht nur ihr absoluter Verschuldungsbetrag, sondern ebenso der Anteil kommunaler Kredite an der Finanzierung der gesamten gemeindlichen Investitionen. Im allgemeinen nimmt darüber hinaus auch der Anteil kommunaler Darlehnserlöse an den Kosten *unrentabler* Investitionen zu, wenn nicht Finanzierungshilfen durch Dritte, etwa in Form von staatlichen Finanzzuweisungen, an die Stelle der fehlenden Eigenleistung treten[34]. Unter der Annahme, daß steuerschwache Gemeinden für ihren unabweisbaren unrentablen Investitionsbedarf höhere Zweckzuweisungen durch Dritte erhalten als steuerstarke, ist bei gleich hohem unrentablen Investitionsvolumen der Anteil ihrer Kommunalkredite an den Kosten ihrer unrentablen Investitionen niedriger als bei den steuerstarken Gemeinden.

Die gemeindlichen Gebietskörperschaften können so lange Kredit aufnehmen, bis sie an ihrer Schuldendienstgrenze angelangt sind. Ist sie erreicht, dann untersagt die Gemeindeaufsicht weitere Kreditaufnahmen; noch verbleibende dringende Investitionsausgaben müssen dann unterlassen werden.

Eine Mehrverschuldung kann in dieser Situation jedoch dadurch möglich werden, daß der Zinssatz sinkt und/oder die Laufzeiten länger werden. In diesem Fall entsteht eine zusätzliche Verschuldungskapazität und die Schuldendienstgrenze wird weiter hinausgeschoben.

---

[34] Das gleiche gilt natürlich auch, wenn sich bei ansteigender Konjunktur der finanzielle Spielraum durch einen steigenden unabweisbaren Investitionsbedarf verengt.

Auf diese Faktoren kann jedoch im Rahmen unserer Untersuchung nicht weiter eingegangen werden.

Haben sich die Gemeinden bei Hochkonjunktur jedoch bereits bis zur Schuldendienstgrenze verschuldet, dann ist eine Kreditnahme bei einem Wirtschaftsrückschlag schlechthin unmöglich. In diesem Fall kann sich eine hohe kurz- und mittelfristige Verschuldung der Kommunen besonders verhängnisvoll auswirken. In der Regel müssen kurz- und mittelfristige Kredite prolongiert oder durch neue kurz- oder längerfristige Kredite ersetzt werden, weil die in dieser Situation auf ein Haushaltsjahr fallenden Tilgungszahlungen bei gleichem Verschuldungsbetrag ungleich höher sind als bei langfristig aufgenommenen Darlehen, während andererseits die Möglichkeiten einer Erhöhung der ordentlichen Einnahmen sehr begrenzt sind.

Nur geringfügig verschulden — und zwar nicht nur absolut, sondern auch relativ, d. h. im Verhältnis zum gesamten Haushaltsvolumen — müssen sich bei stark rückläufiger Konjunktur dagegen solche Gemeinden, bei denen der eingebaute „Stabilisator“ infolge des geringen Anteils konjunkturreagibler Steuereinnahmen am gesamten Steueraufkommen und geringer Intensität der automatischen Ausgabenschwankungen nur schwach ist. Dies dürfte vorwiegend für die kleinen Landgemeinden zutreffen.

Welche Höhe die Kommunalverschuldung in der Depression erreicht und wie schnell sich die Gemeinden ihrer Schuldendienstgrenze nähern, hängt außer vom Anstieg kommunaler Ausgaben entscheidend von der Intensität und Schnelligkeit ab, mit der die einzelnen Steuerarten auf den Rückgang der wirtschaftlichen Aktivität im gemeindlichen Raum reagieren und wird außerdem davon bestimmt, welche Bezugsgrößen und Maßstäbe bei der Berechnung der kommunalen Schuldengrenze angewandt werden.

Ist beispielsweise der Anteil konjunkturempfindlicher Steuereinnahmen am gesamten Steueraufkommen groß und reagieren die gemeindlichen Steuern mit einem kurzen „time-lag“ auf den Wirtschaftsrückgang, dann sinkt das Gesamtsteueraufkommen außerordentlich schnell und erheblich. Ist der „time-lag“ dagegen lang, dann nimmt das gesamte Steueraufkommen u. U. erst dann stark ab, wenn das regionale Wirtschaftswachstum bereits wieder einen steigenden Trend zeigt.

Haben die Steuereinnahmen ihren niedrigsten Stand erreicht, dann ist die Situation möglich, daß die Gemeinden infolge unabweisbarer Investitionserfordernisse zusätzliche Kreditaufnahmen wünschen, die Aufsichtsbehörde ihnen aber eine weitere Verschuldung deshalb nicht gestattet, weil sie bei Anwendung der kameralistischen Maßstäbe und Bezugsgrößen zur Berechnung der Schuldendienstgrenze nicht mehr tragbar erscheint. Im Gegensatz dazu würde das vom Bayerischen Prüfungsverband öffentlicher Kassen entwickelte — und im sechsten Kapitel dargestellte — Verfahren, bei dem die finanzwirtschaftlichen Bewegungsvorgänge (d. h. die langfristige Entwicklung sowohl der Einnahme- als auch der Ausgabenseite) Berücksichtigung finden, eine weitere Verschuldungszunahme gestatten.

3. Beziehungen zwischen Steuereinahmen und kommunaler Verschuldung in der Aufstiegsphase der Konjunktur

a) Zur Entwicklung des gemeindlichen Finanzierungsspielraums

Unter der Annahme, daß die Steuereinnahmen der Gemeinden im Konjunkturaufschwung steigen und die Haushaltsausgaben weniger stark ansteigen, gelten vice versa die vorstehenden[35] Ausführungen: Bei konstanten Steuersätzen und gleichbleibendem Finanzausgleich können sich infolge einer unterschiedlich starken Reagibilität von Steuereinnahmen und Haushaltsausgaben verschieden schnell unterschiedlich hohe Einnahmeüberschüsse bei den einzelnen Gemeinden einstellen. Der Eintritt derartiger Haushaltsüberschüsse wird bestimmt von der Konjunkturempfindlichkeit der Steuern und der Höhe der konjunkturabhängigen Ausgaben, weiterhin davon, wie schnell die konjunkturreagiblen Ausgaben und das gemeindliche Steueraufkommen auf die ansteigende Konjunktur reagieren.

Bei gleichbleibender Besteuerung können Eintritt und Umfang kommunaler Haushaltsüberschüsse darüber hinaus nicht unwesentlich von einer Veränderung des staatlichen Finanzausgleichs beeinflußt werden. Eine Beschneidung der Finanzzuweisungen und/oder eine Veränderung der Lastenzuteilung *zuungunsten* der kommunalen Gebietskörperschaften kann den Zeitpunkt des Eintritts von Haushaltsüberschüssen hinausschieben und deren Höhe verringern. Eine erhöhte Belastung kann aber auch eine unabweisbare Folge des Wirtschaftsaufschwungs sein. Es besteht sogar die Möglichkeit, daß der unabweisbare Finanzbedarf relativ schneller und stärker wächst als die kommunale Finanzausstattung.

Eine Änderung des Finanzausgleichs *zugunsten* der Gemeinden kann dagegen relativ schnell zu starken Haushaltsüberschüssen führen. Durch eine derartige Erhöhung der laufenden Einnahmen können die in Zeiten schlechter Konjunktur aufgenommenen Kredite zurückgezahlt werden. Infolgedessen kann ein Verschuldungsrückgang eintreten.

---

[35] Siehe Ziffer 2. a) dieses Abschnitts.

b) Probleme der Schuldentilgung im Wirtschaftsaufschwung

Relativ unwesentlich wird die Rückzahlung kommunaler Kredite bei solchen Gemeinden sein, die über einen geringen Anteil konjunkturreagibler Steuereinnahmen am gesamten Steueraufkommen verfügen und bei denen die Intensität der automatischen Ausgabeschwankungen schwach ist. Anders dagegen bei denjenigen Kommunen, die ihre Haushaltsfehlbeträge in der Depression bewußt vergrößert haben. Ob und inwieweit die im Umfang des erweiterten Krisendefizits genommenen Schulden bei Hochkonjunktur zurückgezahlt werden können, hängt von den gemeindlichen Einnahmesteigerungen im Wirtschaftsaufschwung ab. Sind die Rückwirkungen des Konjunkturhochs auf die kommunalen Haushalte weniger intensiv als die des vorangegangenen Konjunkturtiefs, oder treten zusätzlich unerwartete Ausgabenerfordernisse an die gemeindlichen Finanzwirtschaften heran, dann kann der Schuldenberg nur dann abgetragen werden, wenn die Steuersätze erhöht werden.

Ob und in welchem Ausmaß die Steuerquellen stärker ausgenutzt und die den Einzelwirtschaften zufließenden Mittel gekürzt werden können, hängt einmal davon ab, wie stark die politischen Widerstände gegen eine Steuererhöhung sind. Außerdem ist entscheidend, in welchem Umfang die Kommunen über eigene Steuern verfügen und welchen Spielraum sie für die Erhöhung ihrer Steuereinnahmen haben[36].

Stehen einer Erhöhung der gemeindlichen Steuersätze erhebliche politische und ökonomische Widerstände entgegen und dürfen — wie es gegenwärtig der Fall ist — die Gemeinden ohne Genehmigung der Aufsichtsbehörden bestimmte Höchsthebesätze der Realsteuern nicht überschreiten[37], dann können die bereits genannten Schwierigkeiten auftreten. Besonders prekär kann die Situation für die Gemeinden mit einseitiger Wirtschaftsstruktur und für solche kommunalen Gebietskörperschaften werden, deren Gewerbesteuereinnahmen vom Gewinn eines einzigen oder nur weniger Unternehmen abhängen. Für sie kann die Möglichkeit der Insolvenz beim Eintritt einer Branchenkrise bestehen.

c) Kommunale Schuldentilgung zur Konjunkturdrosselung

Ehe die der Schuldentilgung entgegengesetzte Möglichkeit einer zusätzlichen Kreditnahme im Wirtschaftsaufschwung behandelt wird, soll kurz auf die Frage eingegangen werden, ob eine Rückzahlung kom-

[36] Vgl. dazu Kapitel 4, Abschnitt II.

[37] Vgl. § 6 Einführungsgesetz zum Realsteuergesetz.

munaler Kredite, die beim Kreditapparat oder beim Publikum aufgenommen worden sind, in der *Hochkonjunktur* dämpfend wirkt. Diese Möglichkeit ist kaum gegeben, da bei einer Tilgung kommunaler Anleihen, die sich im Besitz des privaten Publikums befinden, die Wahrscheinlichkeit besteht, daß die Zahlungsempfänger die Tilgungsbeträge zum Teil wieder ausgeben. Ferner kann sich die Liquidität der Banken und damit deren Fähigkeit zur Kreditgewährung durch den Rückkauf der Papiere vom Publikum verbessern.

Wenngleich die Notenbank dieser Entwicklung mit restriktiven Maßnahmen entgegenarbeiten kann, so muß doch mit kompensatorischen Effekten gerechnet werden, da die entstehenden Überschußreserven durch die Zentralbank nicht völlig in Anspruch genommen werden dürften. Allein die Rückzahlung kommunaler Schulden an den Staat wirkt konjunkturbremsend, und zwar dann, wenn dieser die an ihn zurückfließenden Tilgungsbeträge zur Rücklagenbildung oder seinerseits zur Verminderung seiner Schulden gegenüber der Notenbank verwendet.

d) Einnahmenüberschüsse und Kommunalkreditnachfrage

Im Wirtschaftsaufschwung, so wurde festgestellt, können sich bei den einzelnen Gemeinden verschieden schnell unterschiedlich hohe Einnahmenüberschüsse einstellen. Das kann zu einem Abbau der in Zeiten schlechter Konjunktur eingegangenen Verschuldung führen. Es ist aber auch denkbar, daß in dieser Situation noch zusätzliche Kredite aufgenommen werden. Eine derartige Verschuldungszunahme ist deshalb möglich, weil durch die Erhöhung der laufenden Einnahmen die Verschuldungskapazität der Kommunen erweitert wird. Diese Erhöhung der Schuldendienstleistungsfähigkeit ist wegen der verschieden hohen Haushaltsüberschüsse bei den einzelnen Gemeinden unterschiedlich stark. Infolgedessen sind – worauf bereits hingewiesen wurde — die steuerstarken Gemeinden in der Lage, auch für unrentable Investitionen relativ mehr Kommunalkredite aufzunehmen, als die steuerschwachen.

Bei steigender Konjunktur muß auch der langfristige Geldwertschwund berücksichtigt werden. So besteht die Möglichkeit, daß der Kreditfinanzierung unrentabler Investitionen deshalb der Vorzug vor der Finanzierung über ordentliche Haushaltsmittel gegeben wird, weil die Schuldendienstverpflichtungen bei einer Geldwertverschlechterung im Verhältnis zu den steigenden Haushaltseinnahmen zunehmend an Gewicht verlieren. Eine derartige Kreditaufnahme zur Finanzierung kommunaler Investitionen ist unter konjunkturpolitischem Aspekt dann unerwünscht, wenn sie Inflationstendenzen in der Hochkonjunktur verstärkt.

6. Kap.: Voraussetzungen und Grenzen zur Aufnahme von Kommunalkrediten

I. Rechtliche Bestimmungen für die Kreditaufnahme der Gemeinden

Nach der Darstellung verschiedener Ursachen, die zur Fremdfinanzierung kommunaler Investitionen führen können, sollen im folgenden die Voraussetzungen und Grenzen untersucht werden, die bei der gemeindlichen Verschuldung zu beachten sind. Schulden können nicht einfach und allgemein aufgenommen werden, um den laufenden Bedarf der Gemeinden zu decken, sobald die Einkünfte aus Steuern und Finanzzuweisungen nicht ausreichen[1]. Vielmehr sehen die gesetzlichen Bestimmungen gewisse Beschränkungen für die Aufnahme von Kommunalkrediten vor. Hierbei besteht die wesentlichste Beschränkung darin, daß die Gemeinden zur Aufnahme von Darlehen der Genehmigung der Rechtsaufsichtsbehörde bedürfen und somit den Rechtsaufsichtsbehörden eine Mitwirkung und Mitverantwortung bei der Aufnahme neuer Darlehen übertragen ist.

Vor Inkrafttreten der Deutschen Gemeindeordnung vom 30. Januar 1935[2] galten vorwiegend landesrechtliche Bestimmungen. Nach 1945 wurden die zunächst als Landesrecht weiter geltenden Bestimmungen des VI. Abschnitts — Gemeindewirtschaft – der Deutschen Gemeindeordnung, darunter auch die Vorschriften der §§ 76 bis 81 über die Schulden, nach und nach durch neue Bestimmungen in den Gemeindeordnungen der einzelnen westdeutschen Länder ersetzt. Diese neuen landesrechtlichen Vorschriften lehnen sich aber inhaltlich weitgehend an die früheren Bestimmungen der Deutschen Gemeindeordnung an. Trotz verschiedener Abweichungen im einzelnen legen die Gemeindeordnungen aller westdeutschen Bundesländer mit Ausnahme derjenigen von Baden-Württemberg neben den haushaltsrechtlichen Bestimmungen und dem Erfordernis der Genehmigung der Rechtsaufsichtsbehörde sinngemäß übereinstimmend als rechtliche Voraussetzung für die Kreditaufnahme der Gemeinden fest, daß Darlehen nur zur Bestreitung eines außerordentlichen und unabweisbaren Bedarfs und nur insoweit

---

[1] Eine Ausnahme gestattete die Verfügung des Ministeriums des Innern und des Finanzministeriums vom 9. 1. 1924, betr. wertbeständige Anleihen der Gemeinden und Gemeindeverbände, Ministerialblatt für die Preußische innere Verwaltung, Jg. 1924, S. 46 ff. Diese Verfügung erlaubte denjenigen Gemeinden, die zur steuerlichen Finanzierung ihrer Ausgaben nicht imstande waren, auch ihre laufenden Ausgaben, also nicht nur Investitionen, vorübergehend mit langfristigen Anleihen zu finanzieren.

[2] RGBl. I S. 49.

aufgenommen werden dürfen, als die Gemeinden zu einer anderweitigen Deckung nicht in der Lage sind[3]. Bei strenger Auslegung dieser Vorschrift dürfte der Verschuldungsweg von den Kommunen erst dann beschritten werden, wenn die Besteuerungsmöglichkeiten ausgenutzt und die Rücklagen völlig aufgelöst sind. Es wird noch gezeigt werden (siehe die Abschnitte II und IV dieses Kapitels), daß eine Kreditaufnahme im Interesse einer konstanten Steuerbelastung erlaubt und geboten sein kann. Dieser Forderung trägt § 93 der Gemeindeordnung von Baden-Württemberg besser Rechnung, wonach eine Kreditnahme dann stets zulässig ist, „wenn eine anderweitige Deckung wirtschaftlich nicht zweckmäßig ist"[4].

Nach dem Kommunalrecht darf eine Gemeinde auch für ausdrücklich unrentable Investitionsvorhaben Kredite aufnehmen[5]. Bedingung ist, daß die kommunale Finanzkraft dieser Last auf die Dauer nachweislich gewachsen ist und daß es sich — wie bereits dargelegt — bei dem Vorhaben selbst um einen „außerordentlichen" und „unabweisbaren" Bedarf handelt. Was unter einem außerordentlichen Bedarf zu verstehen ist, bleibt unklar und verwirrend. Nach *Vialon*[6] wird er im Haushaltsrecht negativ definiert; außerordentlich muß alles sein, was nicht laufender, d. h. ordentlicher Bedarf ist. Anders ausgedrückt: Ein Bedarf ist dann außerordentlich, wenn es sich *nicht* um einen normalen Gebrauchszweck handelt, der für die Verwaltung typisch ist. Dem Kommentator ist zuzustimmen, wenn er hinzufügt, daß dieser Begriffsversuch akademisch und problematisch sei, da die finanzwirtschaftlichen „Tatsachen" im Ernstfall die Behandlung des Bedarfs als außerordentlich stets rechtfertigen werden.

Dagegen „zielt die Frage nach der Unabweisbarkeit auf die finanzpolitische Entscheidung der zeitlichen Reihenfolge der öffentlichen

---

[3] Vgl. Artikel 82 der Gemeindeordnung für den Freistaat Bayern vom 25. 1. 1952 in der Fassung vom 16. 6. 1964 (Gesetz- und Verordnungsblatt [GVBl.] S. 113); § 106 der Hessischen Gemeindeordnung vom 25. 2. 1952 i. d. F. vom 17. 12. 1964 (GVBl. I S. 209 / GVBl. II 310 — 10); § 99 der Niedersächsischen Gemeindeordnung vom 4. 3. 1955 i. d. F. vom 18. 4. 1963 (GVBl. S. 255); § 79 der Gemeindeordnung für das Land Nordrhein-Westfalen, S. 219; § 90 des Selbstverwaltungsgesetzes für Rheinland-Pfalz vom 27. 9. 1948 (GVBl. S. 335) i. d. F. vom 25. 9. 1964 (GVBl. S. 145); § 93 des Saarländischen Gesetzes Nr. 788 (Kommunalselbstverwaltungsgesetz) vom 15. 1. 1964 (Amtsbl. S. 123); § 92 der Gemeindeordnung für Schleswig-Holstein vom 24. 1. 1950 i. d. F. vom 21. 4. 1964 (GVOBl. Schl-H S. 39).

[4] Vgl. § 93 der Gemeindeordnung für Baden-Württemberg vom 25. 7. 1955 i. d. F. vom 6. 7. 1965 (Ges.Bl. S. 165).

[5] Siehe § 79 Gemeindeordnung Nordrhein-Westfalen.

[6] Siehe Friedrich Karl *Vialon*, Haushaltsrecht, Berlin und Frankfurt am Main 1959.

Ausgaben"[7]. Ist eine Ausgabe einerseits nicht mehr zu umgehen, erscheint andererseits ihre steuerliche Finanzierung jedoch nicht gesichert, dann tritt die Schuldaufnahme als subsidiäres Deckungsmittel hinzu.

Die vorstehend dargelegte rechtliche Voraussetzung für die kommunale Kreditaufnahme ist, wie *Giere*[8] darlegt, lediglich eine formale Abgrenzung, keineswegs eine materielle, so daß selbst größere Investitionen, solange keine Fremdmittel eingesetzt werden, auch über den ordentlichen Haushalt abgewickelt werden dürfen.

Einwandfrei vorgeschrieben ist dagegen, daß der Bestand des kommunalen Vermögens aus Mitteln des ordentlichen Haushalts zu unterhalten ist; die Verwendung von Fremdmitteln ist nicht gestattet[9].

Aufgrund der rechtlichen Bestimmungen[10] ergibt sich weiter

a) daß für Vermögensgegenstände, die nach Alter, Verbrauch oder sonstiger Wertminderung jeweils ersetzt oder nach wachsendem Bedarf erweitert werden müssen, die Mittel zur Ersatzbeschaffung oder Erweiterung aus Mitteln des ordentlichen Haushalts anzusammeln sind (Erneuerungs- und Erweiterungsrücklagen), und daß

b) Neuinvestitionen aufgrund eines gegenwärtigen außerordentlichen und unabweisbaren Bedarfs sowohl aus Überschüssen der vermögensunwirksamen Rechnung (zum Begriff s. Abschnitt III, Ziffer 2 a) dd) dieses Kapitels) und sonstigen Einnahmen mit teilweise einmaligem Charakter (Darlehensrückflüsse, Erlöse aus Grundstücksverkäufen u. ä.) als auch durch Kommunalkredite finanziert werden können.

II. Grundsätze einer rationalen Verschuldungspolitik der Gemeinden

Von entscheidender Bedeutung für die Kommunalkreditaufnahme und die Genehmigung durch die Gemeindeaufsicht ist die Art der Investitionen, für die die Darlehen verwendet werden. „Wenn in der neueren Finanztheorie die Art der Kreditverwendung im allgemeinen hinter dem als entscheidend angesehenen konjunkturpolitischen Ge-

---

[7] Karl-Heinrich *Hansmeyer*, Der öffentliche Kredit (Bd. 23 der Taschenbücher für Geld, Bank und Börse), Frankfurt am Main 1965, S. 55.

[8] Vgl. Gustav *Giere*, Steuern oder Schulden?, in: Der Städtetag N. F., Jg. 11 (1958), Heft 7, S. 294.

[9] Siehe § 62 Abs. 1, 2 u. 3 Gemeindeordnung Nordrhein-Westfalen; vgl. auch Friedrich-Karl *Surén*, Die Gemeindeordnungen in der Bundesrepublik, Bd. II, Gemeindewirtschaftsrecht, Köln, Berlin, München, Bonn 1960, S. 14 ff.

[10] Siehe § 62 Abs. 3 Gemeindeordnung Nordrhein-Westfalen; vgl. auch Friedrich-Karl *Surén*, a. a. O., S. 15 ff.

sichtspunkt zurücktritt, so besitzt diese Auffassung für den Bereich der Gemeindefinanzen keine Gültigkeit[11]." Konjunkturpolitische Gesichtspunkte können allein deshalb nicht einfach auf die gemeindliche Kreditpolitik übertragen werden, weil Finanzbedarf und Einnahmefluß einer einzelnen Kommune oft von den allgemeinen Entwicklungstrends abweichen. „Deshalb kann eine zurückhaltende Schuldenpolitik einzelner Gemeinden nicht als opportun gelten, wenn ein als ‚dringend' anerkannter Finanzbedarf vorliegt. Eher mag eine konjunkturpolitisch motivierte Einschränkung des Kreditbegehrens solcher Gemeinden als zweckmäßig anzusehen sein, die wegen einer günstigen Haushaltslage ‚weniger dringliche' Vorhaben mit Hilfe von Darlehen finanzieren wollen. Eine solche Beschränkung dürfte ohne ein entsprechendes Eingriffsrecht des übergeordneten Staatsverbandes schwer realisierbar sein. Liegt diese Kompetenz vor, so ist ihre Effizienz an hinreichend exakte Dringlichkeitskriterien für die Einstufung kommunaler Vorhaben gebunden, welche nicht leicht zu finden sind. Günstiger liegen die Verhältnisse, wenn die kommunale Schuldenaktivität aus Konjunktur- und Wachstumsgründen stimuliert werden soll. Allgemein ist festzustellen, daß eine erwünschte Einordnung der kommunalen Finanzpolitik in die gesamtwirtschaftlichen Konjunkturbelange, insbesondere durch eine vermehrte oder verminderte Schuldaufnahme, um so eher möglich erscheint, je mehr die Struktur des gemeindlichen Steuersystems automatisch stabilisierend wirkt und der staatliche Oberverband in der Lage und willens ist, mit Hilfe veränderlich gestaltbarer Zinszuschüsse oder Kapitalhilfen stimulierend oder bremsend auf das kommunale Finanzgebaren einzuwirken. Beide Bedingungen sind in der Bundesrepublik (jedoch) nicht erfüllt[12]." Deshalb ist hier weitgehend noch immer maßgebend, daß die Kreditpolitik der Gemeinden an dem Ausmaß der finanziellen Leistungsfähigkeit und dem unabweisbaren örtlichen Finanzbedarf ausgerichtet ist. Dabei geht es in erster Linie darum, ob der Schuldendienst aus den künftigen Einnahmen getragen werden kann. Wie *Stucken* in diesem Zusammenhang ausführt, muß die voraussichtliche finanzielle Tragbarkeit des Schuldendienstes bei der kommunalen Kreditpolitik im Vordergrund stehen[13]. Soweit eine selbstverantwortliche Willensbildung der kommunalen Finanzorgane gegeben ist, bezeichnet diese

---

[11] Gutachten des Wissenschaftlichen Beirats beim Bundesministerium der Finanzen, a. a. O., S. 8.

[12] Gerhard *Zeitel*, Eigentümlichkeiten und Grenzen der Kommunalverschuldung, in: Gemeindewirtschaft und Unternehmerwirtschaft (Festgabe für Rudolf *Johns*); Hrsg.: L. *Mülhaupt* und K. *Oettle*, Göttingen 1965, S. 81.

[13] Vgl. Rudolf *Stucken*, Fragen der öffentlichen Verschuldung unter besonderer Berücksichtigung der Kommunen, in: Kommunalwirtschaft, Jg. 1956, Heft 8, S. 382 ff.

Schuldendiensttragbarkeit die entscheidende äußerste Grenze der Schuldaufnahme[14].

Ehe im folgenden die Frage beantwortet wird, für welche Zwecke und in welchem Maße eine Schuldaufnahme wünschenswert ist und inwieweit sie eine Erweiterung des finanziellen Spielraums der Gemeinden bedeutet, ist eine Unterscheidung nach rentablen und unrentablen[15] Investitionen vorzunehmen.

Das Gutachten des Wissenschaftlichen Beirats beim Bundesministerium der Finanzen bezeichnet als rentable Investitionen solche Vorhaben, bei denen Verzinsung und Tilgung aus dem Ertrag der Anlagen bestritten werden können, während als unrentabel solche Vorhaben gelten, deren Schuldendienst aus allgemeinen Deckungsmitteln aufgebracht werden muß. Die Grenze zwischen rentablen und unrentablen Investitionen ist in manchen Fällen nicht immer genau zu ziehen[16].

Der Begriff der Rentabilität in bezug auf den gemeindlichen Haushaltsplan scheint jedoch etwas zu eng gefaßt zu sein. Um ein Vorhaben als rentabel bezeichnen zu können, müßten auch seine Folgekosten (Mehrbelastung für bauliche Unterhaltung und Erneuerung sowie für den laufenden Betrieb der neuen Investition) von ihm erwirtschaftet werden[17]. In den meisten Fällen sind es nämlich gerade die Folgekosten, die den Spielraum der kommunalen Investitionspolitik immer mehr einengen. Wie *Giere* feststellt, werden die Kosten für Unterhaltung und Erneuerung bei den verschiedenen Arten der Bauten auf jährlich 5 v. H. der Baukostensumme geschätzt. Nicht berücksichtigt ist dabei ein etwaiger höherer Wiederbeschaffungsbetrag infolge angestiegener Materialpreise und Löhne[18]. Ähnliche Angaben macht *Heinke*, der bei der Berechnung von Folgekosten für die Stadt Hannover zu dem Ergebnis gekommen ist, daß sie eine Breitenschwankung von 1

---

[14] Siehe Abschnitt III dieses Kapitels.

[15] In der Praxis gebraucht man oftmals auch die Ausdrücke „rentierlich" und „unrentierlich" sowie „werbend" und „nichtwerbend". Für die vorliegende Untersuchung werden die oben angeführten Ausdrücke des Gutachtens des Wissenschaftlichen Beirats beim Bundesministerium der Finanzen verwandt.

[16] Siehe Ausführungen auf S. 8 des Gutachtens. — Im 2. Kapitel der vorliegenden Arbeit wurde daher zwischen rentablen, beschränkt rentablen und unrentablen Investitionen unterschieden. Die Stadt *Duisburg* unterteilt wie folgt: Nicht ertragbringende Vorhaben, nicht ausreichend ertragbringende Vorhaben, ertragbringende Vorhaben und gewinnbringende Vorhaben. (Vgl. die Studie: Wiederaufbau und Verschuldung — Die außerordentliche Haushaltswirtschaft der Stadt Duisburg in den Rechnungsjahren 1949 bis 1958; Hrsg.: Stadtkämmerei der Stadt Duisburg.)

[17] Vgl. dazu Verwaltungsverordnung zu § 78 Gemeindeordnung Nordrhein-Westfalen (Ziffer 4).

[18] Vgl. Gustav *Giere*, Steuern oder Schulden?, a. a. O., S. 295.

bis 20 v. H. des Vermögenswertes haben, je nachdem, auf welchem Gebiet investiert wird[19].

Wir kehren nunmehr zu unserer eingangs aufgeworfenen Fragestellung zurück und stellen jene „sicheren Fälle" dar, bei denen die Kreditdeckung von Investitionsausgaben nicht die Gefahr der Insolvenz der kommunalen Körperschaft heraufbeschwört. Bei dieser Darstellung kann sich der Verfasser an die Grundsätze halten, die *Stucken* herausgearbeitet hat[20].

Von den Ausgabearten ausgehend, ist die Finanzierung *rentabler* Investitionen im Kreditwege unbedenklich[21]. In diesem Falle kann der Schuldendienst neben den Betriebs- und Unterhaltungskosten aus Gebühren, Beiträgen, Darlehensrückflüssen und Verkaufserlösen getragen werden; die Schuldendienstquote erhöht sich netto nicht. Falls bei solchen Investitionen auf längere Sicht mit größeren Gewinnen oder Überschüssen zu rechnen ist, können sie die allgemeine finanzielle Leistungsfähigkeit der Gemeinde sogar stärken und die Schuldengrenze ausweiten.

Unrentable Investitionen sind normalerweise aus Überschüssen der ordentlichen Rechnung zu finanzieren. Erst wenn die Finanzierung der unrentablen Vorhaben durch diese Überschüsse nicht sichergestellt ist, dürfen — sofern Einnahmen und Ausgaben im Gesamtergebnis einer längeren Periode übereinstimmen — auch unrentable Investitionen mit Kommunaldarlehen finanziert werden. *Stucken* gelangt unter Anwendung dieses allgemeinen Satzes zu vier speziellen Regeln:

„1. Kredite dürfen zur Deckung der zeitweilig die Einnahmen überschreitenden Ausgaben aufgenommen werden, sofern im Gesamtergebnis der Etatperiode Einnahmen und Ausgaben übereinstimmen.

2. Kredite dürfen in Stockungszeiten zwecks Ausgleich zwischen Jahren schlechter und guter Konjunktur aufgenommen werden, inso-

[19] Vgl. Siegfried *Heinke*, Mehrjahresprogramm der Gemeinde und Mehrjahresfinanzplan, Sonderdruck des Verlages Neuer Vorwärts, Godesberg o. J., S. 11.

[20] Dazu und zum folgenden Rudolf *Stucken*, Grundsätze für die Anleihepolitik, in: Archiv für Sozialwissenschaft und Sozialpolitik, Tübingen, Bd. 57 (1927), S. 746 ff. — *Derselbe*, Kredit als finanzwirtschaftliches Deckungsmittel, in: Finanzarchiv Tübingen, N. F. 5 (1938), S. 529 ff. — Rudolf *Stucken* und Walter *Sies*, Finanzwissenschaftliche Deckungsgrundsätze und konjunkturpolitische Postulate, in: Finanzarchiv Tübingen, N. F. 12 (1951), S. 616 ff.

[21] Vgl. auch Gutachten des Wissenschaftlichen Beirats beim Bundesministerium der Finanzen, a. a. O., S. 11. — Karl Theodor *v. Eheberg* (Finanzwissenschaft, 18. und 19. Auflage, Leipzig und Erlangen 1922) sowie Bruno *Moll* (Probleme der Finanzwissenschaft, in: Probleme des Geld- und Finanzwesens, Leipzig 1924, und Lehrbuch der Finanzwissenschaft, Berlin 1930) wollen Kredite nur für rentable Anlagen zulassen.

fern sie bei gleichbleibenden Steuer- und Tarifsätzen in den nachfolgenden günstigeren Jahren getilgt werden können; darüber hinaus nur, insoweit die Tragbarkeit von Steuer- und Tariferhöhungen zwecks Abdeckung der Kredite in der Zeit besserer Konjunktur erwiesen ist.

3. Kredite dürfen aufgenommen werden zum Ausgleich zwischen Jahren erhöhter Gesamtausgaben und anderen Jahren, soweit die Tragbarkeit von etwa erforderlichen Steuer- und Tariferhöhungen zwecks Abdeckung der Kredite in der Gesamtzeit erwiesen ist.
4. Unter der gleichen Voraussetzung zum Ausgleich zwischen Jahren verminderter Gesamteinnahmen und anderen Jahren[22]."

Zu 1.: In diesem Fall des Ausgleichs in der Haushaltsperiode handelt es sich um Kassenkredite, die als zulässig anerkannt werden. Es ist allerdings immer zu prüfen, ob die Bedingungen des Falles 1 bei mangelndem Haushaltsausgleich in Teilen der Etatperiode wirklich noch vorliegen.

Zu 3.: Der Fall, daß zeitweilig erhöhte Investitionsausgaben auftreten, ist bei größeren Gemeinden nur selten aktuell. Je kleiner dagegen die Kommunen sind, desto unregelmäßiger werden bei ihnen Investitionsstöße auftreten. An späterer Stelle der vorliegenden Arbeit wird bei der Beurteilung der kommunalen Verschuldung vom Standpunkt der finanzwissenschaftlichen Deckungsgrundsätze auf diesen Fall 3 noch besonders zurückzukommen sein.

Daß nur zeitweilig erhöhte Investitionsausgaben mit Kommunaldarlehen finanziert werden dürfen, schrieb beispielsweise ein „Cirkular an sämtliche Königl. Regierungs-Präsidenten in Preußen"[23] vor. Danach durften Kredite dann nicht für Schulhausbauten verwandt werden, wenn das Bedürfnis zur Ausführung neuer Schulbauten in regelmäßigen Zeitabständen wiederzukehren pflegte.

Die Zielsetzung einer gleichmäßigen Lastenverteilung tritt in einem Ministerialbeschluß des Königreichs Bayern in den Vordergrund: „Die Aufnahme von Schulden soll einen angemessenen Ausgleich der Lasten zwischen Gegenwart und Zukunft ermöglichen, sie darf nicht zu einer Entlastung der Gegenwart auf Kosten der Zukunft führen[24]." Wie in dem Beschluß weiter ausgeführt wird, sind Bedürfnisse, die in kleinen Kommunen als „außerordentliche" bezeichnet werden können (Schulbauten, Straßenverbesserung usw.), in großen Gemeinden als „ordentliche" anzusehen und dementsprechend mit ordentlichen Einnahmen zu decken.

---

[22] Rudolf *Stucken*, Kredit als finanzwirtschaftliches Deckungsmittel, a. a. O., S. 556.

[23] Siehe Ministerialblatt für die gesamte innere Verwaltung in den Königlich Preußischen Staaten, Jg. 1891, S. 84.

[24] Ministerialamtsblatt der bayerischen inneren Verwaltung vom 11. Oktober 1907, S. 482.

Der von *Stucken* hervorgehobene Gesichtspunkt des gesamten Ausgabenverlaufs, demzufolge eine Kreditnahme zulässig ist „bei zeitweiligem Zurückbleiben der Einnahmen hinter den Ausgaben, sofern nur im Gesamtergebnis der längeren Periode Einnahmen und Ausgaben — und zwar ohne Berücksichtigung der infolge der Kreditnahme eingehenden und der für die Tilgung des Kredits ausgehenden Beträge — übereinstimmen“[25], wurde im Preußischen Gemeindefinanzgesetz vom 15. Dezember 1933 berücksichtigt. Wie § 73 dieses Gesetzes bestimmte, mußte eine Gemeinde, die Darlehen für unrentable Zwecke aufnehmen wollte, nachweisen, daß sich ihre Zins- und Tilgungsverpflichtungen mit ihrer dauernden Leistungsfähigkeit in Einklang befinden. Sowohl in der Deutschen Gemeindeordnung vom 30. Januar 1935 als auch in allen Gemeindeordnungen der Bundesrepublik Deutschland wird die „dauernde Leistungsfähigkeit“ gefordert[26]. Dieser Grundsatz besagt, daß kommunale Investitionen nicht generell mit Darlehen finanziert werden dürfen[27]. Es wird jedoch nicht ausdrücklich darauf hingewiesen, daß nur bei der Kreditfinanzierung von zeitweilig erhöhten Investitionsausgaben die dauernde Leistungsfähigkeit gewährleistet ist.

Zu 4.: Dieser Fall geht nach *Stucken*[28] auf Erfahrungen zurück, die bei der Währungsumstellung von 1923 gemacht wurden. Er stellt eine Rechtfertigung des Kredits dar, den das Reich bei der Rentenbank aufnahm, um die Zeitspanne des Nachhinkens der Steuereinnahmen zu überbrücken. Die Beurteilung der *kommunalen* Verschuldung nach den Währungsumstellungen von 1923 und 1948 vom Standpunkt dieses vierten Falles wird im zweiten Abschnitt des Hauptteils vorgenommen werden.

III. Die Einschränkung der Kommunalkreditnachfrage durch die Schuldendienst- und Schuldengrenze

1. Die Schuldendienst- und Schuldengrenze als Parameter der gemeindlichen Kreditnachfrage

Nach den Gemeindeordnungen der westdeutschen Länder ist das entscheidende Kriterium für kommunale Darlehensaufnahmen die dauernde Leistungsfähigkeit[29]. Hält sich die Schuldenbelastung einer

---

[25] Rudolf *Stucken*, Kredit als finanzwirtschaftliches Deckungsmittel, a. a. O., S. 555 f.

[26] Vgl. auch die Ausführungen über die kommunale Schuldengrenze.

[27] Vgl. auch Abschnitt I dieses Kapitels.

[28] Vgl. Rudolf *Stucken*, Kredit als finanzwirtschaftliches Deckungsmittel, a. a. O., S. 557.

[29] § 79 Abs. 1 Satz 2 Gemeindeordnung Nordrhein-Westfalen fordert beispielsweise: „Kann der Aufwand für die Verzinsung und Tilgung voraussichtlich nicht durch Mehreinnahmen oder Ausgabenersparnisse, die sich aus der Verwendung der Darlehensmittel ergeben, dauernd ausgeglichen werden, so muß die Gemeinde nachweisen, daß die Verzinsungs- und Tilgungsverpflichtungen mit ihrer dauernden Leistungsfähigkeit in Einklang stehen.“

Gemeinde noch in den Grenzen der dauernden Leistungsfähigkeit, dann können Darlehensaufnahmen von den gemeindlichen Vertretungsorganen beschlossen und von der Rechtsaufsichtsbehörde genehmigt werden[30]. Auch die Kreditgeber können, da besondere Sicherheiten im allgemeinen für Kommunalkredite nicht bestellt werden, Darlehen nur dann gewähren, wenn die vom Gesetzgeber gewollten Voraussetzungen erfüllt sind. Daher muß die dauernde Leistungsfähigkeit in jedem einzelnen Kreditfall festgestellt werden.

Eine genaue Ermittlung ist jedoch nicht durchführbar. Sie wäre nur dann möglich, wenn sich die künftige Entwicklung der Einnahmen und Ausgaben einer Gemeinde ermitteln ließe. Die für eine solche Berechnung maßgebenden Größen sind jedoch unbekannt; somit ist die Schuldengrenze zeitlich keine absolut feststehende Grenze. Im Schrifttum wurden deshalb hilfsweise als Maßstäbe für die Ermittlung der Schuldengrenze verschiedene Zahlengrößen empfohlen. Hierauf wird noch zurückzukommen sein. Außerdem haben die zuständigen Ministerien der westdeutschen Länder verschiedene Richtlinien für die Bemessung der kommunalen Schuldengrenze erlassen (vgl. Anlage 1), „nach denen vor allem die Rechtsaufsichtsbehörden bei der Genehmigung der Darlehensaufnahmen verfahren sollen"[31]. Der Bayerische Prüfungsverband öffentlicher Kassen gliedert die nach diesen Richtlinien in den westdeutschen Ländern hauptsächlich maßgebenden Bemessungsgrundlagen in drei Gruppen[32]. Danach gilt als Bemessungsgrundlage vor allem

a) das Verhältnis des Schuldendienstes zu bestimmten Einnahmearten in den Ländern Niedersachsen, Rheinland-Pfalz, Saarland und Schleswig-Holstein,

b) das Verhältnis des Schuldendienstes und Schuldenstandes zu bestimmten Arten von Einnahmen in Baden-Württemberg und

c) der Überschuß der fortdauernden Einnahmen über die fortdauernden Ausgaben[33] in den Ländern Bayern, Hessen, Nordrhein-Westfalen und Schleswig-Holstein.

---

[30] Eine Genehmigungspflicht für die Schuldaufnahme der Gemeinden durch die Aufsichtsbehörden ist gesetzlich vorgeschrieben. (Vgl. z. B. § 78 Abs. 1 Gemeindeordnung Nordrhein-Westfalen.)

[31] Alfons *Schreml* und Josef *Dietl*, *Die* Berechnung der gemeindlichen Schuldengrenze, in: Schriften des Bayerischen Prüfungsverbandes öffentlicher Kassen, 5. Bd., zweite Auflage, München 1960, S. 21.

[32] Vgl. Alfons *Schreml* und Josef *Dietl*, a. a. O., S. 21.

[33] Was als fortdauernde Einnahmen und Ausgaben anzusehen ist, ist in § 48 Ziffern 12 und 40 der Gemeindehaushaltsverordnung (GemHVO) definiert und in der Literatur erörtert worden. Vgl. Verordnung über die Aufstellung und Ausführung des Haushaltsplans der Gemeinden (Gemeindehaushaltsverordnung) vom 4. 9. 1937 (RGBl. I S. 921); ferner Gemeindehaus-

Innerhalb dieser einzelnen Gruppen bestehen zum Teil noch verschiedene Abweichungen und Besonderheiten, auf die an dieser Stelle jedoch nicht besonders eingegangen werden kann[34].

Wie sich aus den vorstehenden Darlegungen ergibt, ist es bei einer Gemeinde vor der Aufnahme eines größeren Darlehens notwendig, zu ermitteln, ob sich der Schuldendienst im Rahmen der dauernden Leistungsfähigkeit hält. Hierbei handelt es sich in erster Linie um die Feststellung der äußersten *Schuldendienstgrenze*; sie läßt sich aus der Differenz von Einnahmenmaximum und Ausgabenminimum einer Gemeinde ermitteln[35]. Sind Einnahmenmaximum und Ausgabenminimum gleich groß, dann muß der Schuldendienst zwangsläufig völlig eingestellt werden.

Aus der ermittelten Schuldendienstgrenze ergibt sich unter Berücksichtigung der Laufzeit der aufzunehmenden Darlehen und der Höhe der Zinssätze die *Schuldengrenze*. Sie ist maßgebend, wenn der mit neuen Kommunaldarlehen zusammenhängende Schuldendienst teilweise oder ganz aus allgemeinen Deckungsmitteln aufgebracht werden muß. Hiervon zu unterscheiden ist die Schuldengrenze „in jenen Fällen, in denen der gesamte Schuldendienst aus speziellen Deckungsmitteln aufgebracht werden kann“[36]. Diese Schuldengrenze bei Darlehensaufnahmen für rentable Zwecke wird im folgenden jedoch nicht untersucht. Die weiteren Ausführungen beziehen sich nur auf die zuerst genannte Schuldengrenze. Die mit der Schätzung dieser Schuldengrenze im Zusammenhang stehenden Probleme sollen im folgenden dargestellt werden.

2. Verfahren zur Ermittlung der kommunalen Schuldengrenze

a) Die bisherigen Bezugsgrößen und Maßstäbe

In der Praxis werden bei der Feststellung, ob sich die Schuldenbelastung einer Gemeinde in den Grenzen der dauernden Leistungsfähigkeit hält, vor allem die folgenden Zahlenwerte als Bezugsgrößen und Maßstäbe herangezogen:

— der Schuldendienst je Einwohner,

---

haltsverordnung Nordrhein-Westfalen vom 26. 1. 1954; Karl-Maria *Hettlage* und Wilhelm *Loschelder*, Gemeindehaushaltsrecht, in: Gemeindewirtschaftsrecht, Teil 2, vierte Auflage, Berlin-Eberswalde 1938, Anmerkung 4c zu § 5 GemHVO 1937; Ferdinand *Hötte* und Karl *Markus*, Die neue Haushaltstechnik, Berlin — Stuttgart 1941, S. 106; Friedrich-Karl *Surén*, a. a. O., S. 495 ff.

[34] Vgl. dazu im einzelnen Anlage 1.

[35] Vgl. Ernst-Günter *Winkler*, a. a. O., S. 43.

[36] Alfons *Schreml* und Josef *Dietl*, a. a. O., S. 21.

— das Verhältnis der Schuldendienstleistungen zu bestimmten Einnahmegruppen,
— der Umfang des Vermögens und das Verhältnis von Vermögen und Schulden sowie
— der Überschuß der vermögensunwirksamen Rechnung.

aa) Der Schuldendienst je Einwohner

Der Schuldenstand je Einwohner stellt keinen ausreichenden Maßstab dar, um die Tragbarkeit der Schuldenbelastung einer Gemeinde mit genügender Sicherheit beurteilen zu können. Dies beruht darauf, daß die wirtschaftliche und soziale Struktur der Bevölkerung und demzufolge auch die finanziellen Verhältnisse der Kommunen sehr verschieden sind.

bb) Das Verhältnis der Schuldendienstleistungen zu bestimmten Einnahmegruppen

Sowohl im Schrifttum als auch in der Praxis wird verschiedentlich die Auffassung vertreten, daß die Schuldengrenze etwa dann erreicht sei, wenn der jährliche Schuldendienst auf 10 bis 15 v. H. der Einnahmen aus Steuern und allgemeinen Finanzzuweisungen angewachsen ist. Als Höchstgrenze wird auch der Stand von 10 v. H. der Reineinnahmen vorgeschlagen[37]. *Giere* und *Schimmel* erkennen nur eine fünfprozentige Belastung der Einnahmen durch Schuldendienstleistungen als allgemein tragbar an und schätzen die oberste Grenze der Belastung auf 15 v. H. der Reineinnahmen[38, 39].

Die angeführten Verhältniszahlen können nicht als allgemeiner Maßstab dienen, weil bei ihnen der Grad der Steuerausnutzung und die Ausschöpfung der sonstigen Einnahmequellen nicht berücksichtigt sind, sich also die etwa vorhandenen nicht oder nicht voll ausgenutzten Steuer- und sonstigen Einnahmequellen nicht auswirken.

cc) Der Umfang des Vermögens und das Verhältnis von Vermögen und Schulden

Das Gesamtvermögen stellt wegen der uneinheitlichen Bewertung ebenfalls keinen geeigneten Anhaltspunkt für die Beurteilung der Schuldengrenze einer Gemeinde dar.

---

[37] Vgl. Fritz *Rietdorf*, Ist das Zustimmungsverfahren nach dem Gemeindeumschuldungsgesetz noch zeitgemäß?, in: Der Städtetag N. F., 6. Jg. (1953), Heft 5, S. 192.

[38] Siehe Gustav *Giere*, Gedanken über die gemeindliche Schuldengrenze, in: Der Städtetag N. F., 7. Jg. (1954), Heft 10, S. 454.

[39] Vgl. W. *Schimmel*, Schulden und Schuldengrenze der Gemeinden, in: Der Gemeindehaushalt, Jg. 1955, Heft 10, S. 183.

Alle bisher angeführten Bezugsgrößen und Verhältniszahlen zur Beurteilung der kommunalen Schuldendienstleistungsfähigkeit sind, da die Ausgabenseite des gemeindlichen Haushalts unberücksichtigt bleibt, lediglich zu einem zeitlichen und räumlichen Verschuldungsvergleich zu verwenden. Sie gestatten jedoch keineswegs eine genaue Erfassung der Tragfähigkeit des Haushalts für den Schuldendienst.

dd) Der Überschuß der vermögensunwirksamen Rechnung

Der Überschuß der vermögensunwirksamen Rechnung[40] ist daher den zu einseitig orientierten Maßstäben vorzuziehen, die sich aus dem Verhältnis des Schuldendienstes zu bestimmten Einnahmegruppen sowie aus dem Umfang des Vermögens ergeben. In diesem Überschuß kommen, im Gegensatz zu den vorgenannten Maßstäben, sowohl die auf der Einnahmeseite des Haushalts ersichtliche Finanzkraft als auch die auf der Ausgabenseite bestehenden finanziellen Belastungen zum Ausdruck.

Der Bayerische Prüfungsverband öffentlicher Kassen kommt in seiner Untersuchung über geeignete Methoden zur Berechnung der gemeindlichen Schuldengrenze jedoch zu dem Ergebnis, daß auch der Überschuß der vermögensunwirksamen Rechnung als Bemessungsmaßstab für die Schuldendienstgrenze den besonderen Verhältnissen einer Gemeinde nicht genügend gerecht wird. Ein Teil des Saldos wird nämlich „für Ausgaben benötigt, die bei finanzwirtschaftlicher Betrachtung einen ständigen Finanzbedarf im ordentlichen Haushalt darstellen“[41]. Es handelt sich hierbei vor allem um die notwendigen Reinvestitionen und um die laufenden Ersatzbeschaffungen für die Gegenstände des beweglichen Vermögens. Diese „fortdauernden“ Ausgaben können zugunsten von Schuldendienstzahlungen nicht einfach unterlassen werden.

b) Die langfristige Entwicklung des Gemeindehaushalts als Grundlage zur Berechnung der kommunalen Schuldengrenze

Die vom Bayerischen Prüfungsverband öffentlicher Kassen entwickelte Methode zur Berechnung der gemeindlichen Schuldengrenze ist bestrebt, „unter Außerachtlassung aller vorübergehenden Erscheinungen und Einflüsse, die das Leistungsbild einer Gemeinde von Fall

---

[40] Vermögensunwirksame Einnahmen minus vermögensunwirksame Ausgaben gleich Überschuß (bzw. Saldo) der vermögensunwirksamen Rechnung. Unter vermögensunwirksamen Ausgaben werden in der Finanzstatistik alle Aufwendungen erfaßt, die unmittelbar (Verwaltungsaufwand) in den Verbrauch gehen oder mittelbar (Fürsorgeleistung als Einkommensübertragung) verwendet werden. Die Definition auf der Einnahmenseite ist entsprechend.

[41] Alfons *Schreml* und Josef *Dietl*, a. a. O., S. 20.

zu Fall und oft nur für kurze Frist beeinträchtigen können"[42], die „dauernde" Leistungsfähigkeit des Haushalts zu ermitteln. Zu diesem Zweck werden die ordentlichen Einnahmen und die ordentlichen Ausgaben der letzten drei bis fünf Rechnungsjahre und des laufenden Haushaltsjahres einander gegenübergestellt, diese aber von allen „zweckgebundenen" Einnahmen, die zur Finanzierung des Schuldendienstes nicht verwendet werden können, bereinigt. Die Differenz aus beiden Summen — *Dietl* und *Schreml* sprechen von „fortdauernden" Einnahmen und Ausgaben — ergibt den durchschnittlichen Überschuß der Normalrechnung (vgl. hierzu und zum folgenden Tabelle 1).

Zu den fortdauernden Einnahmen im Sinne der „Normalrechnung" zählen alle nicht zweckgebundenen Einnahmen aus Steuern und Abgaben, Schlüsselzuweisungen, Finanzzuweisungen sowie Zinsen und Erträgen aus Kapitalvermögen, die nicht besonderen Zwecken zugeführt werden müssen.

Zu den wesentlichen fortdauernden Ausgaben rechnen die persönlichen Ausgaben, die Zuweisungen, Umlagen und Steuerbeteiligungsbeträge, die Fürsorgeleistungen, die Verwaltungs- und Zweckausgaben sowie die laufenden Zins- und Tilgungsleistungen.

Die durchschnittlichen Überschüsse der Normalrechnung des Beobachtungszeitraumes weisen in den einzelnen Rechnungsjahren zum Teil erhebliche Schwankungen auf. Diesen allgemeinen Schwankungen ist bei der Feststellung der dauernden Leistungsfähigkeit einer Gemeinde dadurch Rechnung getragen, daß das arithmetische Mittel der Überschüsse des Beobachtungszeitraums zugrunde gelegt wird.

Über diese allgemeinen Schwankungen hinaus können bei einer Gemeinde während eines Beobachtungszeitraums noch außergewöhnliche Schwankungen aufgetreten sein. Dies ist beispielsweise der Fall, wenn zusätzliche Einnahmen durch Erhöhung der Realsteuerhebesätze, Gebührensätze und dergleichen erzielt worden sind. Aus diesem Grunde ist es notwendig, vor der Errechnung des arithmetischen Mittels die Überschüsse der Normalrechnung von solchen außergewöhnlichen Schwankungen zu bereinigen. Man erhält dann den bereinigten Überschuß der Grundentwicklung. Das arithmetische Mittel aus diesem bereinigten Überschuß ergibt den durchschnittlichen Überschuß aus der Grundentwicklung.

Bei einer vorsichtigen Finanzwirtschaft kann der durchschnittliche Überschuß aus der Grundentwicklung einer Gemeinde nicht in vollem Umfang als nachhaltiger Überschuß angesehen werden, der die Grund-

[42] Fritz *Lincke*, Umfang und Grenzen der kommunalen Verschuldung, in: Kommunalwirtschaft, Jg. 1957, Heft 12, S. 501.

Tabelle 1: Praktisches Beispiel für die Berechnung der kommunalen Schuldendienstgrenze nach *Dietl* und *Schreml* (gekürzt)

Bezeichnung	Beobachtungszeitraum mit tatsächlichen Rechnungsergebnissen				
	Rechnungsjahr				
	1954	1955	1956	1957	1958
	Beträge in 1 000 DM				
I. Ermittlung der Summen der Normalrechnung aus dem ordentlichen Haushalt					
1. Fortdauernde Einnahmen					
Zuweisungen und Umlagen von Bund und Land	2 704	2 763	2 605	2 747	2 945
Gemeinden und Gemeindeverbände	185	210	335	320	388
Zweckverbände, sonstige Körperschaften usw.	209	67	102	92	123
Eigene Steuern und steuerähnliche Einnahmen					
a) Gewerbesteuer	6 200	7 900	9 000	11 000	12 300
b) sonstige Steuern und steuerähnliche Einnahmen	4 700	5 100	5 600	5 700	5 900
Gebühren, Entgelte und Strafen	4 137	4 511	4 910	5 184	5 436
Mieten und Pachten	468	485	620	703	827
Zinsen und sonstige Erträge aus Kapitalvermögen	311	425	550	640	740
Ablieferungen der wirtschaftlichen Unternehmungen	2 190	2 173	2 270	2 302	2 523
Übrige Einnahmen	2 096	2 166	2 008	2 012	2 222
Einnahmengrundsumme der Normalrechnung	23 200	25 800	28 000	30 700	33 400
2. Fortdauernde Ausgaben					
Zuweisungen und Umlagen an Bund und Land	354	336	341	367	279
Gemeinden und Gemeindeverbände	1 522	1 443	1 534	1 764	2 241
Zweckverbände, sonstige Körperschaften usw.	404	409	414	416	438
Beamtenbezüge und Angestelltenvergütungen	8 275	8 664	8 950	9 087	9 723
Arbeiterlöhne	851	985	1 003	1 100	1 367
Versorgung	1 043	1 261	1 497	1 602	2 005
Sonstige persönliche Ausgaben	231	290	350	311	405
Unterhaltung u. Instandsetzung von unbeweglichem Vermögen	1 202	1 100	1 220	1 373	1 452
Zinsen	306	455	466	792	975
Tilgungen	284	335	414	658	785
Übrige Ausgaben	7 028	7 922	8 611	9 830	11 030
Erneuerungsbedarf	300	500	600	700	900
Ausgabengrundsumme der Normalrechnung	21 800	23 700	25 400	28 000	32 500

II. Ermittlung der Überschüsse der Normalrechnung					
Einnahmengrundsumme	23 200	25 800	28 000	30 700	33 400
Ausgabengrundsumme	21 800	23 700	25 400	28 000	31 500
Durchschnittlicher Überschuß der Normalrechnung	1 400	2 100	2 600	2 700	1 900
III. Bereinigung der durchschnittlichen Überschüsse von außergewöhnlichen Schwankungen	+ 600	—	—	+ 500	+ 900
Bereinigte Überschüsse (Grundentwicklung)	2 000	2 100	2 600	3 200	2 800

IV. Berechnung des durchschnittlichen Überschusses aus der Grundentwicklung

a) Gesamtsumme der bereinigten Überschüsse: 12 700

b) Durchschnittsbetrag (arithmetisches Mittel) hieraus: $\frac{12\,700}{5} = 2\,540$

V. Berechnung des Sicherheitsfaktors

Rechnungsjahr	Bereinigte Überschüsse DM	Gegenüber dem Durchschnittsbetrag von 2 540 000 DM errechnet sich ein Abstand nach oben DM	nach unten DM
1954	2 000 000	—	540 000
1955	2 100 000	—	440 000
1956	2 600 000	60 000	—
1957	3 200 000	660 000	—
1958	2 800 000	260 000	—
Summe der Abstände		980 000	980 000

Durchschnittlicher Abstand (Sicherheitsfaktor) demnach $\frac{1\,960\,000}{5} = 392\,000$

VI. Berechnung des nachhaltigen Überschusses (Schuldendienstgrenze)

	in 1 000 DM
a) Durchschnittlicher Überschuß aus der Grundentwicklung	2 540
b) davon ab: Sicherheitsfaktor	— 392
c) Nachhaltiger Überschuß aus der Grundentwicklung	2 148
d) davon ab bzw. zu: Vorhersehbare Faktoren	— 300
e) Nachhaltiger Überschuß nach den tatsächlichen Rechnungsergebnissen des Beobachtungszeitraums bei Berücksichtigung der außergewöhnlichen Schwankungen	1 848
f) davon ab: Folgelasten	— 348
g) Schuldendienstgrenze	1 500

Quelle: Alfons *Schreml* und Josef *Dietl*, a. a. O., S. 70 ff.

lage für die Übernahme neuer finanzieller Dauerverpflichtungen bilden könnte. Es ist vielmehr notwendig, in die Berechnung der Schuldendienstgrenze einen Sicherheitsfaktor einzusetzen. Diesen Sicherheitsfaktor errechnen *Dietl* und *Schreml* in der Weise, daß sie die Gesamtsumme der Abstände (nach oben und unten) der bereinigten Überschüsse vom arithmetischen Mittel durch die Zahl der Jahre des Beobachtungszeitraums dividieren (siehe Tabelle 1, Ziffer V).

Zieht man vom durchschnittlichen Überschuß aus der Grundentwicklung den Sicherheitsfaktor ab, dann ergibt sich der nachhaltige Überschuß. In welchem Umfang dieser nachhaltige Überschuß erhöht werden kann oder gekürzt werden muß, weil feststeht, daß Verbesserungen oder Verschlechterungen eintreten werden, die sich in den Rechnungsergebnissen des Beobachtungszeitraums noch nicht auswirkten, läßt sich nur von Fall zu Fall beurteilen.

In der Praxis können sich beispielsweise folgende Erhöhungen oder Kürzungen ergeben:

a) Erhöhungen

aa) In den nächsten Jahren wegfallende größere Schuldendienstleistungen,

bb) mit ausreichender Sicherheit zu erwartende Einnahmen, wie Gewinnablieferungen der Eigenbetriebe, höhere Gewerbesteuereinnahmen infolge Betriebszuwanderung.

b) Kürzungen

aa) Schuldendienstleistungen, die — zum Beispiel wegen tilgungsfreier Jahre — erstmals in den kommenden Rechnungsjahren anfallen,

bb) Verringerungen des Gewerbesteueraufkommens zum Beispiel infolge Betriebsabwanderung.

Der nachhaltige Überschuß der Normalrechnung steht einer Gemeinde für die Übernahme neuer finanzieller Dauerverpflichtungen zur Verfügung. Zu diesen Dauerverpflichtungen zählt aber nicht nur der Schuldendienst, sondern auch die übrigen Folgelasten, die mit den beabsichtigten Investitionen verbunden sind. Nur der nach Abzug dieser Folgelasten verbleibende Teil des nachhaltigen Überschusses kann zur Deckung des neuen Schuldendienstes verwendet werden und stellt die eigentliche Schuldendienstgrenze dar.

Innerhalb dieser Schuldendienstgrenze hängt es dann von den im Einzelfall sich ergebenden Darlehnsbedingungen ab, bis zu welcher Höhe Darlehen tatsächlich aufgenommen werden können.

IV. Kritische Würdigung der Deckungsgrundsätze

Abschließend soll eine Würdigung der von *Stucken* erarbeiteten Deckungsgrundsätze sowie der vom Bayerischen Prüfungsverband öffentlicher Kassen ermittelten Verschuldungsgrenze der Gemeinden versucht werden.

Da die Einnahmen und Ausgaben der kommunalen Finanzwirtschaft zeitlichen Schwankungen unterworfen sind, können sie — sofern keine „außerordentlichen" Haushaltsmittel zur Verfügung stehen — nur durch eine Variierung der Steuersätze zeitlich zueinander abgestimmt werden. Eine unterschiedliche Steuerbelastung wird jedoch verhindert, wenn die vorübergehend hohen Investitionsausgaben (zum Teil) mit Krediten finanziert werden. Wie *Hansmeyer* darlegt, „sollen außerordentliche oder besser außergewöhnliche Ausgaben aus Anleihen finanziert werden, weil sich diese Ausgaben einer ‚ordentlichen' Planung und einer ebensolchen Finanzierung entziehen"[43]. Eine Finanzierung derart unregelmäßig anfallender Investitionsausgaben über Steuern wäre nur über eine dauernde Variierung der gemeindlichen Steuerbelastung mit all ihren Folgen (Anwachsen der Steuerwiderstände, negative Beeinflussung der unternehmerischen Investitionsneigung) möglich. Soll die dauernde Befriedigung der verschiedenen kommunalen Bedürfnisse[44] gleicher Intensität gewährleistet sein, dann muß die Finanzwirtschaft der Gemeinden in Anbetracht der Zielsetzung einer möglichst gleichmäßigen Steuerbelastung außerordentliche Ausgaben mit Krediten finanzieren. Erst ein „fundamental equilibrium" zwischen Gesamtausgaben und ordentlichen Einnahmen erfordert eine Veränderung der Steuersätze.

Unter der Annahme, die Steuersätze möglichst stabil zu halten, können die von *Stucken* erarbeiteten Deckungsgrundsätze „als Richtlinien ... der gemeindlichen Deckungspolitik angesehen werden"[45], weil sie die Schwankungen der Gesamteinnahmen und -ausgaben im Finanzwirtschaftsablauf berücksichtigen. Diese Betrachtungsweise ist somit *dynamisch*.

Das gleiche gilt jedoch nicht für die vom Bayerischen Prüfungsverband öffentlicher Kassen entwickelte Methode zur Berechnung der kommunalen Schuldengrenze. Zwar wird hier die langfristige Ent-

---

[43] Karl-Heinrich *Hansmeyer*, Der öffentliche Kredit, a. a. O., S. 59.

[44] Zu den Arten kommunaler Bedürfnisse siehe Hans *Ritschl*, Theorie der Staatswirtschaft und Besteuerung, a. a. O.

[45] Ernst-Günter *Winkler*, a. a. O., S. 72. — Es muß jedoch darauf hingewiesen werden, daß eine Verschuldung innerhalb der von *Stucken* erarbeiteten „sicheren" Fälle inflationäre Tendenzen in der Hochkonjunktur verstärken und somit unter konjunkturpolitischem Aspekt nicht erwünscht sein kann.

wicklung der ordentlichen Einnahmen und der gesamten Ausgaben des Gemeindehaushalts der vergangenen Rechnungsjahre in den Mittelpunkt der Betrachtung gestellt. Dieses Berechnungsverfahren hebt sich insoweit von den übrigen – im dritten Abschnitt dieses Kapitels dargestellten — kameralistischen Maßstäben und Bezugsgrößen ab und muß daher als besser geeignet angesehen werden. Da *Dietl* und *Schreml* jedoch bei der Ermittlung der gemeindlichen Schuldengrenze von annähernd konstant bleibenden Einnahmen ausgehen, schließt diese Methode ein nicht unerhebliches Unsicherheitsmoment insofern ein, als „die Aufnahme größerer Darlehen, für die der Schuldendienst im wesentlichen aus allgemeinen Deckungsmitteln aufzubringen ist, selbst in jenen Fällen häufig noch ein gewisses Wagnis mit sich" bringt, „in denen die Berechnungen nach den gegenwärtigen Verhältnissen ergeben, daß sich diese Schuldendienstleistungen im Rahmen der dauernden finanziellen Leistungsfähigkeit halten"[46].

Auch *Zeitel* bemängelt diesen Punkt, wenn er bemerkt, daß der ganze Rechenmodus im Grunde auf der Annahme beruht, „daß sich die Haushaltswirtschaft der Gemeinden auf der Basis eines gleich hohen Niveaus der wirtschaftlichen Aktivität vollzieht. Allgemeines wirtschaftliches Wachstum und spezielle Trends in einzelnen Branchen, die für die Einnahmen und Ausgaben der Gemeinden bedeutsam sind, bleiben weitgehend unbeachtet. Liegt ein solcher haushaltswirtschaftlich relevanter Entwicklungstrend vor — und das trifft heute für die weitaus überwiegende Anzahl der Gemeinden regelmäßig zu —, so verliert die dargelegte Methode zur Ausschaltung von ‚allgemeinen Schwankungen' und zur Berücksichtigung eines ‚allgemeinen Sicherheitsfaktors' ihren Sinn. Sie liefert, wie leicht einzusehen ist, geradezu irreführende Ergebnisse[47]." Diese Gefahr ist insbesondere bei solchen Gemeinden erheblich, deren Einnahmesystem (speziell deren Steuersystem) sehr stark von regionalen Sonderverhältnissen und Branchenkonjunkturen abhängt, sowie bei denjenigen Kommunen, in denen sich die wirtschaftliche Aktivität einseitig gestaltet. Da in der Bundesrepublik der Gewerbesteuer eine überragende Bedeutung zukommt, sind vor allem solche Gemeinden gefährdet, deren Gewerbesteuereinnahmen vom Gewinn des einzigen oder nur weniger Unternehmen abhängen, sowie Kommunen mit einseitiger Wirtschaftsstruktur. So dürften Gemeinden, in denen z. B. ausschließlich Textilindustrie ansässig ist, bei einer Branchenkrise u. U. stark betroffen werden.

Aber noch in anderer Hinsicht ist das vom Bayerischen Prüfungsverband öffentlicher Kassen erarbeitete Verfahren mit grundlegenden,

---

[46] Alfons *Schreml* und Josef *Dietl*, a. a. O., S. 22.

[47] Gerhard *Zeitel*, Eigentümlichkeiten und Grenzen der Kommunalverschuldung, a. a. O., S. 87.

nicht reparablen Mängeln behaftet. Wie *Zeitel*[48] dazu bemerkt, wird der prinzipiell zu bejahende methodische Ansatz, von den Haushaltsergebnissen mehrerer Jahre auszugehen, dann fragwürdig, wenn die gesamte Berechnungsmethode im Grunde retrospektiv ist. Dieser falsche Ansatz kann auch nicht durch den Einbau von Sicherheitsfaktoren korrigiert werden. Natürlich ist die künftige kommunale Finanzgebarung mit Unsicherheitsmomenten behaftet. „Die Annahme, daß diese Unsicherheit mit Hilfe von Ist-Ergebnissen vergangener Perioden am besten berücksichtigt werden kann, erscheint besonders schlecht, wenn die Entwicklung langfristig nicht stationär verläuft. Dann vermittelt der Ansatz von Sicherheitsfaktoren lediglich eine Scheingenauigkeit, die geeignet ist, die in der Sache liegende Unsicherheit solcher Berechnungen zu verdecken, nicht aber deutlich zu machen[49]."

Weiter ist kritisch zu vermerken: Da bei einzelnen Einnahmen und Ausgaben (insbesondere von Erwerbsbetrieben, Gebührenanstalten u. ä. Einrichtungen, Rücklagen, inneren Darlehnstransaktionen, Erneuerungs- und Erweiterungsbedarf) unterschiedliche Behandlungsmöglichkeiten bestehen, ist die Berechnungsweise zur Ermittlung der Schuldendienstgrenze materiell nicht einheitlich. Gerade hierauf kommt es jedoch entscheidend an.

Wenn der Bayerische Prüfungsverband öffentlicher Kassen sodann empfiehlt, bei Neuinvestitionen, die voraussichtlich auf eine Reihe von Jahren keinen größeren Erneuerungs- bzw. Instandsetzungsaufwand erforderlich machen, auf entsprechende Abschreibungen (und Rücklagenzuführungen) völlig zu verzichten[50], dann muß dieser Empfehlung kritisch begegnet werden. Denn eines Tages führt der unvermeidlich eintretende Erneuerungsbedarf dahin, daß hierfür wieder neue Schulden mit den sich hieraus ergebenden Schuldendienstbelastungen aufgenommen werden müssen.

Schließlich ist noch darauf hinzuweisen, daß die kommunale Vermögenslage, die für die Schuldaufnahme und Schuldendienstgrenze nicht gleichgültig ist, ungenügend berücksichtigt wird.

Wegen der ständig sich verändernden finanziellen Situation der kommunalen Gemeinwesen ergeben sich indessen die Hauptbedenken gegen die vom Bayerischen Prüfungsverband öffentlicher Kassen vorgeschlagene Methode zur Errechnung der gemeindlichen Schulden-

---

[48] Zum folgenden vgl. Gerhard *Zeitel*, Eigentümlichkeiten und Grenzen der Kommunalverschuldung, a. a. O., S. 87 ff.

[49] Gerhard *Zeitel*, Eigentümlichkeiten und Grenzen der Kommunalverschuldung, a. a. O., S. 88.

[50] Vgl. Alfons *Schreml* und Josef *Dietl*, a. a. O., S. 33 ff.

grenze „aus dem Tatbestand des wirtschaftlichen Wachstums und eines hieraus resultierenden Trends in der gemeindlichen Haushaltswirtschaft, die gerade die essentiellen Rechenprozeduren des Verfahrens betreffen"[51]. Als besseren Maßstab für die kommunale Schuldengrenze nennt *Zeitel* deshalb mehrjährige Finanzpläne, aus denen die zu erwartenden Einnahmen und Ausgaben für den gesamten Bereich der haushaltspolitisch relevanten Kommunalaktivitäten (einschließlich der erwerbswirtschaftlichen) ersichtlich sein müßten[52]. Derartige Pläne, die auch das nicht hoheitlich gebundene gemeindliche Vermögen zu berücksichtigen hätten, würden aus Gründen einer möglichst gleichmäßigen Gestaltung der kommunalen und gesamtwirtschaftlichen Entwicklung zweckmäßig sein.

Zweiter Abschnitt

Empirische Untersuchung der Zusammenhänge zwischen der Entwicklung der gemeindlichen Steuereinnahmen und des Kommunalkredits

7. Kap.: Die Beziehungen zwischen den Gesamtgrößen der kommunalen Verschuldung und der gemeindlichen Steuereinnahmen

I. Die Untersuchung des Zeitraumes von 1914 bis 1929

Nach Ausbruch des 1. Weltkrieges wurden die Kommunen gezwungen, die Kosten der Kriegswohlfahrtspflege[1], für die damals das Reich zuständig war, voll zu übernehmen. Aus dieser Aufgabenzuweisung

[51] Gerhard *Zeitel*, Eigentümlichkeiten und Grenzen der Kommunalverschuldung a. a. O., S. 88.

[52] Vgl. Gerhard *Zeitel*, Eigentümlichkeiten und Grenzen der Kommunalverschuldung, a. a. O., S. 88 f.

[1] Als Kosten der Kriegswohlfahrtspflege galten z. B. jene besonderen Aufwendungen, welche der Gemeinde durch die Gewährung und Beschaffung von Naturalquartier erwuchsen (Anordnung, betreffend Einquartierung vom 16. November 1918; RGBl. I S. 1315). Dazu zählten ferner die Unterstützungen von Familien in den Dienst eingetretener Mannschaften sowie von Personen, die infolge der kriegerischen Verhältnisse nach dem 31. 7. 1914 aus dem Ausland in das Reichsgebiet übergetreten waren (Bekanntmachung, betreffend Einwirkungen der Flüchtlingsfürsorge auf das Armenrecht vom 16. Mai 1918; RGBl. I S. 409).

entstand bei den Gemeinden ein bedeutender Finanzbedarf, der angesichts der begrenzten Steuereinnahmen nur durch die Aufnahme kurzfristiger Kommunalkredite gedeckt werden konnte.

Außerordentlich an Bedeutung gewonnen hat der Kommunalkredit nach der Währungsumstellung von 1923[2]. Im Jahre 1924 trat bei den deutschen Städten und Gemeinden ein starkes Kapitalbedürfnis auf, da der aufgeschobene Bedarf von zehn Kriegs- und Inflationsjahren einschließlich der unterlassenen Unterhaltung der kommunalen Einrichtungen und Anlagen nachgeholt werden mußte. Es kam hinzu, daß der Aufgabenkreis der gemeindlichen Verwaltung erheblich ausgedehnt wurde, da man den Gemeinden in den Nachkriegsjahren neue Arbeitsgebiete übertragen hatte (z. B. auf dem Gebiet des Wohnungswesens sowie der Gesundheits- und Wohlfahrtspflege)[3], während die finanzielle Basis der Gemeindeverwaltung bereits 1920 durch die Neuordnung des Steuersystems (Erzbergersche Steuerreform) und des Finanzausgleichs außerordentlich eingeengt worden war. Infolgedessen wurden die kommunalen Investitionsausgaben zunehmend mit Kreditmarktmitteln finanziert, während die Finanzierung aus ordentlichen Haushaltseinnahmen mehr und mehr an Bedeutung verlor.

1. Die Entwicklung der gemeindlichen Schuldenaufnahme

Durch die Inflation nach dem 1. Weltkrieg wurden die Gemeinden von dem größten Teil ihrer Verpflichtungen befreit. Im Rechnungsjahr 1925/26 war die Schuldenaufnahme gering; sie verdoppelte und ver-

[2] Vgl. Gerhard *Kokotkiewiecz*, Der Immobiliarkredit, seine Lage und Aussichten, in: Vierteljahreshefte zur Konjunkturforschung, Sonderheft 30, Berlin 1932, S. 7.

[3] U. a. dadurch bedingt ist der reine Finanzbedarf (d. i. der Gesamtbedarf abzüglich der Zuweisungen und Darlehen von Reich und Ländern) der Kommunen von 1925/26 bis 1929/30 ständig gestiegen:

Rechnungsjahr	Mill. RM	Je Kopf der Bevölkerung[a]) in RM	Nominelle Steigerung auf . . .v. H. gegenüber 100 v. H. im Rechnungsjahr 1925/26
1925/26[b])	5 324,8	87,59	100,0
1926/27	6 437,4	105,89	120,9
1927/28	7 106,1	116,90	133,5
1928/29	7 620,0	125,35	143,1
1929/30	8 030,4	132,09	

a) Wohnbevölkerung nach dem Stand vom 16. Juni 1925.
b) 1925/26 bis 1929/30 ohne Saargebiet.

Quellen: Einzelschriften zur Statistik des Deutschen Reichs, Nr. 32: Die Gemeindefinanzen in der Wirtschaftskrise; Hrsg.: Statistisches Reichsamt, Berlin 1936, S. 7 f. — Statistik des Deutschen Reichs; Hrsg.: Statistisches Reichsamt, Bd. 437 und 440. — Einzelschriften zur Statistik des Deutschen Reichs, Nr. 17: Der Finanzausgleich im Deutschen Reich (Teil II: Der Finanzausgleich zwischen Ländern und Gemeinden); Hrsg.: Statistisches Reichsamt, Berlin 1931, S. 67, 70—75.

Tabelle 2: Die Verschuldung der Gemeinden und Gemeindeverbände am 31. März 1928 aus Kreditmarktmitteln

Art der Schulden	Gemeinden und Gemeindeverbände
	in 1000 RM
I. Altverschuldung	
Ablösungsschulden	707 946,9
Aufwertungsschulden	340 646,5
Summe I	1 048 593,4
II. Festwert und Valutaschulden	89 591,7
III. Neuverschuldung	
1. Auslandsschulden	
Einzelanleihen	316 957,4
Anteile an Gemeinschaftsanleihen	66 625,8
Anteile an Sammelanleihen	127 914,1
kurzfristige	21 774,2
sonstige	8 233,3
Summe der Auslandsschulden	541 504,8
2. Inlandsschulden	
a) langfristige Schuldverschreibungen	381 138,1
Tilgungsdarlehen	1 739 429,2
Hypotheken	449 854,2
langfristige Schulden zusammen	2 570 421,2
b) mittel- und kurzfristige Schatzanweisungen	13 000,0
Schatzwechsel und Wechsel	100 987,8
Kontokorrentschulden	316 033,7
sonstige	1 094 574,0
mittel- und kurzfristige Schulden zusammen	1 524 595,5
Summe der Inlandsschulden	4 095 017,1
Summe III	4 636 521,8
IV. Schulden aus Kreditmarktmitteln insgesamt (Summe I bis III)	5 774 707,0

Quelle: Einzelschriften zur Statistik des Deutschen Reichs, Nr. 13, a. a. O., S. 228.

dreifachte sich aber innerhalb eines und zweier Jahre[4]. Dabei nahmen von allen Gebietskörperschaften die Gemeinden die meisten Schulden auf. Im Durchschnitt der Jahre 1924 bis 1928 betrug die jährliche Zunahme der öffentlichen Verschuldung im neuen Reichsgebiet:

---

[4] Vgl. Fritz *Voigt*, Untersuchungen zum Finanzsystem der deutschen gemeindlichen Selbstverwaltung, in: Beiträge zur Finanzkunde N. F., Heft 1, Leipzig 1936, S. 137.

Reich	130,3	Mill. RM
Länder	371,8	Mill. RM
Gemeinden und Gemeindeverbände	1 136,5	Mill. RM[5]

Tabelle 3: Die Verschuldung der Gemeinden und Gemeindeverbände 1908 und 1914 aus Kreditmarktmitteln (in Mill. Mark)

Gemeinden (Gv) in:	Rechnungsjahr 1908	Rechnungsjahr 1914
Preußen		
Städte und Landgemeinden (über 10 000 Einwohner)	3 020,0	5 383,7
Landkreise	357,8	617,7
Provinzial- (Bezirks- usw.) Verbände	186,8	340,3
Zusammen	3 564,6	6 341,7
außerdem kommunale Zweck-Verbände	—	107,9
Bayern		
Gemeinden (über 10 000 Einwohner)	606,6	929,4
Distrikte	15,9	20,1
Kreise	24,3	42.5
Zusammen	646,8	992,0
außerdem Ortschaften	—	8,8
Sachsen		
Politische Gemeinden (Städte mit mehr als 3 000 Einwohnern und Landgemeinden mit mehr als 5 000 Einwohnern)	453,0	624,6
außerdem Ortsarmenverbände	0,2	0,4
Schulgemeinden	23,4	39,4
Württemberg		
Gemeinden	153,0	.
Baden		
Gemeinden	328,4	410,9
Kreisverbände	2,3	2,4
Zusammen	330,7	413,3
Hessen		
Gemeinden	220,0	.
Kreise	2,5	.
Provinzen	2,2	.
Zusammen	224,7	.
Reich		
Gemeinden	6 560,5	.
Höhere Kommunalverbände	803,1	.
Zusammen	7 363,6	10 800,0

Quelle: Einzelschriften zur Statistik des Deutschen Reichs, Nr. 13, a. a. O., S. 223.

[5] Quellen für die folgenden Angaben: Einzelschriften zur Statistik des Deutschen Reichs, Nr. 13: Die öffentliche Verschuldung im Deutschen Reich am 31. März 1928 und am 31. Dezember 1929; Hrsg.: Statistisches Reichsamt, Berlin 1930, S. 13, 16 f.; 222 ff. — Drucksachen des Reichstages, 12. Legislaturperiode, 1. Session 1907/09, Nr. 1035. Denkschriftenband zur Begründung des

Am 31. März 1928 betrug die gesamte Kreditmarktverschuldung der Gemeinden und Gemeindeverbände im Reichsgebiet 5774,7 Mill. RM (vgl. Tabelle 2). Diese Summe setzt sich zum überwiegenden Teil aus Beträgen zusammen, die seit der Währungsstabilisierung von 1923 auf den in- und ausländischen Geld- und Kapitalmärkten neu aufgenommen wurden. Zum obigen Stichtag belief sich die Neuverschuldung auf 4636,5 Mill. RM; das sind 80,3 v. H. der gesamten kommunalen Kreditmarktverschuldung.

Obwohl die Kommunalverschuldung aus Kreditmarktmitteln 1928 wesentlich niedriger war als in der Zeit vor dem 1. Weltkrieg (vgl. Tabelle 3), hat sich der Anteil der Gemeinden und Gemeindeverbände an der gesamten öffentlichen Schuld erheblich verschoben: Während er im Jahre 1908 29,9 v. H. betrug, stellte er sich in den Jahren 1914 und 1928 auf 33,2 bzw. 39,6 v. H.[6].

2. Exkurs: Die Verschuldung der Gemeinden über 10 000 Einwohner im Zeitraum von 1881 bis 1914

Das Anwachsen der Verschuldung der Gemeinden und Gemeindeverbände bedeutet die Fortsetzung einer Entwicklung, die auch für den Zeitraum von 1881 bis 1908 festzustellen war. Der oben bereits erwähnte Denkschriftenband hat für die Jahre 1881, 1891 und 1901 Vergleichszahlen über die Verschuldung der Gemeinden (ohne Gemeindeverbände) über 10 000 Einwohner ermittelt. Wenngleich diese rückgreifende Feststellung die Schulden der kleinen Gemeinden und Gemeindeverbände nicht umfaßt, so gibt sie doch einen wichtigen Einblick in das Anwachsen der kommunalen Kreditaufnahme.

Tabelle 4: Die Kreditmarktverschuldung der Gemeinden (ohne Gemeindeverbände) von über 10 000 Einwohnern im Zeitraum von 1881 bis 1914

Jahr	Mill. M	1881 = 100	Auf den Kopf der Bevölkerung	Durchschnittliche jährliche Zunahme	
			M	Mill. M	
1881	771,8	100	82	(1881/1891)	62,9
1891	1 400,5	181	109	(1891/1901)	169,7
1901	3 097,7	401	162	(1901/1908)	314,0
1908	5 295,7	686	241	(1908/1914)	413,2
1914	7 775,0	1 007	291		

Quellen: Denkschriftenband, a. a. O., S. 741 ff. und Einzelschriften zur Statistik des Deutschen Reichs, Nr. 13, a. a. O., S. 11 f.

Entwurfs eines Gesetzes betreffend Änderungen im Finanzwesen. Anlagen zu den Stenographischen Berichten, Berlin 1908, S. 741 ff (im folgenden zitiert als „Denkschriftenband").

[6] Quelle: Einzelschriften zur Statistik des Deutschen Reichs, Nr. 13, a. a. O., S. 16.

Wie die vorstehende Übersicht zeigt, hat sich die Schuld der Gemeinden über 10 000 Einwohner im Zeitraum von 1881 bis 1914 mehr als verzehnfacht; auf den Kopf der Bevölkerung bezogen ist sie weit über das Dreifache angewachsen.

3. Die Zusammensetzung der kommunalen Steuereinnahmen in der Weimarer Republik

Die Entwicklung der kommunalen Kreditmarktverschuldung ist nicht so einfach zu verstehen, wie es zunächst den Anschein haben könnte. Die Objekthoheit der Gemeinden war in der Weimarer Periode zwar immer mehr verengt worden. „Ursprünglich hatte die Mehrzahl von ihnen ein freies oder wenig beschränktes Wahlrecht in der Frage, welche Steuerobjekte entstehende Mehrbelastungen tragen sollten. Die Gemeinden konnten Grundsteuern einführen oder erhöhen, die Gewerbesteuer heranziehen, sie konnten neue Lasten auf die Einkommensteuerpflichtigen abwälzen oder durch eine indirekte Steuer wieder hereinholen. Diese Belastungshoheit war immer mehr und mehr verschwunden[7].“ Wie aus der Tabelle 5 ersichtlich ist, war einige Jahre vor Ausbruch der Weltwirtschaftskrise für die Deckung des Steuerbedarfs der Gemeinden nach dem geltenden Gemeindesteuersystem charakteristisch, daß der Teil der Steuern, über den die Gemeinden selbst bestimmen konnten, sehr gering war. Ein sehr großer Teil der kommunalen Einnahmen stammte aus Überweisungen des Staates; er bildete also zunächst einen Teil der Zentralfinanzmasse, indem die Einnahmen der Gemeinden vorläufig als Einnahmen und Ausgaben beim Staate selbst erschienen. Es handelte sich hierbei jedoch nicht lediglich um durchlaufende Posten. Der Staat bestimmte fast jedes Jahr die Quoten neu, mit denen die Gemeinden an den Steuern beteiligt werden sollten. Darüber hinaus manipulierte er die für die Kommunen bestimmten Überweisungen insofern, als er sie zum Teil sogar (z. B teilweise bei der Hauszinssteuer) nach freiem Ermessen verteilte. Sieht man von der Grunderwerbsteuer ab, bei der die Gemeinden nach dem örtlichen Aufkommen beteiligt waren und die sie vielfach selbst veranlagten, so sind die Kommunen bei folgenden Steuern im Grunde lediglich Empfänger von Zuweisungen des Staates gewesen: Einkommensteuer, Körperschaftsteuer, Umsatzsteuer, Mineralwassersteuer, Kraftfahrzeugsteuer, Hauszinssteuer. Wie die Übersicht 5 zeigt, machten diese Steuern fast 52 v. H. des Gesamtaufkommens an Gemeindesteuern aus[8]. Stellt man andererseits den Überweisungen

---

[7] Fritz *Voigt*, Das Finanzsystem der deutschen gemeindlichen Selbstverwaltung, Leipziger Dissertation 1935, S. 135.

[8] Vgl. Johannes *Popitz*, Der künftige Finanzausgleich zwischen Reich, Länder und Gemeinden, a. a. O., S. 109 ff.

Tabelle 5: Die Zusammensetzung der Steuereinnahmen der Gemeinden und Gemeindeverbände 1927 bis 1930 (Anteil als v. H. der gesamten Steuereinnahmen)

Steuerart	1927	1928	1929	1930
I. Gemeindeanteile an den allgemeinen Reichsüberweisungsteuern				
1. Einkommen- und Körperschaftsteuer	27,9	29,1	27,7	27,9 (1. und 2. zusammen)
2. Umsatzsteuer	3,0	3,3	3,3	
3. Mineralwassersteuer	—	—	—	0,3
Summe I	30,9	32,4	31,0	28,2
II. Personalsteuer				
4. Bürgersteuer	—	—	—	1,2
III. Realsteuern				
5. Grund- und Gebäudesteuer	17,5	17,6	18,6	21,4
6. Gewerbesteuer	16,5	17,6	18,4	19,1
7. Gemeindeanteil an der Hauszinssteuer	19,6	18,3	17,3	16,8
a) Finanzanteil	—	—	—	—
b) Wohnungsbauanteil	—	—	—	—
8. Naturallasten und Lasten der Gutsbezirke	1,8	0,7	0,5	.
Summe III	55,4	53,2	54,8	57,3
IV. Steuern vom Rechtsverkehr				
9. Grunderwerbsteuer	4,2	3,7	3,6	3,7 (9. und 10. zusammen)
a) aus der Reichssteuer	—	—	—	
b) Gemeindezuschlag	—	—	—	
10. Wertzuwachssteuer	1,6	1,5	1,1	
11. Anteil an der Reichsgesellschaftsteuer	0,0	0,1	0,0	0,1
Summe IV	5,8	5,3	4,7	3,8
V. 12. Anteil an der Reichskraftfahrzeugsteuer	2,6	2,8	3,4	3,5
VI. Steuern vom Verbrauch und Aufwand				
13. Biersteuer / 14. Getränkesteuer	1,6	1,8	1,9	3,0
15. Vergnügungsteuer	1,7	1,6	1,6	1,4
16. Hundesteuer	1,3	1,2	1,2	1,0
17. Sonstige	0,1	0,1	0,1	.
Summe VI	4,7	5,7	4,8	5,4
18. Nicht aufteilbare Steuern	0,6	0,6	0,3	0,8
	100,0	100,0	100,0	100,0

Quellen: Johannes Popitz, Der künftige Finanzausgleich zwischen Reich, Ländern und Gemeinden, a. a. O., S. 109 f. — Einzelschriften zur Statistik des Deutschen Reichs, Nr. 19: Steuerverteilung und Steuereinnahmen im Deutschen Reich 1928/29 bis 1930/31; Hrsg.: Statistisches Reichsamt, Berlin 1931, S. 245 (Nachtrag).

Tabelle 6: Steuereinnahmen der Gemeinden und Gemeindeverbände 1925/26 bis 1928/29 (in Mill. RM)

Steuerart	1925/26	1926/27	1927/28	1928/29
A Reichssteuerüberweisungen				
Einkommen- und Körperschaftsteuer	924,5	899,7	1 139,3	1 281,1
Umsatzsteuer	211,3	224,1	123,3	142,6
Grunderwerbsteuer	73,6	148,6	102,4	98,1
Gesellschaftsteuer	—	—	0,4	6,1
Kraftfahrzeugsteuer	36,1	69,0	106,0	122,5
Summe A	1 245,5	1 341,4	1 471,4	1 650,4
B Landes- und Gemeindesteuern				
Grund- und Gebäudesteuern ..	510,2	636,6	717,4	772,3
Naturaldienste, Gutsbezirkslasten	62,1	75,4	73,0	30,1
Gewerbesteuern	472,7	552,7	676,3	772,3
Gebäudeentschuldungs- (Hauszins-) steuer	549,9	712,2	801,8	805,6
Zuschlag zur Grunderwerbsteuer, Wertzuwachssteuer	93,4	36,2	137,4	134,4
Gemeindebiersteuer	80,2	—	} 64,3	—
Gemeindegetränkesteuer	—	75,4		77,8
Vergnügungsteuer	78,2	72,2	70,6	91,9
Hundesteuer	56,2	57,4	54,9	52,3
Sonstige Steuern	55,7	24,8	6,0	17,3
Summe B	1 958,7	2 242,9	2 601,7	2 734,0
C Ausgleichstock[a)]	—	—	15,7	13,6
Summe A bis C	3 204,2	3 584,3	4 090,8	4 398,1

a) soweit nicht aufteilbar.
Quellen: Einzelschriften zur Statistik des Deutschen Reichs, Nr. 19, a. a. O., S. 156; Nr. 17, a. a. O., S. 91; Nr. 32, a. a. O., S. 12.

von Mitteln seitens des Staates die eigenen Steuern der Gemeinden gegenüber, dann kommen die Realsteuern, teilweise die Grunderwerbsteuern, die Wertzuwachssteuern, die Vergnügungsteuern und die vielen kleinen Steuern in Betracht. Für das Gemeindesteuerrecht ist damit charakteristisch, daß die Kommunen nicht einmal die Hälfte ihrer Steuereinnahmen aufgrund eigener Ausnutzung von Besteuerungsmöglichkeiten erhielten. Sie waren vielmehr zu über der Hälfte ihres Steuerbedarfs unmittelbar von der Gesetzgebung und zu einem Teil auch von reinen Verwaltungsmaßnahmen des Staates abhängig.

Wie *Voigt* nachweist, ist aus dieser zwiespältigen Stellung einzelner Steuern bereits der Wesenszug dieser ganzen Gruppe „eigene Steuern" in den Umrissen erkennbar. „Obwohl das Gesetz und die Statistik sie dem Namen nach als eigene Steuern behandelte, waren sie es in Wirklichkeit am Anfang des Weimarer Systems nur noch in geringem Umfang, und selbst dieser Rest verringerte sich im Laufe der Periode immer mehr und mehr[9]."

Diese Entwicklung geht zurück auf das *Erzbergersche* Finanzreformwerk — insbesondere das Landessteuergesetz vom 30. März 1920[10] —, das als beweglichen Teil außer einigen kleinen (indirekten) Nebensteuern nur noch die Realsteuern gelassen hatte, die außerordentlich stark angespannt wurden. Namentlich in den süddeutschen Ländern sowie in Norddeutschland sind die Realsteuern überlastet worden. Nach dem 1. Weltkrieg hat Preußen die Grundsteuer für den Staat wieder in Anspruch genommen und erhob nicht nur den Hauptsteuersatz für sich, sondern seit 1930 einen Zuschlag auf die nicht land- und forstwirtschaftlich genutzten Grundstücke von 100 Prozent. An der Grundsteuer haben sich auch sämtliche anderen deutschen Länder beteiligt. Das gleiche ist (mit Ausnahme Preußens) bei der Gewerbesteuer der Fall gewesen.

4. Das Verhalten der kommunalen Führungsschicht und ihre Bedeutung für die Darlehensaufnahme

Als neue Einnahmequelle war den Gemeinden durch die Verordnung des Reichspräsidenten zur Behebung finanzieller, wirtschaftlicher und sozialer Notstände vom 26. Juli 1930 (RGBl. I S. 311) die Bürgersteuer zugewiesen worden. „Doch die politische Spannung, auf die sie stieß, brachte ihr nicht den Charakter einer beweglichen Steuer. Die politische Situation drängte nach einem anderen Ausweg. Schon zu einer Zeit, als die Gemeinden noch nicht von der Wirtschaftskrise getroffen waren, als die Steuereinnahmen immer stärker stiegen (siehe Tabelle 6 und Schaubild 2) und die politischen Kräfte noch nicht völlig aufgelöst waren, öffnete sich für die Gemeinden der Anleiheweg; und da die Anleihen für den Augenblick ein sehr bequemes Deckungsmittel waren, keinerlei politische Schwierigkeiten entstanden, stürzte auf die Gemeinden innerhalb weniger Jahre eine wahre Anleiheflut hernieder[11]."

Wie später noch näher ausgeführt werden wird, hat die kommunale Schuldenaufnahme nicht unbedingt die Stelle des beweglichen Einnahmeteils ausgefüllt. Die Möglichkeiten, sich zu verschulden, waren nichts anderes als eine zusätzliche Einnahmequelle zur Mehrfinanzierung von Investitionsausgaben, die sonst nicht durchgeführt worden wären. Dabei haben jedoch — auch darauf wird noch im einzelnen ein-

---

[9] Fritz *Voigt*, Das Finanzsystem der deutschen gemeindlichen Selbstverwaltung, a. a. O., S. 91. Siehe auch S. 111 f.

[10] RGBl. I S. 402.

[11] Fritz *Voigt*, Das Finanzsystem der deutschen gemeindlichen Selbstverwaltung, a. a. O., S. 135.

Abb. 2: Entwicklung der Gemeindefinanzen und wirtschaftliche Indexzahlen

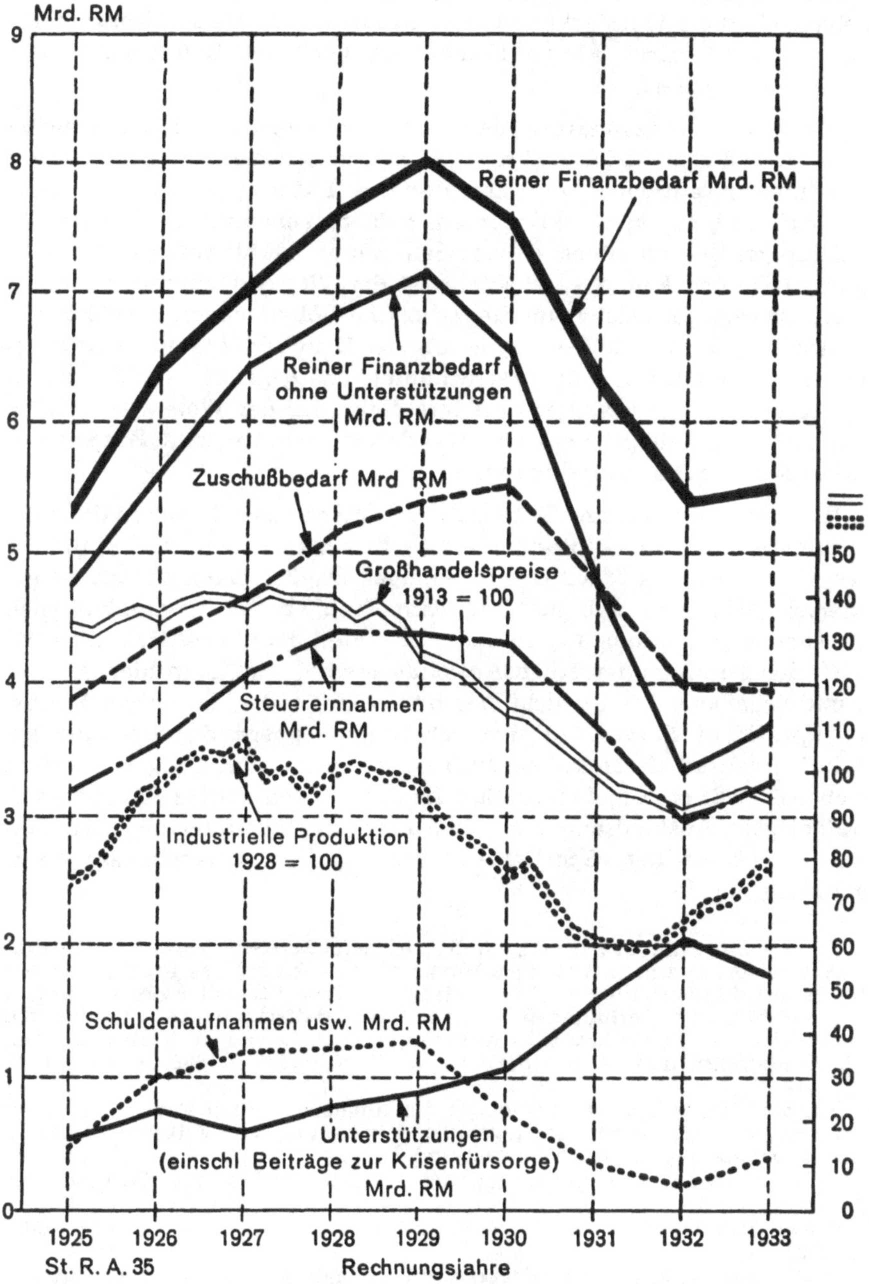

Quelle: Einzelschriften zur Statistik des Deutschen Reichs, Nr. 32, a. a. O., S. 11.

zugehen sein — die finanzschwachen Gemeinden und Gemeindeverbände ungleich geringere Möglichkeiten zur Schuldenaufnahme gehabt als die finanzstarken. Trotzdem haben außer den Großgemeinden auch zahlreiche kleine Kommunen verstärkt Investitionen mit Darlehen finanziert.

Viele Investitionsausgaben sind in der Zeit vor der Weltwirtschaftskrise um des politischen Prestiges willen getätigt worden[12]. Diese „Geltungsinvestitionen" der kommunalen Führungsschicht sind sehr oft noch dadurch verstärkt worden, daß im kommunalen Bereich die Leistungen der einzelnen Gemeinden relativ leicht miteinander verglichen werden konnten. „Bekannt ist der Wettlauf ehrgeiziger deutscher Oberbürgermeister um die technische Vollkommenheit städtischer Einrichtungen und die Verschönerung des Stadtbildes — der allerdings in einen Wettlauf um die Verschuldung übergegangen ist[13]." Das ist die Klage des Finanzwissenschaftlers *Mann* aus der Weimarer Zeit, in der eine übermäßige Verschuldung der Gemeinden zum Zusammenbruch des Kommunalkredits führte.

Während *Mulert* im Gegensatz zu *Mann* das kommunale Verschuldungsproblem — insonderheit die damalige Auslandsverschuldung der Gemeinden — offensichtlich weniger tragisch nahm, wenn er erklärte: „Wie man sich auch zu dem Problem der gesamtdeutschen Auslandsverschuldung stellen mag, der Anteil der Gemeinden mit rund 10% der gesamten deutschen Auslandsverschuldung kann hierbei nicht ausschlaggebend ins Gewicht fallen[14]", gehörte der ehemalige Reichsbankpräsident *Schacht* zu den erklärten Gegnern der kommunalen Schuldenwirtschaft. In seinem 1953 erschienenen Buch „76 Jahre meines Lebens" stellt er fest, daß die Summe der von den Gemeinden seinerzeit aufgelegten Auslandsanleihen der Summe der kommunalen Ausgaben für Schwimmbäder, Sporthallen, Festhallen, Planetarien usw. entsprochen habe[15, 16].

---

[12] Neuerdings ist das Prestigemotiv bei *privatwirtschaftlichen* Investitionen untersucht worden. Vgl. dazu Hartmut *Kreikebaum*, Das Prestigeelement im Investitionsverhalten — Ein Beitrag zur Investitionstheorie, in: Heft 4 der Beiträge zur Verhaltensforschung (Das Prestigemotiv in Konsum und Investition — Demonstrative Investition und aufwendiger Verbrauch, von H. *Kreikebaum* und G. *Rinsche*); Hrsg.: G. *Schmölders*, Berlin 1961, S. 13 bis 104.

[13] Fritz Karl *Mann*, Zur Soziologie der finanzpolitischen Entscheidung, in: Schmollers Jahrbuch für Gesetzgebung, Verwaltung und Volkswirtschaft im Deutschen Reiche, 57. Jg., München und Leipzig 1933, S. 729.

[14] Oskar *Mulert*, Die Bedeutung des Auslandskredites für die deutschen Gemeinden, München 1931, S. 40.

[15] Vgl. Hjalmar *Schacht*, 76 Jahre meines Lebens, Bad Wörishofen 1953, S. 332.

[16] Die kommunale Auslandsverschuldung gab jedoch zu Befürchtungen keinen Anlaß.

Die starke Zunahme der kommunalen Verschuldung nach der Währungsstabilisierung ist teilweise darauf zurückzuführen, daß nach 1923 Aufgaben in die kommunale Wirtschaftstätigkeit einbezogen wurden, die bis dahin von der privaten Wirtschaft erfüllt worden waren. Dabei ergab sich mitunter ein ungesunder Wettbewerb zwischen gemeindlicher und privater Wirtschaft. Einige Gemeinden errichteten Druckereien und Stadtbanken, bauten Hotels und große Garagen und entwickelten sich zu den größten Gebäude- und Grundeigentümern Deutschlands.

Gefördert wurde diese Ausdehnung der kommunalen Verwaltung durch reichlich fließende Steuermittel und durch die Ergiebigkeit der Geld- und Kapitalmärkte. Es kam hinzu, daß die weitere Politisierung der kommunalen Selbstverwaltung[17], die sich in der parteimäßigen Durchsetzung der kommunalen Verwaltung und Beamtenschaft zeigte, und im Sinne eines bestimmenden Einflusses des Parteibetriebes auf die öffentliche Willensbildung wesentlich zu den Zuständen geführt hat, die eine rationelle, sachliche und sparsame Verwaltung erschwerten und die kommunale Finanznot steigerten[18], ist charakteristisch für das Finanzsystem im Weimarer polykraten Staat[19]. Die Gemeinde entwickelte sich mehr und mehr zu einer „Hoheitskörperschaft" — eine Tendenz, die bereits im Kaiserreich von 1871 begonnen hatte, setzte sich weiter fort. Die Kommune wurde zu einem Staat im Staate. „Reichspolitik in den Gemeindeparlamenten durch Reichsparteien! So

[17] Sie stellt eine Fortsetzung der Politisierung der Gemeinden unter dem Dreiklassenwahlrecht dar.

[18] Vgl. dazu Johannes *Popitz*, Der künftige Finanzausgleich zwischen Reich, Ländern und Gemeinden, a. a. O., S. 8 f.: „Die Politisierung im Sinne parteimäßiger Bindung gerade auch der Kommunalverwaltungen hat hier zweifellos starke Änderungen gebracht. Es kann nicht bestritten werden, daß in der Nachkriegszeit parteipolitische Zusammenhänge und Kompromisse der Mehrheitsfraktionen der Gemeindevertretungen stark die Auswahl bestimmt haben und daß die Abhängigkeit in der Willensbildung von parteimäßigen Faktoren überaus zugenommen hat.

Die Mitwirkung der Laienvertreter in den Gemeindevorständen, Deputationen und Vertretungen zeigt ihrerseits ebenfalls die Folgen der Politisierung: Abstimmung nach Fraktionen auch über reine Zweckmäßigkeitsfragen, Hineintragung der großen Parteigegensätze in rein lokale und regionale Angelegenheiten, offenes Hervortreten der Bestimmung der Beschlüsse durch Abwägung nach den Interessen sozialer Größen statt nach dem Gemeinwohl, vielfach auch Unfähigkeit, die Verantwortung für unpopuläre, aber notwendige Maßnahmen zu übernehmen."

Siehe auch Günter *Schmölders*, Die Entpolitisierung der Stadtverwaltungen, in: Reichsverwaltungsblatt 1933, Heft 3.

[19] Der Ausdruck „polykrater Staat" stammt von *Popitz*. Vgl. Johannes *Popitz*, Der Finanzausgleich und seine Bedeutung für die Finanzlage des Reichs, der Länder und Gemeinden (Veröffentlichungen des Reichsverbandes der Deutschen Industrie), Vortrag, Berlin 1930, S. 8 ff.

kann man von der polykraten Epoche sprechen[20]." In dieser Periode ergaben sich mancherlei Fehlinvestitionen, die nicht selten einem persönlichen Geltungsbedürfnis einiger Gemeinde- oder Amtsleiter entsprangen und oft die Wirtschaftskraft des Gemeindewesens überstiegen.

In der Regel wurde diese Ausgabenfreudigkeit ehrgeiziger Oberbürgermeister keineswegs gebremst. Besonders im Hinblick auf die nächsten Wahlen bestand eher die Gefahr einer sorglosen und üppigen Verausgabung als die einer zu sparsamen Haushaltsführung, besonders dann, wenn die Finanzmittel geborgt werden konnten und nicht durch eine gleichzeitige Mehrbelastung der Steuerzahler aufgebracht werden mußten. Eine derartige Mehrbelastung war zudem bereits im Jahre 1927 schon nicht mehr möglich. „Durch die falsche politische Lage des gemeindlichen Finanzsystems, das die Realsteuern zunächst als beweglichen Steuerteil der Gemeinde einsetzte, die Steuerbelastungshoheit der Gemeinden zum größten Teil also auf die Realsteuerpflichtigen allein abstellte, die Ausgaben aber infolge des Art. 17 der Weimarer RV durch eine anders geartete Mehrheit beschließen ließ[21], wurde ... hier bereits frühzeitig das steuerliche Optimum erreicht. Dazu kam noch der Drang zu Aufgaben, der durch die Gemeindebürokratie hervorgerufen wurde und jenen finanziellen Druck verstärkte. So stellte sich bereits 1927 eine Unbeweglichkeit des Finanzsystems ein[22]." Diese Entwicklung dürfte nicht ohne Einfluß auf die kommunale Kreditnachfrage geblieben sein. Da die Konsequenzen der Ausgabenvermehrung und der Verschuldung in weiter Ferne lagen und für die gemeindliche Führungs-

---

[20] Fritz *Voigt*, Untersuchungen zum Finanzsystem der deutschen gemeindlichen Selbstverwaltung, a. a. O., S. 81.

[21] Nach *Popitz* (Der künftige Finanzausgleich zwischen Reich, Ländern und Gemeinden, a. a. O., S. 9) hat das Gemeindesteuersystem dem durch das gleiche und allgemeine Wahlrecht veränderten politischen Kräfteverhältnis in keiner Weise Rechnung getragen. Die Kommunen waren bei ihrer Ausgabendeckung in erster Linie auf die Belastung derjenigen Kreise angewiesen, die in einem Großteil der Gemeinden nach der Zusammensetzung der Bevölkerung in der Gemeindevertretung meist nur durch eine Minderheit vertreten waren. „Die Steuern, über deren Höhe die Gemeindevertretungen zu bestimmen haben, sind in erster Linie Steuern der sog. Besitzenden, des Grundbesitzes und der Inhaber von Produktionsmitteln. Diese Kreise haben im Gegensatz zu der Zeit vor dem Kriege in den Gemeindevertretungen im allgemeinen keinen unmittelbaren Einfluß mehr; vielmehr sind die Vertreter der großen Massen entweder in der Lage, die Mehrheit allein zu bilden oder sie sind für eine Mehrheitsbildung unentbehrlich. Daraus ergibt sich die Gefahr, daß dem Grundsatz der Rücksichtnahme auf die Wirtschaft bei der Festsetzung der Steuersätze nicht Genüge geleistet wird, und vor allem, daß eine Ausgabenpolitik getrieben wird, die auf die Deckungsfrage geringe Rücksicht nimmt, weil ja eine Anspannung der Steuern die hinter der Mehrheit stehenden großen Massen jedenfalls nicht unmittelbar trifft" (S. 117 ebenda).

[22] Fritz *Voigt*, Das Finanzsystem der deutschen gemeindlichen Selbstverwaltung, a. a. O., S. 151.

schicht keine unangenehmen Folgen hatten, konnten sich die Folgen einer ablehnenden Abstimmung schon am nächsten Tage, wenn sie vor die Wähler treten mußten, bemerkbar machen.

Oft war es also neben der zu kurzen „Finanzdecke“ der Versuch der Führungsschicht der gemeindlichen Selbstverwaltung, sich einen eigenen „Machtbereich“ aufzubauen, sowie die Möglichkeit des Borgens, die die Investitionsausgaben anschwellen ließ und die Kommunalkreditnachfrage verstärkte. So wurden nach der durch die Inflation herbeigeführten Entschuldung in relativ kurzer Zeit, oft zu recht hohen Zinsen, in zu hohem Maße neue Schulden aufgenommen; am Ende des Rechnungsjahres 1929/30 belief sich die Neuverschuldung der Kommunen schon wieder auf 7,9 Mrd. RM[23].

II. Der Zwang zur Kommunalkreditnahme während der Weltwirtschaftsdepression

1. Rückgang der kommunalen Steuereinnahmen

Nach 1929 stieg infolge der Wirtschaftsdepression die Arbeitslosigkeit überaus schnell[24] und mit ihr stieg die Belastung der öffentlichen Haushalte durch soziale Unterstützungen. Betroffen wurden insbesondere die Haushalte der Gemeinden, denen man bei der Regelung der Arbeitslosenfürsorge die Aufbringung der Fürsorgelasten für die sogenannten ausgesteuerten Arbeitslosen überlassen hatte[25]. Das ungeheure Anwachsen der Wohlfahrtsausgaben bildete für die Kommunen das größte Problem.

Diese kurz skizzierte Bewegung stieß auf das schon in der günstigen Zeit starr gewordene Finanzsystem. Die Ursachen, die zu dieser Entwicklung geführt haben, sind oben dargestellt worden. In diesem Zusammenhang muß jedoch noch ergänzend zu der Neuordnung des Steuersystems und des Finanzausgleichs von 1920 vermerkt werden, daß den Gemeinden nur dann neue Aufgaben zugewiesen werden sollten, wenn

---

[23] Quelle: Einzelschriften zur Statistik des Deutschen Reichs, Nr. 32, a. a. O., S. 9.

[24] Anfang 1933 erreichte sie mit 6 Millionen Erwerbslosen bei einer Arbeiterplatzkapazität von 40,3 v. H. den Höhepunkt. (Quelle: Einzelschriften zur Statistik des Deutschen Reichs, Nr. 32, a. a. O., S. 10.)

[25] Nach der Revolution von 1918 verpflichtete eine Verordnung der Volksbeauftragten (VO über Erwerbslosenfürsorge v. 13. November 1918; RGBl. I S. 1305) die Gemeinden zu einer Erwerbslosenfürsorge, zu der das Reich Zuschüsse zahlte, bis dann das ganze System im Jahre 1923 Versicherungscharakter erhielt (VO über Aufbringung der Mittel für die Erwerbslosenfürsorge v. 15. Oktober 1923; RGBl. I S. 984); eine Entwicklung, die durch das Gesetz vom 16. Juli 1927 (Gesetz über Arbeitsvermittlung und Arbeitslosenversicherung v. 16. Juli 1927; RGBl. I S. 187) abgeschlossen wurde.

damit gleichzeitig die Zuweisung entsprechender Mittel verbunden war. Das gleiche sollte für die wesentliche Erweiterung bestehender Aufgaben erfolgen. Für den Fall eines Einnahmerückganges war dagegen keine ausreichende Sicherung getroffen worden.

Tabelle 7: Steuereinahmen der Gemeinden und Gemeindeverbände in der Weltwirtschaftskrise (in Mill. RM)

Steuerart	1929/30	1930/31	1931/32	1932/33	1933/34
A Reichssteuerüberweisungen					
Einkommen- und Körperschaftsteuer	1 205,5	1 026,6	670,2	404,6	466,7
Umsatzsteuer	151,4	145,0	119,0	185,5	214,1
Grunderwerbsteuer	91,9	74,3	58,8	49,5	70,7
Gesellschaftsteuer	4,3	4,8	4,2	1,6	1,1
Kraftfahrzeugsteuer	142,6	143,5	130,6	119,0	144,1
Mineralwassersteuer	—	13,2	10,5	0,4	.
Biersteuer	—	19,8	16,1	12,0	.
Summe A	1 595,8	1 427,1	1 009,3	772,7	896,7
B Landes- und Gemeindesteuern					
Grund- und Gebäudesteuern ..	827,2	927,1	911,7	895,4	916,1
Naturaldienste, Gutsbezirkslasten	18,2	16,1	13,9	11,3	16,4
Gewerbesteuern ..	813,9	821,1	627,7	468,8	461,8
Gebäudeentschuldung- (Hauszins-) steuer	781,1	716,9	515,5	292,8	322,0
Bürgersteuer, Verwaltungskostenabgabe	—	65,2	198,7	209,3	341,5
Zuschlag zur Grunderwerbsteuer, Wertzuwachssteuer	113,4	87,6	64,1	48,7	12,0[b)]
Gemeindebiersteuer	84,8	103,7	185,5	131,7	
Gemeindegetränkesteuer	—	6,8	26,2	24,9	171,9
Vergnügungsteuer	71,3	61,6	48,1	38,9	33,4
Hundesteuer	50,6	47,5	42,9	36,7	33,6
Sonstige Steuern ..	33,6	23,9	14,9	15,2	10,2
Summe B	2 794,0	2 877,5	2 649,0	2 173,7	2 325,7
C Ausgleichstock[a)]	0,3	28,4	18,1	11,1	6,8
Summe A bis C	4 390,0	4 333,1	3 676,5	2 957,5	3 222,9

a) soweit nicht aufteilbar,

b) nur Wertzuwachssteuer.

Quellen: Einzelschriften zur Statistik des Deutschen Reichs, Nr. 32, a. a. O., S. 12. — Statistisches Reichsamt: Statistisches Jahrbuch für das Deutsche Reich 1935, S. 439, 444 bis 447 und Statistisches Jahrbuch 1936, S. 451.

Die Nachteile dieser Neuordnung traten nicht in Zeiten günstiger Wirtschaftslage, sondern erst in den Jahren der Wirtschaftskrise klar zutage. Obwohl fast alle Einnahmegruppen bereits stark ausgenutzt wurden, versuchten die Gemeinden weiterhin, ihre Einnahmen zu erhöhen. Namentlich die Realsteuern, die wichtigsten eigenen Einnahmen der Gemeinden, wurden außergewöhnlich stark angespannt. Mit fortschreitender Wirtschaftsdepression lasteten sie immer mehr auf den Betrieben und trieben ein Unternehmen nach dem anderen zum Konkurs. Die Folge war eine weitere Freisetzung von Arbeitskräften, die, nachdem sie den Weg der Arbeitslosenversicherung durchlaufen und den Gemeinden schon Ausgaben in der Krisenunterstützung verursacht hatten, den kommunalen Haushalten als Wohlfahrtserwerbslose völlig zur Last fielen. Infolgedessen stieg der Finanzbedarf weiter an, während bei den Steuereinnahmen (insbesondere nach 1930/31) erhebliche Ausfälle eintraten (siehe Tabelle 7).

Am stärksten sind im Zeitraum 1929/30 bis 1932/33 die Steuerüberweisungen des Reichs gesunken; am Ende dieser Periode waren sie um 800 Mill. RM gefallen und betrugen nur noch die Hälfte des Gesamtbetrages des Rechnungsjahres 1929/30.

2. Anstieg der Sozialausgaben

Diesem Einnahmerückgang standen die in immer stärkerem Maße steigenden Wohlfahrtsausgaben gegenüber, die (wie oben bereits erwähnt) überwiegend den Gemeinden übertragen worden waren. Infolge der lang andauernden Krise wurden die kommunalen Haushalte ausgesprochene Wohlfahrtshaushalte.

Tabelle 8: Die Ausgaben des Wohlfahrtswesens im Haushalt der Gemeinden und Gemeindeverbände 1929/30 bis 1933/34

	Ausgaben[a)]		Soziale Unterstützungen[b)]		
Rechnungsjahr	Verwaltungszweige insgesamt in Mill. RM	davon Wohlfahrtswesen in v. H.	insgesamt in Mill. RM	davon für Wohlfahrtserwerbslose in Mill. RM	1929/30 = 100
1929/30	8461,1	27,3	849,3	.	100
1930/31	8082,1	32,3	1245,0[c)]	.	146,6
1931/32	6997,9	40,0	1521,2	827,2	179,1
1932/33	6289,3	49,5	1983,2	1324,6	233,5
1933/34	6340,6	44,5	1791,1	1125,5	210,9

a) Bereinigte Ausgaben.
b) Einschl. Löhne der Fürsorgearbeiter der Kämmereiverwaltungen und Betriebe.
c) Geschätzt.

Quelle: Einzelschriften zur Statistik des Deutschen Reichs, Nr. 32, a. a. O., S. 11.

Wie die Tabelle 8 zeigt, ist der Anteil des Wohlfahrtswesens im Beobachtungszeitraum 1929/30 bis 1932/33 ständig gewachsen. Während 1929/30 27,3 v. H. der kommunalen Ausgaben auf das Wohlfahrtswesen entfielen, betrug dieser Anteil im Höhepunkt der Krise (1932/33) 49,5 v. H. Wie *Voigt* angibt, wurden im Januar 1933 von 6,1 Millionen verfügbaren Arbeitslosen nur noch 0,9 Millionen von der Reichsanstalt für Arbeitsvermittlung und Arbeitslosenversicherung betreut, 1,4 Millionen erhielten ihre Mittel von der Krisenunterstützung, und der überwiegende Teil fiel den Gemeinden als Wohlfahrtserwerbslose zur Last[26].

3. Die Entwicklung der kommunalen Verschuldung und ihre Ursachen

Die Verminderung der gemeindlichen Steuereinnahmen einerseits und die infolge der weitgehenden Verlagerung der Erwerbslosenlasten vom Reich auf die Gemeinden ständig steigenden Wohlfahrtsausgaben andererseits mußten notwendig zu außerordentlichen Schwierigkeiten für den Haushaltsausgleich führen. Die Folge dieser Entwicklung war, daß die kommunalen Gebietskörperschaften außerordentliche Vorhaben aus Kassenbeständen vorfinanzierten, kommunale Versorgungsunternehmen privatisierten sowie kurzfristige Kredite zur Finanzierung außerordentlicher Vorhaben und, auf dem Höhepunkt der Krise, zur Deckung ordentlicher Ausgaben aufnahmen[27]. Namentlich in den Großstädten bestand ein bedeutender Finanzbedarf zur Aufrechterhaltung der Verwaltung und zur Erfüllung sozialer Aufgaben (insbesondere für die Aufbringung der Fürsorgelasten für die Wohlfahrtserwerbslosen), da bei ihnen die Steuereinnahmen auf einen Tief-

---

[26] Fritz *Voigt*, Das Finanzsystem der deutschen gemeindlichen Selbstverwaltung, a. a. O., S. 153.

[27] Siehe dazu u. a. Oskar *Mulert*, Die Bedeutung des Auslandskredites für die deutschen Gemeinden, a. a. O., S. 36 f. und Otto *Ziebill*, Geschichte des Deutschen Städtetages, Stuttgart 1956, S. 202 ff. — Um eine ähnliche Entwicklung künftig auszuschließen, forderte später § 90 Deutsche Gemeindeordnung vom 30. 1. 1935, daß außerordentliche Vorhaben erst in Angriff genommen werden dürfen, wenn der Eingang der für sie bestimmten außerordentlichen Einnahmen rechtlich und tatsächlich gesichert ist. „Sehr oft", so ist in der amtlichen Begründung zu § 90 Deutsche Gemeindeordnung in Absatz 1 S. 1 und 2 zu lesen (zitiert in: Friedrich-Karl *Surén*, Die Gemeindeordnungen in der Bundesrepublik, Bd. II, a. a. O., S. 612) „hat es zu den finanziellen Schwierigkeiten mancher Gemeinden beigetragen, daß sie in Verkennung der Grundsätze einer vorsichtigen Finanzpolitik in weitem Umfange Vorhaben des außerordentlichen Haushaltsplans aus laufenden Einnahmen oder aus Kassenkrediten vorfinanziert haben in der Erwartung, diese Vorgriffe später durch Aufnahme von Darlehen abdecken zu können. In zahlreichen Fällen hat sich diese Erwartung nicht erfüllt und damit die Folgen herbeigeführt, die zum Teil noch heute die Finanzgebarung mancher Gemeinden aufs schwerste belasten."

Tabelle 9: Die kommunale Verschuldung aus Kreditmarktmitteln 1929 bis 1932

Stand 31. 3.	Insgesamt[a)]	Neuverschuldung							
		insgesamt		langfristige[b)]		mittelfristige[c)]		kurzfristige[d)]	
	in Mill. RM	in Mill. RM	v. H. Sp. 2:1	in Mill. RM	v. H. Sp. 4:2	in Mill. RM	v. H. Sp. 6:2	in Mill. RM	v. H. Sp. 8:2
	1	2	3	4	5	6	7	8	9
1929	8 208,4	6 881,0	83,9	4 444,8	64,6	1 163,6	16,9	1 272,5	18,5
1930	9 716,3	8 398,5	86,4	5 132,4	61,2	1 232,3	14,6	2 033,8	24,2
1931	10 525,8	9 247,8	87,8	6 001,9	65,0	1 176,5	12,7	2 069,4	22,3
1932	10 549,3	9 351,3	88,6	6 178,6	66,1	1 152,8	12,3	1 019,9	21,6

a) Altverschuldung (vor der Währungsreform 1923/24 aufgenommen) plus Neuverschuldung (nach 1923/24 aufgenommen). — b) Laufzeit 10 und mehr Jahre. — c) Laufzeit über 1 bis unter 10 Jahren. — d) Laufzeit höchstens 1 Jahr oder jederzeit kündbar.

Quelle: Materialien zur Vorbereitung der Banken-Enquete 1933. Zusammengestellt und überreicht vom Centralverband des Deutschen Bank- und Bankiergewerbes (E. V.), Berlin 1933, S. 14.

stand abgesunken waren. In der gleichen Situation befanden sich zahlreiche Arbeiterwohnsitzgemeinden.

Daher haben die Kommunen während der Krise verstärkt kurzfristige Kredite aufgenommen. Die Zahlenübersicht 9 zeigt, in welchem Ausmaß die Gemeinden kurz-, mittel- und langfristig verschuldet waren. Wenngleich die überwiegende Mehrzahl aller Kredite langfristig gewesen sind, so wird zugleich auch die erhebliche kurzfristige Verschuldung, die 1930 mit 24,2 v. H. aller Kredite den Höhepunkt erreichte, ersichtlich.

Eine fristgerechte Rückzahlung der umfangreichen kurzfristigen Kredite ist den Gemeinden nicht immer möglich gewesen, wie das folgende — dem Archiv der Rheinischen Girozentrale und Provinzialbank, Düsseldorf (vormals Landesbank der Rheinprovinz), entnommene — Beispiel der Stadt Köln aus dem Jahre 1931 zeigt. Der nachstehende Vorgang läßt zugleich erkennen, daß auch die Darlehns*geber* nicht immer schuldlos an dem Zusammenbruch des Kommunalkredits Anfang der dreißiger Jahre gewesen sind:

Der Stadt Köln wurde am 29. Januar 1931 von der Landesbank der Rheinprovinz ein kurzfristiger Kredit in Höhe von 5 Millionen RM bis zum 15. März 1931 gegen Einreichung folgender Unterlagen eingeräumt:

1. einer Erklärung, daß es sich um einen kassentechnischen Notbehelf handele und
2. einer Verpflichtungserklärung, nach der die Stadt Köln notfalls bereit sei, Akzepte für den Kredit zu geben (siehe Anlage 2).

Ferner wurde von der Deutschen Bank und Disconto-Gesellschaft, Filiale Köln, die schriftliche Zusicherung verlangt, daß sie für Köln den Betrag an die Landesbank zurückerstatten würde, falls die Deutsche Girozentrale — Deutsche Kommunalbank —, Berlin (die ihrerseits der Landesbank der Rheinprovinz den Betrag auf 3 Monate zur Verfügung stellte) den Kredit nicht verlängern würde und die Stadt Köln nicht zurückzahlen sollte. Den ersten Hinweis über dieses außergewöhnliche Geschäft gibt der Aktenvermerk des damaligen Landesbankdirektors *Bel* (siehe Anlage 3). Für die Deutsche Bank und Disconto-Gesellschaft, Filiale Köln, wurde die Erklärung mit den Unterschriften des Direktors *Brüning* und des Prokuristen *Conrad* (siehe Anlage 4) abgegeben.

Wie sich aus einem späteren Aktenvermerk des Herrn *Bel,* den er auf Ersuchen des Staatskommissars aufstellte, ergibt, ist das Eintreten der Deutschen Bank und Disconto-Gesellschaft, Filiale Köln (unter der mündlichen Einflußnahme des Oberbürgermeisters *Adenauer* auf *Brüning*), deshalb seitens des Herrn *Bel* gefordert worden, weil der Berichterstatter über die Landesbank der Rheinprovinz in dem zuständigen provinziellen Ausschuß *(Hagen)* zur Zeit dieser Abmachungen bereits weitere Kreditgewährungen der Landesbank an die Stadt Köln (die damals etwa 40 v. H. des gesamten Kommunalkreditvolumens der Bank auf sich vereinigte) untersagt hatte.

Am 3. März 1931 wurde der Kredit seitens der Landesbank der Rheinprovinz der Stadt Köln bis zum 15. September 1931 verlängert, obwohl die Deutsche Girozentrale — Deutsche Kommunalbank —, Berlin den Kredit nur auf weitere 3 Monate, d. h. bis zum 15. Juni 1931, der Landesbank verlängerte. Gleichzeitig ersuchte die Landesbank die Deutsche Bank und Disconto-Gesellschaft, Filiale Köln (siehe Anlage 5), um eine erneute Eintrittserklärung; diese wurde mit Schreiben vom 10. März 1931 (Anlage 6) auch abgegeben.

Die Deutsche Girozentrale — Deutsche Kommunalbank —, Berlin, forderte den Betrag am 15. Juni 1931 zurück und verrechnete ihn mit dem laufenden Konto für die Landesbank. Die Landesbank der Rheinprovinz unternahm zu diesem Zeitpunkt der Deutschen Bank und Disconto-Gesellschaft, Filiale Köln, gegenüber nichts, machte sie also auch nicht auf ihre im September 1931 praktisch werdende Eintrittspflicht aufmerksam. Es folgte dann die Krise und die Ernennung des Staatskommissars. Die Stadt Köln zahlte den Betrag am 15. September 1931 nicht zurück.

Ein neuer Sachbearbeiter *(Adams)* entdeckte die Garantieerklärung der Deutschen Bank und Disconto-Gesellschaft, Filiale Köln, und forderte die Bank (siehe Anlage 7) zur Zahlung der 5 Millionen RM auf. Hierauf telefonierte der Kölner Oberbürgermeister *Adenauer* am 14. September mit Landesbankdirektor *Bel* und machte in diesem Telefongespräch darauf aufmerksam (nach der eigenen Erklärung von *Bel*), „daß die Eintrittserklärung der Dedi (Deutsche Bank und Disconto-Gesellschaft, Filiale Köln, d. Verf.) doch lediglich formalen Charakter habe und lediglich mit Rücksicht auf meine *(Bels)* Unterhaltung mit Herrn Geheimrat *Hagen* abgegeben sei". Dies geschah offenbar zu dem Zweck, *Hagen* gegenüber die Eintrittserklärung der Deutschen Bank und Disconto-Gesellschaft, Filiale Köln, nicht als formal, sondern als materiell wirksam zu schildern. *Bel* äußerte sich dann weiter: „Ich erklärte, daß ich mich dahin entsinne und um Rückgabe unseres Schreibens vom 12. 9. an die Dedi bäte, damit ich die Angelegenheit noch einmal an Hand der Akten genauer nachprüfen könne." Der Originalbrief kam dann auch mit einem Brief von Oberbürgermeister *Adenauer* an *Bel* zurück. Herr *Adams* erklärte darauf Herrn *Bel*, daß er die Dinge nicht auf sich beruhen lassen könne, sondern dem Staatskommissar vortragen müsse. Der Staatskommissar wollte daraufhin den fraglichen Betrag mit einer Zahlungsverpflichtung der Landesbank an die Deutsche Bank und Disconto-Gesellschaft, Filiale Düsseldorf, verrechnen. Hierauf erhielt *Bel* von der Deutschen Bank und Disconto-Gesellschaft, Filiale Düsseldorf, das in Anlage 8 wiedergegebene Schreiben, dem ein persönliches Schreiben des Herrn *Brüning* an Herrn *Wuppermann* von der Deutschen Bank und Disconto-Gesellschaft, Filiale Düsseldorf, beigefügt ist. Dieser Brief beweist, daß *Brüning* von *Bel* hinsichtlich des Charakters der fraglichen Erklärung getäuscht worden ist. *Bel* wurde von *Weltzien* (Deutsche Girozentrale — Deutsche Kommunalbank —, Berlin) zur Stellungnahme aufgefordert, die in der Anlage 9 wiedergegeben ist und in der *Bel* zugeben muß, daß hinter den Kulissen, um *Hagen* gegenüber den Kredit vertreten zu können, der Deutschen Bank und Disconto-Gesellschaft, Filiale Köln, gegenüber wohl erklärt wurde, daß ihr Eintritt praktisch nicht in Frage komme. *Weltzien* hat dann wiederholt versucht, die Deutsche Bank und Disconto-Gesellschaft, Filiale Köln, zur Zahlung zu veranlassen. Er konnte sich schließlich mit ihr auf einen Betrag von 500 000,— RM einigen, der gezahlt wurde, jedoch, wie *Weltzien* später erfuhr, von Oberbürgermeister *Adenauer* auch noch aus den Mitteln der Stadt Köln entnommen worden ist.

Ähnlich wie die Stadt Köln konnten auch andere Gemeinden ihre kurzfristigen Kredite in jenen Jahren nicht immer fristgerecht zurückzahlen. Das Steueraufkommen und die sonstigen kommunalen Einnahmen waren im Rechnungsjahr 1932/33 so stark gesunken, daß für den Schuldendienst (Verzinsung und Tilgung), der durch die steigende kurzfristige Kreditnahme ständig gestiegen war, nicht genügend Deckungsmittel zur Verfügung standen. Im Rechnungsjahr 1932/33 ist der Schuldendienst niedriger gewesen (siehe Tabelle 10). Infolge der unzureichenden Finanzausstattung sahen sich die Kommunen gezwungen, die fälligen Zins- und Tilgungsraten in erheblichem Umfang auszusetzen; Ende März 1933 betrugen die Rückstände 287,5 Mill RM[28].

Tabelle 10: Schuldendienst der Kämmereiverwaltungen

Rechnungsjahr	Verzinsung und Tilgung in Mill. RM
1929/30	507,8
1930/31	581,4
1931/32	591,9
1932/33	450,6
1933/34	475,9

Quelle: Einzelschriften zur Statistik des Deutschen Reichs, Nr. 32, a. a. O., S. 12.

Eine Verlängerung dieser Kredite wurde mit jedem Verlängerungstermin schwieriger. Nach verschiedenen mißglückten Versuchen, die Kredite in langfristige Darlehen umzuschulden, wurde schließlich im September 1933 eine Konsolidierung der Gemeindeschulden auf gesetzlichem Wege herbeigeführt[29].

---

[28] Quelle: Einzelschriften zur Statistik des Deutschen Reichs, Nr. 32, a. a. O., S. 12.

Als Reaktion auf diese Überschuldung und unter dem Eindruck der bereits in den Vorjahren betriebenen Schuldenmißwirtschaft zahlreicher deutscher Gemeinden hat dann später § 77 der Deutschen Gemeindeordnung vom 30. 1. 1935 die Schuldenaufnahme wesentlich weitgehenden Einschränkungen unterworfen und an 4 Voraussetzungen gebunden: Der Bedarf muß „außerordentlich“ und „unabweisbar“ sein. Weiter dürfen die Gemeinden nur dann zur Kreditfinanzierung greifen, wenn sie zu einer „anderweitigen“ Deckung nicht in der Lage sind. Schließlich ist als 4. Voraussetzung nachzuweisen, daß die finanzielle Möglichkeit zur Verzinsung und Tilgung gesichert ist.

[29] Näheres zur Umschuldung bei Werner *Jonas*, Die staatliche Überwachung und Bereinigung des kommunalen Schuldenwesens unter besonderer Berücksichtigung Preußens, Berliner Dissertation 1938, S. 67 ff.

III. Analyse der Verhältnisse in der Bundesrepublik Deutschland seit der Währungsreform von 1948

1. Die Kommunalkreditentwicklung und das gemeindliche Steueraufkommen im Rahmen der gesamten öffentlichen Verschuldung

1. Seit der Währungsreform ist der Schuldenzuwachs bei den Gemeinden im Vergleich zu den anderen Gebietskörperschaften am größten gewesen (Tabelle 11). Auch absolut hat die Neuverschuldung aus Kreditmarktmitteln bei den Kommunen den höchsten Stand erreicht, obgleich diese mit nur etwa einem Viertel am gesamten staatlichen Ausgabenvolumen partizipieren[30]. Diese ständige erhebliche Zunahme der gesamten kommunalen Kreditmarktverschuldung beruht darauf, daß sich die Gemeinden seit der Währungsreform in einer Entwicklungsperiode befinden, die in mehrfacher Hinsicht Ausnahmecharakter hat.

Die fast vollständige Befreiung der Kommunen von der Schuldenlast der Vergangenheit führte zu einer unausgenutzten Verschuldungskapazität, die mit steigender Steuerkraft kräftig ausgeweitet wurde (Tabelle 12). Gleichzeitig ist die zurückliegende Periode durch einen ungewöhnlich großen und dringenden gemeindlichen Investitionsbedarf bestimmt worden, „der auf die ständige Drosselung der Investitionstätigkeit der Gemeinden seit 1929, auf die Kriegszerstörungen und schließlich auf die Steigerung des Bedarfs an gemeindlichen Einrichtungen und Anlagen durch den Flüchtlingsstrom und das allgemeine Anwachsen der Ansprüche an die Leistungen der öffentlichen Hand zurückzuführen ist“[31]. Welches Gewicht die kommunalen Investitionen 1963 sowohl relativ als auch absolut im Rahmen der gesamten öffentlichen Investitionen gehabt haben, zeigt die Übersicht 13. Danach konzentriert sich die Ausgabetätigkeit beim Bund und bei den Ländern vor allem auf die Bereiche der Einkommensumverteilung, der inneren und äußeren Sicherheit und der Kulturfürsorge. Die Investitionstätigkeit vollzieht sich dagegen zum großen Teil bei den Gemeinden: Im Zeitraum von 1950 bis 1965 entfielen in jedem Jahr über 60 v. H. aller von Bund (einschl. Sozialversicherung), Ländern und Gemeinden durchgeführten Investitionen allein auf die Kommunen (Tabelle 14). Für das weitere Wirtschaftswachstum in der Volkswirtschaft dürften gerade die Kommunalinvestitionen, von deren Realisierung nicht zuletzt auch der privatwirtschaftliche Investitionsprozeß mit abhängt, noch bedeutsamer als bisher sein. So ist beispielsweise der

---

[30] Siehe Tabelle 17.

[31] Wilhelm *Heckt,* Die Verschuldung der Gemeinden, in: Die öffentliche Verwaltung, 12. Jg. (1959), Heft 3, S. 86.

weitere private Motorisierungsprozeß wesentlich mit abhängig von einem vergrößerten Straßennetz. Die Tendenz einer außerordentlich starken Zunahme der kommunalen Investitionen ergibt sich weiter aus den wachsenden Ansprüchen, die der gemeindlichen Infrastruktur mit der fortschreitenden Zusammenballung der Bevölkerung gestellt werden. Aber auch in den ländlichen Gemeinden harren große Investitionsvorhaben der Erfüllung durch die Einführung eines zivilisatorischen Standards, wie er früher dort nicht üblich war.

So ergibt sich das Bild, daß bei den kommunalen Gebietskörperschaften einerseits eine außerordentlich starke Zunahme des realen Investitionsvolumens zu erkennen ist. Allein auf 157 Mrd. DM hat der Deutsche Städtetag im Jahr 1962 den kommunalen Investitionsbedarf bis 1970 geschätzt[32]. Neuerdings beziffert er ihn für die Jahre 1966 bis 1975 bereits auf 216 Mrd. DM[33]. Erschwerend kommt andererseits hinzu, daß die Preise für kommunale Investitionen erheblich gestiegen sind.

---

[32] Quelle: 157 Milliarden — Der Deutsche Städtetag errechnet den Investitionsbedarf der Gemeinden, a. a. O., S. 230.

[33] Zitiert bei: Gutachten über die Finanzreform in der Bundesrepublik Deutschland, a. a. O., S. 114.

Tabelle 11: Schuldenstand und Schuldenzuwachs bei den Gebietskörperschaften in der Bundesrepublik Deutschland

Gebietskörperschaft	31. 7. 1949[a])		30. 6. 1966[b])		Zuwachs in v. H.
	Mill. DM	v. H.	Mill. DM	v. H.	
Bund[c])	165,0	32,7	11 147	23,9	6 658
Länder (einschl. Stadtstaaten)	264,6	52,4	8 984	19,3	3 295
Gemeinden	75,5	14,9	26 450	56,8	34 933
Summe	505,1	100,0	46 581	100,0	12 686

a) Einschließlich Verschuldung bei öffentlichen Stellen. — b) Verschuldung aus Kreditmarktmitteln ohne gegenseitige Verschuldung der genannten Stellen. Die Verschuldung bei Sozialversicherungen sowie die Verpflichtungen aus Ausgleichsforderungen bei Bund und Ländern bleiben außer Betracht. Nicht berücksichtigt ist außerdem die Auslandsverschuldung. — c) 1949 Vereinigtes Wirtschaftsgebiet.

Quellen: Monatsberichte der Bank Deutscher Länder, August 1949, S. 49; Monatsberichte der Deutschen Bundesbank, Oktober 1966, S. 26.

Tabelle 12: Kreditmarktverschuldung und Steuereinnahmen der Gemeinden a) und Gemeindeverbände von 1948 bis 1965

Rechnungsjahr	Stand der Kreditmarktverschuldung am Ende des Rechnungsjahres	Zunahme gegen Vorjahr		Steueraufkommen im Rechnungsjahr	Veränderung gegen Vorjahr	
	Mill. DM	Mill. DM	v. H.	Mill. DM	Mill. DM	v. H.
1948/49	—	—	—	1 918 c)	—	—
1949/50	245	—	—	2 266	348	18
1950/51	689	444	181	2 486	220	10
1951/52	1 030	341	50	3 302	816	33
1952/53	1 688	658	64	3 842	540	16
1953/54	2 540	852	51	4 251	409	11
1954/55	3 489	949	37	4 657	406	10
1955/56	4 451	962	28	4 957	300	6
1956/57	5 374	923	21	5 563	606	12
1957/58	6 937	1 563	29	6 222	659	12
1958/59	8 136	1 199	17	6 778	556	9
1959/60	9 650	1 514	19	7 683	905	13
1960 b)	10 660	1 010	11	6 769	—914	—12
1961	12 260	1 600	15	9 424	2 655	39
1962	14 400	2 140	17	10 123	699	8
1963	16 800	2 400	17	10 671	548	5
1964	20 310	3 510	21	11 401	730	7
1965	24 825	4 515	22	11 872	471	4

a) Ohne Hansestädte und West-Berlin. — b) Rumpfrechnungsjahr. — c) DM-Abschnitt, auf volles Jahr umgerechnet. — Abweichungen durch Runden der Zahlen.

Quellen: Statistisches Bundesamt: Statistisches Jahrbuch für die Bundesrepublik Deutschland, 1952, S. 374; 1958, S. 367; 1961, S. 425; 1963, S. 429. — Monatsberichte der Deutschen Bundesbank, Dez. 1959, S. 12; Juli 1963, S. 30; August 1965, S. 26; Oktober 1966, S. 26. — Statistisches Bundesamt: Wirtschaft und Statistik, 3. Jg. N. F., Heft 1, 1951, S. 4; 10. Jg. N. F., Heft 12, 1958, S. 679; 15. Jg. N. F., Heft 5, 1963, S. 306 ff.; 18. Jg. N. F., Heft 8, 1966, S. 497.

Tabelle 13: Ausgabenstruktur der Gebietskörperschaften in der Bundesrepublik Deutschland 1963[a]) (in v. H.)

Gebiets-körperschaft	Verbrauchs-ausgaben	Investitions-ausgaben	Übertragungen	Summe
Bund[b])	42	17	55	40
	60	8	32	100
Länder	35	20	31	32
	66	11	23	100
Gemeinden	23	63	14	28
	48	40	12	100
Summe	100	100	100	100
	(59)	(18)	(23)	(100)

a) Einschließlich Saarland und Berlin (West). —
b) Hierin enthalten sind die relativ unwesentlichen Ausgaben der Sozialversicherung.

Quellen: Wirtschaft und Statistik, 16. Jg. N. F., Heft 11, 1964, S. 723*), zitiert bei: Gerhard *Zeitel*, Eigentümlichkeiten und Grenzen der Kommunalverschuldung, a. a. O., S. 62.

Tabelle 14: Prozentualer Anteil von Bund Ländern und Gemeinden an den Investitionsausgaben der öffentlichen Hand im Zeitraum von 1950 bis 1965

Jahr	Bund[a])	Länder	Gemeinden
1950 [b])	13 [d])	27	60
1951	17	22	61
1952	15	21	64
1953	16	20	64
1954	14	19	67
1955	15	19	66
1956	16	18	66
1957	17	19	64
1958	19	17	64
1959	20	17	63
1960	21	18	61
1960 [c])	20	20	60
1961	20	19	61
1962	20	18	62
1963	17	20	63
1964	17	18	65
1965	17	19	64

a) Einschließlich relativ geringfügiger Ausgaben der Sozialversicherung.
b) Bundesgebiet ohne Saarland und Berlin (West).
c) Bundesgebiet einschließlich Saarland und Berlin (West).
d) Die Angaben sind abgerundet.

Quellen: Wirtschaft und Statistik, 16. Jg. N. F., Heft 11, 1964, S. 723*); 17. Jg. N. F., Heft 10, 1965, S. 642; 18. Jg. N. F., Heft 10, 1966, S. 612.

Tabelle 15: Preissteigerungen Ende 1966 gegenüber dem Stand von 1958 (= 100)

Preise für die Lebenshaltung		+ 23 v. H.
Preise der Bauleistungen bei der Erstellung von Straßen		+ 20 v. H.
Wohngebäuden		+ 57 v. H.
Preise für einige Leistungen des Ausbaugewerbes (z. B. Anstricharbeiten).....................	bis	+ 90 v. H.
Preise für Rohbauland	meist über	+ 300 v. H.

Umgerechnet aufgrund von Angaben des Statistischen Bundesamtes.

Unter den geschilderten Umständen liegt es in der Natur der Entwicklung, daß die gemeindlichen Ausgaben wegen des enormen Gewichts ihrer Investitionen die Wachstumsrate des gesamten Bruttosozialprodukts in der Tendenz übersteigen[34].

Nun hatte bereits der Sachverständigenrat zur Begutachtung der gesamtwirtschaftlichen Entwicklung in seinem ersten Jahresgutachten dargelegt, daß es im Hinblick auf die Versorgung der Bevölkerung mit öffentlichen Gütern und die Erfordernisse einer langfristigen Vorsorge in den Bereichen des Bildungswesens, des Gesundheitswesens und des Straßenbaus sehr wohl nötig sein könne, daß der Zuwachs der öffentlichen Ausgaben einmal für einige Jahre über dem gesamtwirtschaftlichen Durchschnitt der Nachfrageexpansion liegt[35]. Eine derartige Entwicklung sollte jedoch unter geldwertpolitischen Gesichtspunkten tunlichst vermieden werden. Denn speziell auf dem Investitionssektor würde die öffentliche Aktivität die private Erwerbswirtschaft übertrumpfen, wodurch sich die Geldentwertung bei der heutigen Preisunelastizität „nach unten" beschleunigen würde. Das Bemühen müßte vielmehr dahin gehen, die öffentlichen Ausgaben, insbesondere die Investitionen des Bundes, der Länder, des Lastenausgleichsfonds und der Kommunen, regional und zeitlich zu harmonisieren. Nicht notwendig wäre es, alle Gemeinden zu erfassen; von Interesse wären neben dem Bund, den Ländern und dem Lastenausgleichsfonds nur die Großstädte und damit jene 60 öffentlichen Auftraggeber, auf die mehr als zwei Drittel aller staatseigenen oder durch Darlehen bzw. Zuschüsse beeinflußten privaten Investitionen entfallen[36].

---

[34] Vgl. Gerhard *Isenberg*, Die Funktionen der Gemeinde im volkswirtschaftlichen Wachstumsprozeß, in: Die Gemeinde, Jg. 17 (1965), Heft 7, S. 155.

[35] Siehe Deutscher Bundestag — 4. Wahlperiode, Drucksache IV/2890: Jahresgutachten 1964 des Sachverständigenrates zur Begutachtung der gesamtwirtschaftlichen Entwicklung, S. 103 (Ziffer 209). — Im Buchhandel erschienen unter dem Titel: Stabiles Geld — Stetiges Wachstum, Jahresgutachten 1964/65 des Sachverständigenrates zur Begutachtung der gesamtwirtschaftlichen Entwicklung, Stuttgart und Mainz 1965.

[36] Vgl. Deutscher Bundestag — 4. Wahlperiode, zu Drucksache IV/1752: Nachtrag zum Bericht über die Wirtschaftsentwicklung im Jahre 1963 und die Aussichten für 1964 (Wirtschaftsbericht 1964), S. 16.

2. Die Struktur der kommunalen Einnahmen unterscheidet sich von der des Bundes und der Länder dadurch, daß sie sehr viel stärker durch Gebühreneinnahmen und Erwerbseinkünfte bestimmt wird. Diese zwei Einnahmearten sind jedoch dem wirtschaftlichen Wachstum nicht in gleich starkem Maße gefolgt wie die Steuereinnahmen (Tabelle 16). Diese Entwicklung hat — neben Faktoren, auf die im folgenden eingegangen wird – mit dazu beigetragen, daß sich die Kommunen stärker verschuldet haben als die übrigen Gebietskörperschaften.

Tabelle 16: Anteil und Wachstum einzelner Einnahmearten bei den Gemeinden und Gemeindeverbänden

Einnahmeart	1950	1962	Zuwachsrate der absoluten Einnahmen (1950 auf 1962)
	in v. H.	in v. H.	
Steuern	35,7	37,1	3,0
Zuweisungen[a)] von Bund und Ländern	29,7	28,5	2,7
Schuldenaufnahme	8,4	11,4	4,3
Überschüsse der wirtschaftlich. Unternehmen	3,8	3,7	2,8
Gebühren, Entgelte und sonstige Einnahmen[b)]	22,7	19,3	2,3
Summe	100,0	100,0	2,9
Zum Vergleich: Bruttosozialprodukt			2,6

a) Einschließlich der speziellen Zuweisungen für außerordentliche Zwecke.

b) Ohne interkommunalen Finanzausgleich und sonstige vermögenswirksame Rechnungsposten.

Quellen: Statistisches Bundesamt: Statistik der Bundesrepublik Deutschland, Bd. 57, S. 8. — Statistisches Bundesamt: Fachserie L: Finanzen und Steuern, Reihe 1/II, Kommunalfinanzen 1962, S. 10 f. — Statistisches Bundesamt: Statistisches Jahrbuch für die Bundesrepublik Deutschland 1964, S. 548, zitiert bei: Gerhard *Zeitel*, Eigentümlichkeiten und Grenzen der Kommunalverschuldung, a. a. O., S. 63.

3. Obwohl das kommunale Steueraufkommen seit 1950 absolut zugenommen hat, war der Anteil der Gemeinden an der gesamten Finanzmasse aller öffentlichen Haushalte im Vergleich zu dem außerordentlich hohen kommunalen Finanzbedarf sehr niedrig. Dem entspricht der hohe Anteil der gemeindlichen Verschuldung an der gesamten öffentlichen Kreditnahme. Wie aus der Tabelle 17 zu entnehmen ist, betrug der Anteil der Kommunen an der Kreditmarktverschuldung sämtlicher Gebietskörperschaften in den Rechnungsjahren 1952/53 und 1953/54 gut 40 v. H., im Zeitraum 1954 bis 1957 durchschnittlich mehr als 50 v. H. und seit 1957/58 rd. 60 v. H. Die Übersicht 17 zeigt weiter, daß seit 1950 nur etwa ein Fünftel aller öffentlichen Ausgaben, dagegen rd. zwei Drittel aller öffentlichen Investitionen auf die Kommunen

Tabelle 17: Anteil der Gemeinden und Gemeindeverbände an der Kreditmarktverschuldung, den Steuereinnahmen sowie den Eigen- und den Investitionsausgaben sämtlicher Gebietskörperschaften

Stand am Ende des Rechnungsjahres[a)]	Kreditmarktverschuldung[b)]		Anteil der Gemeinden und Gemeindeverbände an			
	der Gemeinden	der Gebietskörperschaften[c)]	der Kreditmarktverschuldung	den Steuereinnahmen	den Eigenausgaben[d)]	den Investitionsausgaben
			sämtlicher Gebietskörperschaften[c)]			
	Mill. M/RM/DM		in v. H.[e)]			
1907/08	7 364	24 550	30	.	.	.
1913/14	10 800	32 558 f)	33	37	39	35
1927/28	6 170	14 599	42	.	37	.
1928/29	8 208	18 159	45	33	.	.
1929/30	9 716	21 319	46	32	39	.
1930/31	10 526	24 022	44	.	.	.
1931/32	10 549	24 177	44	31	38	47
1950/51	689	2 031	34	12	18	60
1951/52	1 030	3 049	34	11	19	61
1952/53	1 688	4 243	40	11	20	64
1953/54	2 540	5 902	43	12	21	64
1954/55	3 489	7 104	49	12	22	67
1955/56	4 451	8 186	54	11	21	66
1956/57	5 374	9 565	56	12	21	66
1957/58	6 937	11 276	62	12	21	64
1958/59	8 136	13 544	60	13	21	64
1959/60	9 650	17 901	54	13	20	63
1960 g)	10 660	19 051	56	13	20	63
1961	12 260	19 922	61	13	21	61
1962	14 350	23 295	61	12	21	62
1963	16 800	32 647	51	11	22	63
1964	20 310	38 143	53	11	22	65
1965	24 825	47 086	53	11	23	64

a) 1907/08 bis 1931/32 jeweiliges Reichsgebiet, ab 1950/51 Bundesgebiet. — b) Stand jeweils am Ende der Rechnungsjahre. — c) Seit 1950/51 einschließlich Lastenausgleichsfonds. — d) Eigenausgaben (oder Reiner Finanzbedarf) gleich Summe der Ausgaben ohne Erstattungen und ohne Zuweisungen und Darlehen von anderen Gebietskörperschaften sowie (nach 1950/51) vom Lastenausgleichsfonds. — e) Abweichungen durch Runden der Zahlen (gilt ebenfalls für die absoluten Zahlenangaben). — f) Einschließlich der Anleihen der Bundesstaaten für die Eisenbahnen. — g) Rumpfrechnungsjahr (1. 4. bis 31. 12.).

Quellen: Denkschriftband, a. a. O., S. 741 ff. — Einzelschriften zur Statistik des Deutschen Reichs, Nr. 13, a. a. O., S. 223 ff.; Nr. 19, a. a. O., S. 156 f.; Nr. 32, a. a. O., S. 7 ff.; Nr. 27: Öffentlicher Kredit und Wirtschaftskrise; Hrsg.: Statistisches Reichsamt, Berlin 1933, S. 23. — Monatsberichte der Deutschen Bundesbank, Dezember 1959, S. 12; März 1963, S. 83; Oktober 1966, S. 26. — Statistisches Bundesamt: Wirtschaft und Statistik, 10. Jg. N. F., Heft 5, 1958, S. 293; 6. Jg. N. F., Heft 9, 1954, S. 421; 7. Jg. N. F., Heft 4, 1955, S. 226; 9. Jg. N. F., Heft 5, 1957, S. 295; 16. Jg. N. F., Heft 11, 1964, S. 723*); 17. Jg. N. F., Heft 4, 1965, S. 261; 17. Jg. N. F., Heft 10, 1965, S. 639—649. — Statistisches Bundesamt: Statistisches Jahrbuch für die Bundesrepublik Deutschland 1962, S. 440/41; 1964, S. 434/35. — Deutscher Bundestag — 5. Wahlperiode, Drucksache V/1160: Jahresgutachten 1966 des Sachverständigenrates zur Begutachtung der gesamtwirtschaftlichen Entwicklung, S. 85 (im Buchhandel erschienen unter dem Titel: Expansion und Stabilität, Jahresgutachten 1966/67 des Sachverständigenrates zur Begutachtung der gesamtwirtentfiel. Ihr eigener Anteil an den Steuereinnahmen war mit 13 v. H. jedoch sehr gering[37].

Vor dem 1. Weltkrieg waren die Gemeinden an den gesamten Steuereinnahmen, den Investitionsausgaben und der Verschuldung aller öffentlichen Haushalte mit jeweils reichlich einem Drittel beteiligt. Der kommunale Anteil am gesamten Steueraufkommen der öffentlichen Hand entsprach im Rechnungsjahr 1913/14 mit 37 v. H. fast dem Anteil der Gemeinden und Gemeindeverbände an den Eigenausgaben[38] sämtlicher Gebietskörperschaften (39 v. H.). Die Kommunen waren damals also in der Lage, nahezu ihre gesamten Ausgaben aus eigenen Steuern zu decken. Der Schuldendienst war infolgedessen relativ niedrig (siehe Tabelle 18).

Tabelle 18: Schuldendienst[a)] von Reich bzw. Bund, Ländern und Gemeinden 1913, 1925 und 1958 (in Mill. M/RM/DM)

Jahr	Reich bzw. Bund		Länder		Gemeinden		Gesamte öffentl. Hand (in Mill.)
	in Mill.	in v. H.	in Mill.	in v. H.	in Mill.	in v. H.	
1913	219,4	45,8	209,2	43,7	50,2	10,5	478,8
1925	111,0	57,2	33,7	17,4	49,5	25,5	194,2
1958	1 311,8	39,3	1 118,0	33,5	910,3	27,3	3 340,1

a) Ohne Zinsen und Tilgung für die landwirtschaftliche Siedlung und das Wohnungswesen in Höhe von 138,3 Mill. DM bei den Ländern und 95,0 Mill. DM bei den Gemeinden.

Quelle: Willi *Albers*, Artikel Finanzausgleich, a. a. O., S. 557.

Auch im Vergleich zu den dreißiger Jahren, in denen ihr Anteil an der Verschuldung gestiegen und an den Steuereinnahmen bereits gesunken war, sind die Relationen seit dem Ende des 2. Weltkrieges wesentlich ungünstiger. Die Folge war eine starke Verschuldungszunahme und dementsprechend ein Anwachsen des Schuldendienstes. Wie das Statistische Bundesamt und das Bundesministerium der Finanzen[39] gezeigt haben, ist der Schuldendienst für die Finanzentwicklung der Gemeinden und Gemeindeverbände zu einem beachtenswerten Faktor geworden:

---

[37] Erschwerend kommt hinzu, daß der Anteil der Gemeindesteuern am gesamten Steueraufkommen eine größere Finanzautonomie vortäuscht, als sie den Tatsachen entspricht. (Vgl. dazu im einzelnen Willi *Albers*, Die Aufgaben- und Einnahmenverteilung auf die öffentlichen Gebietskörperschaften und die gemeindliche Selbstverwaltung, in: Archiv für Kommunalwissenschaften; Hrsg.: H. *Herzfeld* u. a., 1. Jg. (1962), Stuttgart und Köln 1962, S. 67.)

[38] Zur Erläuterung des Begriffes „Eigenausgaben" siehe Tabelle 17, Fußnote d).

[39] Siehe Wirtschaft und Statistik, 17. Jg. N. F., Heft 2, 1965, S. 119 ff., sowie Finanzbericht 1965; Hrsg.: Bundesministerium der Finanzen, Bonn 1964, S. 52.

— Umgerechnet in DM je Einwohner ist die Schuldendienstbelastung im Zeitraum von 1953 bis 1963 von 6 DM auf 40 DM angewachsen.

— Der unrentable Schuldendienst aller westdeutschen Kommunen betrug in den letzten Jahren ziemlich konstant 52 bis 54 v. H. der gesamten laufenden Zins- und Tilgungsausgaben. In der untersten Gemeindegrößenklasse belief er sich sogar auf 56 v. H. Umgerechnet auf DM je Einwohner war der Schuldendienstaufwand auf Darlehen für unrentable Zwecke in Hessen am höchsten und in Nordrhein-Westfalen am niedrigsten.

— Trotz steigender Steuereinnahmen nimmt die relative Belastung der kommunalen Haushalte durch den Schuldendienst zu. In den Jahren 1963 und 1964 betrug der Anteil des Bruttoschuldendienstes an den gemeindlichen Steuereinnahmen 18,9 bzw. 18,8 v. H. — also fast ein Fünftel. Die Relationen zu anderen Größen zeigen die Tabellen 19 bis 22.

Diese Entwicklung wird oftmals als Beweis dafür gewertet, daß die Gemeinden *insgesamt* unzureichend mit Steuereinnahmen ausgestattet waren[40]. Mit anderen Worten: Das Verschuldungsproblem stellt für bestimmte Autoren im allgemeinen lediglich ein Problem des Finanzausgleichs dar[41]. Derartige *globale* Schlußfolgerungen sind jedoch nicht

[40] Vgl. dazu Herbert *Sattler*, Zum kommunalen Finanzsystem, in: Der Städtetag N. F., 10. Jg. (1957), Heft 11, S. 495 ff. — Bruno *Weinberger*, Gefährdet das derzeitige kommunale Finanzsystem die Durchführung gegenwärtiger und zukünftiger Gemeindeaufgaben?, in: Kommunale Finanzreform (Schriftenreihe der Forschungsstelle der Friedrich-Ebert-Stiftung), Hannover 1962, S. 27. — Gustav *Giere*, Gedanken über die gemeindliche Schuldengrenze, a. a. O., S. 454. — *Derselbe*, Kommunales Schuldenwesen, in: Handbuch der kommunalen Wissenschaft und Praxis; Hrsg.: H. *Peters*, Bd. III, Berlin, Göttingen, Heidelberg 1959, S. 227. — *Derselbe*, Artikel Gemeindefinanzen (II) Empirischer Überblick, in: Handwörterbuch der Sozialwissenschaften, Stuttgart, Tübingen, Göttingen 1963, S. 314. — *Derselbe*, Steuern oder Schulden?, a. a. O., S. 295. — Otto *Ziebill*, Warum brauchen die Städte Kredit?, in: Der langfristige Kredit, 8. Jg. (1957), Heft 21/22, S. 357. — Bruno *Oechsle*, Finanzreform?, Eine Schicksalsfrage für die Gemeinden, in: Beiträge zur Gemeindefinanzreform, Stuttgart o. J., S. 14 f.

[41] Zweifellos hat der Wiederaufbau der zerstörten Städte nach dem Ende des 2. Weltkrieges die Finanzkraft der Kommunen in vielen Fällen überfordert. Nach Auffassung von *Schmölders* bleibt andererseits jedoch zu fragen, „ob Größe und Dringlichkeit der Aufgaben keinen anderen Ausweg als das Ausweichen in die Verschuldung lassen; d. h., wenn es richtig ist, daß die Gemeinden zur Bewältigung ihrer Aufgaben einer besseren finanziellen Ausstattung durch die Länder bzw. den Bund bedürfen, so ist damit noch nicht bewiesen, daß sie andernfalls keinen anderen Ausweg finden können, als an den Kapitalmarkt heranzutreten". (Günter *Schmölders*, Kommunale Finanzpolitik, a. a. O., S. 66 f.) — In ähnlichem Sinne die Deutsche Bundesbank: „Ob und wieweit daneben auch durch eine andere Ausgabegestaltung die Kreditaufnahme der Gemeinden in engeren Grenzen hätte gehalten werden können, ist eine Frage, die hier nicht verfolgt werden soll." (Monatsberichte der Deutschen Bundesbank, Dezember 1959, S. 12.)

Tabelle 19: Schuldendienst der Gemeinden nach Größenklassen 1959 bis 1963

Rechnungsjahr[a]	Kreisfreie Städte	Kreisangehörige Gemeinden: Zusammen[b]	Kreisangehörige Gemeinden: mit 10 000 und mehr Einwohnern	Kreisangehörige Gemeinden: mit 3 000 bis unter 10 000 Einwohnern	Kreisangehörige Gemeinden: bis 3 000 Einwohnern	Gemeinden (ohne Gemeindeverbände) zusammen[b]
	1. Zinsen und Tilgung insgesamt[c] Mill. DM					
1959	606,9	416,1	159,3	113,4	140,0	1 023,0
1961	770,5	587,4	210,5	158,4	213,0	1 357,9
1962	852,2	666,6	244,4	179,0	238,0	1 518,8
1963	963,5	756,8	282,1	204,8	263,8	1 720,3
	darunter: Zinsen und Tilgung für unrentable Zwecke[d] Mill. DM					
1959	310,4	205,6	74,9	54,8	73,3	516,0
1961	396,8	296,6	100,4	76,7	115,4	693,4
1962	434,7	332,3	112,4	83,9	132,5	767,0
1963	480,2	375,1	127,0	95,2	148,5	855,2
	2. Anteil des Schuldendienstes für unrentable Zwecke a) an den Steuereinnahmen in v. H.					
1959	7,6	5,8	5,5	5,3	6,4	6,8
1961	8,1	6,7	5,9	5,9	8,1	7,5
1962	8,3	6,9	5,8	6,1	9,0	7,7
1963	9,0	7,3	6,0	6,5	9,6	8,2
	b) an den gesamten allgemeinen Deckungsmitteln[e] in v. H.					
1959	6,6	5,5	5,7	5,5	5,8	6,2
1961	6,8	5,9	5,9	5,8	6,5	6,4
1962	6,9	5,8	5,6	5,5	6,7	6,4
1963	7,4	6,0	5,8	6,0	6,7	6,7

a) Ab 1961 einschl. Saarland, 1963 vorläufiges Ergebnis.

b) Einschl. Ämter.

c) Einschl. Zinsen und Tilgung für das Erwerbsvermögen, ohne a. o. Tilgung.

d) Zins- und Tilgungsausgaben — ordentliche Rechnung — der Einzelpläne 0 bis 5, Epl. 6 ohne Wohnungsbau (640,—), Epl. 7 ohne Stadtentwässerung (702,—), Müllbeseitigung (704,—) und Einrichtungen der Lebensmittelversorgung (721,—, 726,—), Epl. 9 ohne allgemeines Grundvermögen (940,—) und allgemeines Kapitalvermögen (930,—).

e) Nettobetrag.

Quelle: Wirtschaft und Statistik, 17. Jg. N. F., Heft 2, 1965, S. 120.

gerechtfertigt[42]. Die Zusammenhänge zwischen kommunaler Kreditnahme und gemeindlichem Steueraufkommen sind zu vielfältig, „um allein aus den Zahlen über die gemeindliche Verschuldung ein abschließendes Urteil über die Finanzlage der Gemeinden ableiten zu können“[43].

In den einzelnen Kommunen haben sich die Verhältnisse seit der Währungsreform außerordentlich unterschiedlich entwickelt. Es wird noch im einzelnen gezeigt werden, daß die Schwingungsweite des Pro-Kopf-Aufkommens an Gemeindesteuern zwischen den steuerschwachen Landgemeinden und den steuerstarken Industriestädten seit 1948 sehr groß war. Diese Spannungsweite resultiert daraus, daß die Mittel sehr unzureichend und ungleichmäßig auf die einzelnen Gemeinden verteilt sind. Die lastenentsprechende Einordnung der einzelnen Gemeinden ist dem Finanzausgleich also nicht gelungen.

Wie im Gutachten des Wissenschaftlichen Beirats beim Bundesministerium der Finanzen ausgeführt wird, „liegt das Gemeindefinanzproblem weniger darin, daß die Gemeinden in ihrer Gesamtheit über zuwenig Mittel verfügen, als vielmehr darin, daß diese zu ungleichmäßig auf die Gemeinden verteilt sind“[44]. Während einige Industriestädte seit der Währungsreform von 1948 geradezu im Geld schwammen[45], konnte „eine überaus große Zahl mittlerer und kleiner Gemeinden ohne ein nennenswertes industrielles Gewerbesteueraufkommen selbst vordringliche Gemeindeaufgaben nicht ausreichend finanzieren“[45]. Das ist in erster Linie auf die ungleichmäßige Entwicklung der gemeindeeigenen Steuern (Tabelle 23), insbesondere auf die Gewerbesteuer zurückzuführen[46].

---

[42] Zurückhaltender äußert sich *Barocka*: „Die starke Zunahme der Verschuldung der Gemeinden und Gemeindeverbände seit etwa 1953 ist vor allem darauf zurückzuführen, daß ein erheblicher T e i l (gesperrt vom Verf.) der Gemeinden im Gegensatz zum Bund und zu den Ländern und zur privaten Wirtschaft ihre Aufwendungen zur Beseitigung von Kriegsfolgen (Kriegszerstörungen, Flüchtlingsstrom, Nachholbedarf für kommunale Anlagen und Einrichtungen), soweit sie mit Investierungen verbunden waren, nicht aus den laufenden Einnahmen finanzieren konnten, sondern auf den Weg der Verschuldung angewiesen waren. Der letzte Grund für die Entwicklung liegt in dem abnehmenden Anteil der Gemeinden und Gemeindeverbände an der Gesamtfinanzierungsmasse der öffentlichen Hand.“ (Egon *Barocka*, Kommunalkredit und kommunale Finanzwirtschaft, a. a. O., S. 121.)

[43] Wilhelm *Heckt*, Die Verschuldung der Gemeinden, a. a. O., S. 85.

[44] Gutachten des Wissenschaftlichen Beirats beim Bundesministerium der Finanzen, a. a. O., S. 16.

[45] Karl-Maria *Hettlage*, Gemeindefinanzreform 1962?, in: Der Volkswirt, 15. Jg. (1961), Heft 4, S. 134.

[46] Vgl. dazu Wirtschaft und Statistik, 13. Jg. N. F., Heft 4, 1961, S. 254 ff.

Tabelle 20: Schuldendienst der Gemeinden (Gv) nach Ländern von 1959 bis 1963 (Mill. DM)

Rechnungsjahr	Schleswig-Holstein	Niedersachsen	Nordrhein-Westfalen	Hessen	Rheinland-Pfalz	Baden-Württemberg	Bayern	Saarland	Gemeinden (Gv) zusammen
	1. Zinsen und Tilgung insgesamt[a)]								
1959	43,0	138,9	351,1	133,2	75,1	207,4	180,6	(.)	1 129,4
1961	58,1	181,3	470,4	174,1	98,8	266,9	233,2	21,4	1 504,1
1962	68,4	211,9	508,8	205,2	109,3	271,2	271,7	26,2	1 672,7
1963	75,7	237,0	579,9	216,7	118,0	306,6	309,2	.	(1 843,1)
	2. Schuldendienst für unrentable Zwecke[b)]								
1959	30,0	82,6	166,2	77,5	38,8	106,0	99,6	(.)	600,6
1961	39,1	105,4	224,5	101,9	53,4	138,4	138,1	11,1	811,9
1962	43,6	121,8	238,9	114,3	58,0	135,4	165,5	13,7	891,1
1963	46,5	132,0	269,7	119,1	61,8	150,0	183,9	.	(963,1)
	Nachrichtlich: Landeszuschüsse zum Schuldendienst								
1961	0,2	11,4	1,5	6,0	0,8	0,0	45,7	1,7	67,2
1962	0,2	12,7	0,7	6,2	0,3	0,0	26,1	1,9	48,2
1963	0,1	14,2	0,8	8,6	0,2	7,3	31,4	2,3	64,9

a) Einschl. Zinsen und Tilgung für das Erwerbsvermögen, ohne a. o. Tilgung. — b) Vgl. Anmerkung d, Tab. 19.

Quelle: Wirtschaft und Statistik, 17. Jg. N. F., Heft 2, 1965, S. 120.

Tabelle 21: Vergleichszahlen zum Schuldendienst nach Ländern im Zeitraum von 1959 bis 1963

Rechnungsjahr[a])	Schleswig-Holstein	Niedersachsen	Nordrhein-Westfalen	Hessen	Rheinland-Pfalz	Baden-Württemberg	Bayern	Saarland	Zusammen
	1. Unrentabler Schuldendienst[b]) in v. H. der Steuereinnahmen								
1959	10,1	9,1	5,8	10,4	9,1	8,4	8,0	(.)	7,8
1961	11,3	9,7	6,8	10,9	10,8	8,5	8,9	8,3	8,6
1962	12,2	10,6	6,6	11,2	10,5	8,1	9,7	10,5	8,7
1963	11,9	10,8	7,5	10,6	10,5	8,2	10,3	.	(9,1)
	2. Unrentabler Schuldendienst[b]) in v. H. der gesamten allgemeinen Deckungsmittel								
1959	7,4	7,3	4,6	8,0	6,9	5,9	6,4	(.)	6,0
1961	8,2	7,4	4,9	8,2	7,8	5,8	6,8	5,6	6,2
1962	7,5	7,4	4,5	7,8	7,2	5,4	7,3	5,9	6,0
1963	7,8	7,7	4,8	7,6	7,3	5,1	7,6	.	(6,2)
	3. Schuldendienst[c]) in v. H. des Saldos der vermögensunwirksamen Rechnung								
1959	20,9	19,9	13,2	24,3	21,0	16,9	16,0	(.)	16,8
1961	23,8	20,2	14,5	24,7	23,0	14,6	16,5	20,2	17,1
1962	19,6	18,4	12,4	23,5	19,5	14,0	17,0	19,1	15,8
1963	24,6	20,2	14,9	26,0	21,0	14,6	17,6	.	(17,5)

a) 1963 vorläufiges Ergebnis. — b) Vgl. Anmerkung d, Tab. 19. — c) Kämmereiverwaltungen der Gemeindefinanzstatistik ohne Tilgung auf Darlehen der Eigenbetriebe.

Quelle: Wirtschaft und Statistik, 17. Jg. N. F., Heft 2, 1965, S. 121.

Tabelle 22: Schuldendienst der Gemeinden (Gv)a) 1955 und 1958 bis 1964 (in Mill. DM)

Bezeichnung	Ist-Ergebnisse			Schätzungen	
	1955	1958	1962	1963	1964
1. Zinsausgaben	209,2	386,3	611,6	700	800
2. Tilgungsausgaben	279,9	619,1	946,6	1300	1300
3. Bruttoschuldendienst (1 + 2)	489,1	1005,4	1558,4	2000	2100
in v. H. der laufenden Ausgaben	5,9	9,1	10,1	11,7	11,4
in v. H. der Steuereinnahmen	9,9	14,8	15,4	18,9	18,8
4. Zinseinnahmen	93,2	157,9	256,2	290	320
5. Tilgungseinnahmen	75,8	198,9	272,7	300	330
6. Einnahmen zusammen (4 + 5)	169,0	356,8	528,9	590	650
7. Nettoschuldendienst (3 ./. 6)	320,1	648,6	1029,3	1410	1450
in v. H. d. Überschusses der vermögensunwirksamen Rechnungb)	10,2	13,5	10,2	12,7	12,3
in v. H. der Steuereinnahmen	6,5	9,6	10,2	13,3	13,0

a) 1955 und 1958 ohne, ab 1962 einschließlich Saarland.
b) Ohne Zinseinnahmen und Zinsausgaben.
Quelle: Finanzbericht 1965; Hrsg.: Bundesministerium der Finanzen, Bonn 1964, S. 52.

Seit dem Ende des 2. Weltkrieges beruht das westdeutsche Gemeindesteuersystem im wesentlichen auf der Gewerbesteuer, die der wirtschaftlichen Entwicklung gefolgt ist. Dagegen wurde die Grundsteuer zum Teil in künstlicher Erstarrung gehalten. Sie hat gegenüber der Weimarer Zeit wesentlich an Bedeutung verloren, da die Einheitswerte des Jahres 1935 als Grundlage der Steuerbemessung[47] veraltet sind und ihre Angleichung durch die Einflüsse der Landwirte im Parlament immer wieder verhindert worden ist[48]. Eine weitere Ursache für die

[47] Vgl. Reichsbewertungsgesetz vom 16. Oktober 1934 (RGBl. I S. 1035) und Grundsteuergesetz vom 1. Dezember 1936 (RGBl. I S. 986).

[48] Als Beispiel: Der Entwurf eines Änderungsgesetzes zum Bewertungsgesetz von 1934 (Deutscher Bundestag — 2. Wahlperiode, Drucksache II/2544) wurde 1956 unter dem Druck der Landwirtschaft zurückgezogen. — Es ist jedoch vorgesehen (vgl. Entwurf eines Gesetzes zur Änderung des Bewertungsgesetzes; Deutscher Bundestag — 4. Wahlperiode, Drucksache IV/1488 vom 1. Oktober 1963), die Einheitswerte für den Grundbesitz in einer neuen Hauptfeststellung auf den 1. Januar 1964 den realen Verkehrswerten des Grundeigentums anzupassen. Die neuen Werte sollen jedoch zunächst steuerneutral bleiben.

Tabelle 23: Die Einnahmen der Gemeinden und Gemeindeverbände aus Steuern und allgemeinen Finanzzuweisungen im Rechnungsjahr 1956 nach Gemeindegrößenklassen (Beträge in DM je Einwohner)

Gemeinde-größenklasse	Einnahmen aus		Gewerbesteuer		
	Steuern	Allgem. Finanz-zuwei-sungen	Einnah-men b)	Grund-beträge c)	Durch-schnittlicher Hebesatz b) in v. H.
Kreisfreie Städte					
200 000 u. mehr Einw.	183,03	16,85	135,24	43,21	323
100 000 bis unter 200 000 Einwohner ..	155,52	23,97	111,30	34,86	332
50 000 bis unter 100 000 Einwohner ..	154,40	19,81	114,04	38,15	309
unter 50 000 Einw. ..	153,54	13,37	110,34	39,41	292
Durchschnitt	170,33	18,50	124,83	40,36	319
Kreisangehörige Gem.					
20 000 und mehr Einw.	148,99	15,76	116,46	39,32	304
10 000 bis unter 20 000 Einwohner....	123,35	15,17	94,22	33,05	291
5 000 bis unter 10 000 Einwohner....	101,08	14,09	73,79	26,03	278
3 000 bis unter 5 000 Einwohner....	84,05	15,78	59,36	20,62	267
1 000 bis unter 3 000 Einwohner....	63,23	15,45	39,35	13,27	253
unter 1 000 Einwohner	46,56	15,47	18,14	5,44	244
Ämter	—	0,28	—	—	—
Durchschnitt	84,60	15,35	57,33	19,55	279
Landkreise	2,69	8,56	0,02	.	.
Bezirksverbände a)	—	0,26	—	—	—
Gesamtdurchschnitt ..	116,91	22,08	81,42	26,72	301

a) Ohne Landschaftsverbände in Nordrhein-Westfalen.
b) Einschließlich Lohnsummensteuer.
c) Nur Gewerbesteuer nach Ertrag und Kapital.
Quelle: Wirtschaft und Statistik, 10. Jg. N. F., Heft 12, 1958, S. 679.

sinkende Bedeutung der Grundsteuern bilden die Bestimmungen des Ersten und Zweiten Wohnungsbaugesetzes aus den Jahren 1950 und 1956[49], die einen Großteil des gesamten Wohnungsneu- und -wiederaufbaus für die ersten 10 Jahre von dieser Steuer freistellen. Infolgedessen ist die Grundsteuer[50] von 1952 bis 1965 nur um 884,9 Mill. DM

[49] In der Fassung vom 25. August 1953 und vom 1. August 1961 (BGBl. I S. 1047 bzw. S. 1121).

[50] Ab 1961 einschl. Grundsteuer C.

oder 72,2 v. H. auf 2110,0 Mill. DM[51] gestiegen, während sich das Gewerbesteueraufkommen (einschl. Lohnsummensteuer und Gewerbesteuerausgleich) von 2623,0 auf 10 283,2 Mill. DM und damit um 292 v. H. erhöhte.

Im einzelnen stieg die Grundsteuer A[52] im Betrachtungszeitraum um 121,4 Mill. DM oder 39,6 v. H. auf 427,9 Mill. DM und die Grundsteuer B[53] von 918,8 Mill. DM um 83,1 v. H. auf 1682,3 Mill. DM. Die übrigen Gemeindesteuern[54] nahmen um 82,1 v. H. oder 302,1 Mill. DM auf 670,0 Mill. DM zu. Diese Entwicklung führte zu folgender prozentualer Verteilung der kommunalen Steuerquellen:

	1952	1965
Gewerbesteuer	62,2 v. H.	78,7 v. H.
Grundsteuer A	7,4 v. H.	3,3 v. H.
Grundsteuer B	21,7 v. H.	12,9 v. H.
Übrige Gemeindesteuern	8,7 v. H.	5,1 v. H.

Die überragende Bedeutung der Gewerbesteuer einerseits und die Stagnation des Grundsteueraufkommens andererseits hatte zur Folge, daß die Unterschiede in der Finanzkraft zwischen gewerbereichen Städten und gewerbearmen Landgemeinden nach der Währungsreform von 1948 zunehmend größer geworden sind. Im Rechnungsjahr 1956 beispielsweise erhielten die rund 22 100 Gemeinden bis zu 3000 Einwohnern nur etwas mehr als 10 v. H. des gesamten Gewerbesteueraufkommens, während knapp 90 v. H. der Gewerbesteuereinnahmen den restlichen 2000 Gemeinden zuflossen. Im gleichen Jahr entfielen rund 70 v. H. der Grundsteuer B auf die 250 Städte mit über 20 000 Einwohnern und etwa 70 v. H. der Grundsteuer A auf die 21 000 Gemeinden bis 2000 Einwohner[55].

Ähnlich war die Situation auch in den folgenden Jahren: So fielen beispielsweise 1963 (1965) rund 93 (92) v. H.[56] des Aufkommens an

---

[51] Quelle: Statistisches Bundesamt. — Einschl. Hansestädte und Berlin (West) und ab 1960 einschl. Saarland.

[52] Einschl. Grundsteuerbeteiligungsbeträge.

[53] Einschließlich Grundsteuerbeihilfen und ab 1961 einschließlich Grundsteuer C.

[54] Darunter Zuschlag zur Grunderwerbsteuer sowie abzüglich 36,1 Mill. DM aus dem 1. bis 4. Vierteljahr infolge nachträglicher Berichtigung des Zuschlags zur Grunderwerbsteuer.

[55] Quelle: Statistisches Bundesamt: Finanzen und Steuern, Reihe 9 Realsteuern, I. Realsteuervergleich 1956.

[56] Errechnet aufgrund der in Tabelle 24 und in Übersicht 27 angegebenen Daten.

Tabelle 24: Grundsteuereinnahmen nach Arten und Gebietskörperschaften 1963 (Bundesgebiet einschl. Berlin [West])

Gebietskörperschaft	Grundsteuer A[a]	Grundsteuer B[b]	Baulandsteuer[c]	Grundsteuern zusammen		Anteil der Grundsteuern an den Gemeindesteuern insgesamt
	Mill. DM				v. H.	
Stadtstaaten	1,1	205,5[d]	—	206,6	10,6	17,2
Kreisfreie Städte ..	11,6	680,6	24,0	716,3	36,8	13,4
Kreisangehörige Gemeinden						
mit 10 000 u. mehr Einwohnern	17,9	246,1	9,0	273,0	14,0	13,2
mit 3 000 bis unter 10 000 Einwohnern	55,3	187,5	5,9	248,7	12,8	17,0
mit 1 000 bis unter 3000 Einwohnern .	112,6	114,6	2,3	229,5	11,8	25,1
mit weniger als 1 000 Einwohnern .	214,2	59,9	0,4	274,5	14,1	45,9
zusammen	400,1	608,0	17,6	1 025,7	52,6	20,3
Insgesamt	412,8	1 494,1	41,6	1 948,6	100	16,5

a) Grundsteuerbeteiligungsbeträge abgeglichen.
b) Ohne Grundsteuerbeihilfen für Arbeiterwohnstätten.
c) Nach Abzug der Rückzahlungen.
d) Einschl. Grundsteuer A in Bremen.

Quelle: Wirtschaft und Statistik, 16. Jg. N. F., Heft 5, 1964, S. 312.

Grundsteuer A bei Gemeinden mit weniger als 10 000 Einwohnern an. Besonders klar wird die unterschiedliche Bedeutung der Grundsteuer A für die einzelnen Gemeindegrößenklassen bei Gegenüberstellung der auf den Einwohner berechneten Einnahmen (vgl. Tabellen 25 und 27). Innerhalb der Gruppe der kleinsten Gemeinden betrugen die Einnahmen aus Grundsteuer A in den Jahren 1962 und 1965 gut 28 bzw. 30 DM je Einwohner. Bereits bei den Gemeinden mit 1000 bis unter 2000 und mit 2000 bis unter 3000 Einwohnern verminderten sie sich schon auf die Hälfte bzw. auf fast ein Drittel. Recht deutlich bringt auch die in Tabelle 25 dargestellte Gegenüberstellung der prozentualen Anteile die Zunahme des finanziellen Gewichts der Grundsteuer A an den Gesamteinnahmen aus Grundsteuern mit abnehmender Gemeindegrößenklasse zum Ausdruck.

In der Nachkriegszeit hat die Grundsteuer A bei allen Gemeinden mit der Zunahme der übrigen kommunalen Steuereinnahmen, d. h. ins-

Tabelle 25: Grundsteueraufkommen[a]) 1962 nach Arten und Gemeindegrößenklassen (Bundesgebiet einschl. Berlin [West])

Gemeindegrößenklasse	Aufkommen an Grundsteuer				
	A	B	zus.	A	B
	DM je Einwohner			Anteil am Grundsteueraufkommen in v. H.	
Kreisfreie Städte zusammen	0,53	36,59	37,12	1,4	98,6
mit ... bis unter ... Einw.					
500 000 und mehr	0,26	39,97	40,23	0,7	99,3
200 000—500 000	0,52	34,70	35,22	1,5	98,5
100 000—200 000	0,84	32,71	33,55	1,3	98,7
50 000—100 000	0,78	32,71	33,49	2,3	97,7
20 000— 50 000	1,27	34,78	36,05	3,5	96,5
10 000— 20 000	1,84	30,62	32,46	5,6	94,4
Kreisangehörige Gemeinden zusammen	11,58	16,65	28,23	41,2	58,8
mit ... bis unter ... Einw.					
50 000 und mehr	0,87	27,98	28,85	3,0	97,0
20 000—50 000	1,51	26,47	27,98	5,4	94,6
10 000—20 000	2,77	23,59	26,36	10,5	89,5
5 000—10 000	4,87	20,73	25,60	19,0	81,0
3 000— 5 000	7,37	16,93	24,30	30,3	69,7
2 000— 3 000	10,10	14,95	25,05	40,3	59,7
1 000— 2 000	15,40	11,56	26,96	57,1	42,9
weniger als 1 000	28,10	7,29	35,39	79,4	20,6
Gemeinden insgesamt	7,07	24,79	31,86	22,2	77,8

a) Ergebnisse des Realsteuervergleichs 1962 (ohne Berücksichtigung der Grundsteuerbeteiligungsbeträge und ohne Baulandsteuer).

Quelle: Wirtschaft und Statistik, 16. Jg. N. F., Heft 5, 1964, S. 312.

besondere mit dem Anwachsen der Gewerbesteuer, nicht Schritt halten können (siehe Tabelle 26). Nach Angaben des Statistischen Bundesamtes betrug der Anteil der Grundsteuer A an der Summe der gemeindlichen Steuereinnahmen in den Gemeinden unter 1000 Einwohnern 1954 noch gut 50 v. H., bei den Kommunen mit 1000 bis unter 3000 Einwohnern noch über 20 v. H.[57]. Im Jahre 1965 war er auf 39 bzw. 13 v. H.[58] gesunken. In den größeren Gemeinden fiel er auf etwa die Hälfte des Satzes von 1954.

---

[57] Quelle: Wirtschaft und Statistik, 16. Jg. N. F., Heft 5, 1964, S. 313.

[58] Ermittelt aufgrund der Angaben in Tabelle 27.

Tabelle 26: Grundsteuereinnahmen 1954 und 1959 bis 1963 (Bundesgebiet einschl. Berlin [West])

Kalenderjahr[a]	Bundesgebiet einschl. Berlin (West)		Stadtstaaten		Kreisfreie Städte		Kreisangehörige Gemeinden											
							zusammen		mit 10 000 und mehr Einwohnern		mit weniger als 10 000 Einwohnern		davon mit 3 000 bis unter 10 000 Einwohnern		davon mit 1 000 bis unter 3 000 Einwohnern		davon mit weniger als 1 000 Einwohnern	
	Einnahmen an Grundsteuer																	
	A	B	A	B[b]	A	B	A	B	A	B	A	B	A	B	A	B	A	B
	Mill. DM																	
1954	325,8	994,9	0,8	160,7	11,5	471,6	313,4	362,6	15,3	144,9	298,2	217,6	47,1[c]	119,4[c]	107,2[c]	69,7[c]	143,9[c]	28,6[c]
1959	370,4	1 213,6	0,7	178,2	12,0	573,5	357,7	461,9	16,1	183,6	341,6	278,3	50,3	147,6	106,7[c]	86,6[c]	184,6[c]	44,1[c]
1960	377,7	1 245,6	0,7	184,2	11,6	583,0	365,4	478,4	15,8	189,3	349,6	289,1	50,0	151,1	108,2[c]	91,9[c]	191,4[c]	46,1[c]
1961	395,7	1 312,5	0,7	189,5	11,6	608,2	383,3	514,9	16,7	202,2	366,7	312,7	52,1	163,0	112,3	99,7	202,3	50,0
1962	402,0	1 412,4	0,7	200,7	11,3	650,9	390,0	560,9	17,8	228,6	372,2	332,3	54,1	173,3	110,3	105,0	207,8	54,0
1963	412,8	1 494,1	1,1	205,5	11,6	680,6	400,1	608,0	17,9	246,1	382,2	362,0	55,3	187,5	112,6	114,6	214,2	59,9
	in v. H. der kommunalen Steuereinnahmen insgesamt																	
1954	6,5	19,7	0,1	25,5	0,5	20,3	15,0	17,4	2,0	19,0	22,5	16,4	.	.	.	.	.	.
1959	4,4	14,3	0,1	17,7	0,3	14,2	10,3	13,4	1,2	13,5	16,3	13,3	5,0	14,6	.	.	.	.
1960	4,0	13,1	0,1	17,1	0,3	12,9	9,4	12,3	1,0	12,2	14,9	12,3	4,4	13,2	.	.	.	.
1961	3,8	12,7	0,1	16,3	0,2	12,5	9,0	12,1	1,0	12,1	14,1	12,1	4,1	12,9	13,9	12,4	38,6	9,5
1962	3,6	12,8	0,1	17,3	0,2	12,5	8,3	12,0	0,9	12,0	13,5	12,0	4,0	12,8	13,1	12,5	37,0	9,6
1963	3,5	12,7	0,1	17,1	0,2	12,7	7,9	12,0	0,9	11,9	12,8	12,2	3,8	12,8	12,3	12,5	35,8	10,0

a) Ab 1960 einschl. Saarland. — b) Einschl. Grundsteuer A von Bremen. — c) Aufteilung auf die Größenklassen nach Ergebnissen des Realsteuervergleichs geschätzt.

Quelle: Wirtschaft und Statistik, 16. Jg. N. F., Heft 5, 1964, S. 313.

Tabelle 27: Kommunales Steueraufkommen nach Steuerarten und Gemeindegrößenklassen

Gemeindegrößenklasse[a] (Gemeinden mit ... bis unter ... Einwohnern)	Istaufkommen				
	zusammen	Grundsteuer A	Grundsteuer B	Gewerbesteuer nach Ertrag und Kapital	Lohnsummensteuer
	1 000 DM				
Kreisfreie Städte					
500 000 und mehr[b]	3 374 690	3 017	474 608	2 506 550	390 506
200 000—500 000 ..	1 308 038	2 337	199 831	951 523	154 347
100 000—200 000[c]	1 097 137	3 389	148 544	824 691	120 513
50 000—100 000 ..	708 738	2 050	97 191	560 052	49 445
20 000— 50 000 ..	285 886	1 756	46 164	220 776	17 190
10 000— 20 000 ..	62 063	464	9 635	51 964	—
Zusammen	6 836 552	13 013	975 973	5 115 566	732 000
Kreisangehörige Gemeinden					
50 000 und mehr ..	362 178	1 019	38 433	296 502	26 134
20 000—50 000	1 174 313	6 913	143 379	923 087	100 934
10 000—20 000	921 041	13 716	117 645	753 128	36 552
5 000—10 000	1 006 860	27 246	133 053	822 763	23 798
3 000— 5 000	610 495	31 553	81 244	491 265	6 433
2 000— 3 000	394 212	31 996	53 892	304 608	3 716
1 000— 2 000	521 326	85 514	72 480	361 349	1 983
unter 1 000	563 386	217 335	66 050	278 768	1 233
Zusammen	5 553 807	415 289	706 178	4 231 559	200 781
Gemeind. insgesamt	12 390 357	428 302	1 682 149	9 347 125	932 781
	DM je Einwohner				
Kreisfreie Städte					
500 000 und mehr[b]	315,94	0,28	44,43	234,66	36,56
200 000—500 000 ..	271,87	0,49	41,53	197,77	32,08
100 000—200 000[c]	275,43	0,85	37,29	207,04	30,25
50 000—100 000 ..	274,54	0,79	37,65	216,95	19,15
20 000— 50 000 ..	248,00	1,52	40,05	191,52	14,91
10 000— 20 000 ..	233,95	1,75	36,32	195,88	—
Zusammen	291,22	0,55	41,57	217,91	31,18
Kreisangehörige Gemeinden					
50 000 und mehr ..	311,29	0,88	33,03	254,92	22,46
20 000—50 000	249,15	1,47	30,42	195,85	21,41
10 000—20 000	206,07	3,07	26,32	168,50	8,18
5 000—10 000	177,61	4,81	23,47	145,13	4,20
3 000— 5 000	149,58	7,73	19,91	120,37	1,58
2 000— 3 000	127,63	10,36	17,45	98,62	1,20
1 000— 2 000	98,91	16,22	13,75	68,56	0,38
unter 1 000	79,26	30,57	9,29	39,22	0,17
Zusammen	156,16	11,68	19,86	118,98	5,65
Gemeind. insgesamt	209,86	7,25	28,49	158,32	15,80

a) Zuordnung nach der fortgeschriebenen Einwohnerzahl am 30. 6. 1965.
b) Einschl. Hamburg, Bremen und Berlin (West).
c) Einschl. Bremerhaven.

Quelle: Statistisches Bundesamt: Finanzen und Steuern, Reihe 9 Realsteuern, I. Realsteuervergleich 1965, S. 16.

Im Gegensatz zur Grundsteuer A liegt der Schwerpunkt der Einnahmen aus der Grundsteuer B bei den größeren Gemeinden. Fast 60 v. H. der gesamten Einnahmen aus dieser Steuer entfielen 1963 und 1965 allein auf die kreisfreien Städte und Stadtstaaten (deren Anteil an der Wohnbevölkerung nur etwas mehr als 40 v. H. beträgt). Dagegen waren die kreisangehörigen Gemeinden mit unter 10 000 Einwohnern mit knapp einem Viertel am Gesamtaufkommen der Grundsteuer B beteiligt[57 58].

Je Einwohner berechnet, schwankten die Einnahmen an Grundsteuer B im Jahre 1962 in der Größenklassengliederung der Tabelle 25 zwischen gut 7 und rund 40 DM; bis 1965 haben sich diese Extremwerte nur unwesentlich verändert (vgl. Tabelle 27). Zwischen den Größenklassen der kreisfreien Städte hielten sich die Abweichungen in relativ engen Grenzen; auch bei den kreisangehörigen Gemeinden gingen die Einnahmen mit kleiner werdender Größenklasse zunächst nur langsam zurück. Auffallend sind dagegen die niedrigen Einnahmen in den Gemeinden mit weniger als 1000 Einwohnern. Sie erklären sich u. a. daraus, daß in landwirtschaftlichen Gegenden die Wohngrundstücke überwiegend Bestandteil landwirtschaftlicher Unternehmen sind und der Grundsteuer A unterliegen.

Infolge des schnellen Wachstums der Gewerbesteuer im letzten Jahrzehnt ist der Anteil der Grundsteuer B an den gesamten gemeindlichen Steuereinnahmen — ebenso wie der Anteil der Grundsteuer A — ständig gesunken. Im Jahre 1954 betrug er noch fast 20 v. H.[57], 1965 nur noch gut 13 v. H.[58] der kommunalen Steuereinnahmen.

Gegenwärtig hängt der kommunale Steuerhaushalt weitgehend von der Gewerbesteuer ab. Das gilt sowohl für die Städte als auch für die ländlichen Gemeinden. Selbst bei den Gemeinden unter 1000 Einwohnern erreichten die Gewerbesteuereinnahmen (einschl. Lohnsummensteuer) bis zum Jahre 1965 im Bundesdurchschnitt bereits 49,5 v. H.[58] der steuerlichen Gesamteinnahmen dieser Größenklasse. Dagegen lag dieser Anteilsatz noch 1956 bei 38,9 v.H.[59]. In der gleichen Zeit — von 1956 bis 1965 — ging der Anteil der für die kleinen Gemeinden besonders bedeutsamen Grundsteuer A von 48,8 v.H.[59] auf 38,6 v. H.[58] aller Steuereinnahmen dieser Größenklasse zurück.

In allen anderen Gemeindegrößenklassen geht der Anteil der Gewerbesteuereinnahmen über 70 v. H. hinaus. Besonders hoch ist er bei den größeren kreisangehörigen Gemeinden, in denen er höher liegt als bei den kreisfreien Städten. Dies erklärt sich daraus, daß die kleineren Gemeindesteuern bei den kreisangehörigen Gemeinden ein im ganzen nicht so hohes Gewicht haben wie bei den großen Städten.

---

[59] Quelle: Wirtschaft und Statistik, 13. Jg. N. F., Heft 4, 1961, S. 255.

Wenngleich auch in den ländlichen Gemeinden die Gewerbesteuereinnahmen im allgemeinen relativ stärker als die Erträge aus der Grundsteuer und sonstigen Steuern wachsen, so werden hierdurch jedoch nicht die großen Unterschiede in der Höhe des örtlichen Steueraufkommens beseitigt. Sie haben ihren Hauptgrund in der von der Gemeinde zu Gemeinde — auch innerhalb der gleichen Größenklasse — differierenden Gewerbesteuerkraft[60]. Die oft völlig anders geartete Struktur der Steuereinnahmen bei Städten und Landgemeinden mit den verschiedenen Anteilen der Gewerbe- und Grundsteuer am gesamten Steueraufkommen bildet somit die Hauptursache für die unterschiedliche Steuerkraft der Gemeinden verschiedener Größenklassen und innerhalb ihrer.

Diese ungleichmäßige Entwicklung ist durch allgemeine Finanzzuweisungen (deren Ziel es ihrer Konstruktion nach ist, einen finanziellen Ausgleich zugunsten leistungsschwacher Gemeinden zu erreichen[61]) nicht immer in notwendigem Maße korrigiert worden. Greift man z. B. das Jahr 1955 heraus, dann zeigt sich die unzulängliche Höhe der Finanzzuweisungen im Verhältnis zu den starken Unterschieden der Steuerkraft deutlich (wenn man sie mit den Steuerkraftunterschieden vergleicht; vgl. Tabelle 28). Der Unterschied der Steuereinnahmen je Einwohner betrug in den 26 Großstädten des Bundesgebiets mit 100 000 bis 200 000 Einwohnern im Durchschnitt 47,77 DM[62]. Dagegen beliefen sich die den steuerschwachen Kommunen zufließenden allgemeinen Finanzzuweisungen nur auf 34,67 DM. „Wenn man außerdem noch berücksichtigt, daß auch die steuerstarken Städte allgemeine Finanzzuweisungen in Höhe von 13,03 DM erhielten, hat sich der Unterschied in der Steuerkraft durch die allgemeinen Finanzzuweisungen nur um 21,64 DM verringert, so daß ein nicht ausgeglichener Restbetrag von 26 DM je Einwohner, d. h. mehr als die Hälfte des ursprünglichen Unterschiedes, verbleibt[62].“ Bei den übrigen Städten lagen die Verhältnisse ähnlich. Diese Angaben zeigen, daß die Schlüssel, nach denen die Finanzausgleichsleistungen gewährt werden, nicht

---

[60] Vgl. z. B. Statistisches Bundesamt: Statistischer Bericht VII/43/18 (Realsteuervergleich 1958) und VII/43/19 (Gemeindliche Realsteuern im Rechnungsjahr 1959) sowie Finanzen und Steuern, Reihe 9 Realsteuern, I. Realsteuervergleich 1965.

[61] Vgl. Horst *Hacker*, Finanzausgleich, in: Handbuch der kommunalen Wissenschaft und Praxis; Hrsg.: H. *Peters*, Bd. III, Berlin, Göttingen, Heidelberg 1959, S. 408, und Johannes *Popitz*, Der künftige Finanzausgleich zwischen Reich, Ländern und Gemeinden, a. a. O., S. 200: „Finanzzuweisungen sollen den Gemeinden allgemein den Ausgleich von Einnahmen und Ausgaben ermöglichen und beruhen lediglich auf der Notwendigkeit, die unzureichende Steuerverteilung zu ergänzen.“

[62] Gutachten des Wissenschaftlichen Beirats beim Bundesministerium der Finanzen, a. a. O., S. 16.

immer zweckmäßig sind. Die allgemeinen Finanzzuweisungen, die nach der Finanzkraft bemessen werden, berücksichtigten den Bedarf zuwenig; die auf den Bedarf ausgerichteten zweckgebundenen Zuweisungen berücksichtigen die Finanzkraft nicht[63].

Tabelle 28: Der Unterschied in der Steuerkraft zwischen steuerstarken und steuerschwachen Städten[a)] und sein Ausgleich durch allgemeine Finanzzuweisungen (Zahlen in DM je Einwohner)

Größenklassen	steuerstarke Städte	steuerschwache Städte	Unterschied
A. Kreisfreie Städte 1955			
Steuereinnahmen			
21 Großstädte über 200 000 Einw.	219,87	157,35	62,52
26 Großstädte bis 200 000 Einw. ..	179,66	131,89	47,77
65 kreisfreie Städte mit 20 000 bis 100 000 Einwohnern	173,69	119,75	53,94
Einnahmen aus allgem. Finanzzuweisungen			
21 Großstädte über 200 000 Einw.	13,57	19,15	5,58
26 Großstädte bis 200 000 Einw. ..	13,03	34,67	21,64
65 kreisfreie Städte mit 20 000 bis 100 000 Einwohnern	12,74	24,83	12,09
B. Kreisangehörige Städte 1955			
Einnahmen aus allgemeinen Deckungsmitteln			
83 Städte mit über 20 000 Einw.	143,16	83,27	59,89
122 Städte mit 10 000 bis 20 000 Einwohnern	107,98	63,99	43,99
161 Städte mit 5 000 bis 10 000 Einwohnern	106,79	59,25	47,54
128 Städte unter 5 000 Einw.	107,34	48,02	59,32
Einnahmen aus allgemeinen Finanzzuweisungen			
83 Städte mit über 20 000 Einw.	4,55	11,68	7,13
122 Städte mit 10 000 bis 20 000 Einwohnern	5,20	13,81	8,61
161 Städte mit 5 000 bis 10 000 Einwohnern	2,49	9,39	6,90
128 Städte unter 5 000 Einw.	5,51	10,79	5,28

a) Durchschnitt der Einnahmen der Städte, deren Steuereinnahmen über bzw. unter dem Durchschnitt der in der Vorspalte genannten Städte im Bundesgebiet liegen.

Quelle: Gutachten des Wissenschaftlichen Beirats beim Bundesministerium der Finanzen, a. a. O., S. 38.

[63] Vgl. Herbert *Timm*, Artikel Gemeindefinanzen (I) Theorie, in: Handwörterbuch der Sozialwissenschaften, Stuttgart, Tübingen, Göttingen 1963, S. 305.

Tabelle 29: Unterschiede der Steuerkraft zwischen steuerstarken und steuerschwachen Städten 1956 (als steuerstark sind die Städte bezeichnet deren Steuereinnahmen über dem Durchschnitt ihrer Größenklasse liegen)

Art der Einnahmen Größenklassen der Städte	steuerstarke	steuerschwache	Durchschnitt
	Städte		
Steuereinnahmen[a)]			
21 Großstädte[c)]	219,87	157,35	183,04
26 Großstädte[d)]	179,66	131,89	155,52
65 kreisfreie Städte[e)]	173,69	119,75	142,94
Grundbeträge der Gewerbesteuer[a)]			
21 Großstädte[c)]	56,36	34,03	43,21
26 Großstädte[d)]	42,67	27,22	34,86
65 kreisfreie Städte[e)]	44,69	25,52	33,76
Durchschnittlicher Hebesatz der Gewerbesteuer[b)]			
21 Großstädte[c)]	305	342	323
26 Großstädte[d)]	327	338	332
65 kreisfreie Städte[e)]	303	322	311
Grundbeträge der Grundsteuer B[a)]			
21 Großstädte[c)]	14,89	10,81	12,48
26 Großstädte[d)]	12,05	10,84	11,42
65 kreisfreie Städte[e)]	12,72	10,13	11,23
Durchschnittlicher Hebesatz der Grundsteuer B[b)]			
21 Großstädte[c)]	233	258	246
26 Großstädte[d)]	256	256	256
65 kreisfreie Städte[e)]	259	255	243

a) = in DM je Einwohner.
b) = in v. H.
c) über 200 000 Einwohner.
d) unter 200 000 Einwohner.
e) 20 000 bis 100 000 Einwohner.

Quelle: Gutachten des Wissenschaftlichen Beirats beim Bundesministerium der Finanzen, a. a. O., S. 34.

Wenn die finanzschwachen Kommunen ihre dringenden Vorhaben dennoch durchführen wollten, dann mußten sie notwendigerweise in die Kreditfinanzierung ausweichen. Das durch die wachsende Ausdehnung der gemeindlichen Tätigkeit verursachte Ausgabenmehr konnte bei ihnen durch ein aus dem wirtschaftlichen Wachstum resultierendes Einnahmemehr oft nicht hinreichend gedeckt werden. Da die Unterschiede der Steuerkraft nicht den Unterschieden in der Höhe des Finanzbedarfs entsprachen, haben die finanzschwachen Gemeinden versucht, diese Diskrepanz durch eine hohe Steueranspannung zu beseitigen: Wie die Übersicht 29 zeigt, waren die Hebesätze der Grund- und Gewerbesteuern in den steuerschwachen Gemeinden zum Teil erheblich stärker angespannt als in den steuerstarken. Offenbar waren die finanzschwachen Kommunen trotz verstärkter Ausschöpfung ihrer Steuerquellen jedoch nicht in der Lage, ihren Finanzbedarf aus Steuern und Finanzzuweisungen zu decken. Dadurch entstand bei ihnen ein Verschuldungszwang. Bei den steuerstarken Gemeinden lag dagegen nicht immer ein Zwang zur Kommunalkreditaufnahme vor. Trotzdem haben sie sich zum Teil erheblich stärker als die steuerschwachen Kommunen verschuldet. Hierauf wird im nächsten Kapitel zurückzukommen sein.

2. Die Bedeutung des Vorsorgeprinzips bei der kommunalen Kreditnahme

Eine Veränderung in der Kreditnachfrage der Gemeinden steht nicht unbedingt in einem engen Zusammenhang mit dem jeweiligen Verhältnis von Steuereinnahmen zu den Gesamtausgaben. Zwar sind die Gemeinden, im ganzen gesehen, weniger als die anderen Haushalte in der Lage gewesen, ihre Investitionen aus ordentlichen Einnahmen zu finanzieren; sie haben infolgedessen in allen Jahren seit der Währungsreform einen Teil ihrer Investitionsaufwendungen aus fremden Mitteln gedeckt und weisen daher unter den öffentlichen Haushalten den höchsten Schuldenstand auf. Es hat jedoch den Anschein, daß die kommunalen Haushalte sich aufgrund der für sie bestehenden haushaltsrechtlichen Vorschriften die Mittel zur Durchführung ihrer Investitionsvorhaben weitgehend vor Beginn der Arbeiten beschaffen und sie zunächst ihren Reserven zuführen, d. h., überwiegend in Form von Spareinlagen oder Termineinlagen bei Kreditinstituten anlegen. Derartige bewußt vorzeitige Kreditaufnahmen führten nach 1948 zur Entstehung großer Reserven[64].

Es kommt hinzu, daß die Kreditaufnahmen in den letzten Jahren über den Betrag dessen hinausgegangen sind, was die Kommunen in ihrer Gesamtheit zur Finanzierung ihrer — durch ordentliche Einnahmen nicht zu deckenden — Investitionsausgaben benötigten[65]. Sie waren daher zu einer Anreicherung ihrer Reserven in der Lage. So erklärt sich die seit Jahren bestehende Parallelität in der Zunahme der Verschuldung einerseits und einem, wenn auch schwächeren Anstieg der kommunalen Reserven andererseits.

Typisch für diese Entwicklung ist beispielsweise das Rumpfrechnungsjahr 1960. In diesem Jahr war der Anstieg der kommunalen

[64] Siehe dazu Geschäftsberichte der Bank deutscher Länder für das Jahr 1952, S. 59; 1953, S. 67; 1954, S. 77. — Monatsberichte der Deutschen Bundesbank, April 1960, S. 21; Juli 1960, S. 26 ff.; Juli 1961, S. 31; Oktober 1961, S. 27 f.

[65] Vgl. Monatsberichte der Deutschen Bundesbank, April 1961, S. 26 f.

Kreditmarktverschuldung (um 1 Mrd. DM; siehe Tabelle 12) nicht wesentlich schwächer als im Rechnungsjahr 1959. Dieser starke Rückgriff ist um so bemerkenswerter, als sich die Steuereinnahmen der Gemeinden 1960 stark verbessert hatten. Da der tatsächliche kommunale Kreditbedarf 1960 nur 0,5 Mrd. DM[66] ausmachte, sind die Kreditaufnahmen in Höhe von 1 Mrd. DM erheblich über diesen Betrag hinausgegangen. Infolgedessen wurden die finanziellen Reserven der kommunalen Haushalte weiter aufgestockt.

Im Zeitraum von 1955 bis 1962 erreichte der Zuwachs der Kreditmarktmittel bei den Gemeinden und Gemeindeverbänden die Erhöhung der Investitionsausgaben bei weitem nicht. Seit 1955 waren für die Gesamtheit der Kommunen in allen Jahren „die Kreditaufnahmen höher als für die zusätzliche Finanzierung der Investitionen erforderlich gewesen wäre, da erhebliche laufende Mittel den Rücklagen zugeflossen sind. Erst 1964 kann damit gerechnet werden, daß die Kreditaufnahmen auch dem Kreditbedarf entsprechen, ohne daß dabei die Rücklagen in Anspruch genommen werden. Bei dieser Aussage bleibt (allerdings) unberücksichtigt, daß von Gemeinde zu Gemeinde die Verhältnisse unterschiedlich gewesen sind[67]."

Zusammenfassend kann festgestellt werden, daß die kommunale Kreditaufnahme zum Teil mit der sehr unterschiedlichen finanziellen Situation der einzelnen Gemeinden, zum Teil mit Vorschriften des kommunalen Haushaltsrechts, wie der Verpflichtung zur Bildung von Rücklagen der verschiedensten Art sowie zur vorsorglichen Geldbeschaffung bei großen Investitionsprojekten zusammenhängt[68].

---

[66] Quelle: Monatsberichte der Deutschen Bundesbank, April 1960, S. 21.

[67] Finanzbericht 1965; Hrsg.: Bundesministerium der Finanzen, Bonn 1964, S. 42.

[68] Nach § 92, 2 Gemeindeordnung Nordrhein-Westfalen dürfen „Vorhaben, deren Kosten ganz oder teilweise aus Mitteln des außerordentlichen Haushaltsplanes zu decken sind, . . erst in Angriff genommen werden, wenn die dafür vorgesehenen Einnahmen eingegangen sind oder wenn der rechtzeitige Eingang rechtlich und tatsächlich gesichert ist". Diese Bestimmung geht auf die Fassung des § 90 Deutsche Gemeindeordnung vom 30. 1. 1935 zurück; § 90 DGO ist nach 1945 in fast allen westdeutschen Bundesländern (Ausnahme: Berlin, Hamburg, Bremen) mit nur unwesentlichen textlichen Änderungen in die Gemeindeordnungen und -verfassungen übernommen worden. — Vgl. hierzu und zur Problematik des damit über den nordrhein-westfälischen Raum hinausgehenden § 92, 2 Gemeindeordnung Nordrhein-Westfalen, Susanne *Reichstein,* Die Kassenbestände im außerordentlichen Haushalt der Gemeinden, Bd. 31 der finanzwissenschaftlichen Forschungsarbeiten der Universität Köln; Hrsg.: G. *Schmölders,* Berlin 1964.

8. Kap.: Die Beziehungen innerhalb der Gemeinden verschiedener Größenklassen

I. Zusammenhänge zwischen Steuerkraft, Überschuß der vermögensunwirksamen Rechnung und Verschuldung in den Gemeinden verschiedener Größenklassen und in den Kommunen der einzelnen Länder

Im fünften Kapitel erkannten wir, daß die steuerstarken Städte und Gemeinden in der Lage sind, relativ mehr Schulden als finanzschwache Kommunen aufzunehmen, weil sie einen höheren Schuldendienst tragen können. Das ist letztlich der entscheidende Grund für die Erklärung, daß die steuerschwachen Gemeinden seit dem Ende des 2. Weltkrieges im Verhältnis zur Einwohnerzahl durchschnittlich weniger Kredite aufgenommen haben als die steuerstarken.

Tabelle 30: Unterschiede in der Finanzlage zwischen einzelnen Gemeinden im Rechnungsjahr 1956

Gemeindegrößenklassen	Steuereinnahmen in DM je Einwohner	Schuldendienst in DM je Einwohner	Schuldendienstquote[b)] in v. H.
Gemeinden mit 200 000 und mehr Einwohnern			
steuerstarke[a)]	219,87	18,74	16,5
steuerschwache	157,35	13,82	20,1
Gemeinden mit 100 000 bis unter 200 000 Einwohnern			
steuerstarke	179,66	14,52	24,3
steuerschwache	131,89	16,29	27,1
Kreisfreie Städte zwischen 20 000 und 100 000 Einw.			
steuerstarke	173,69	17,71	20,7
steuerschwache	119,75	11,25	22,9

a) Der Ausdruck „steuerstark" wird hierbei für Städte verwendet, deren Steuereinnahmen — bezogen auf die Zahl der Einwohner — über dem Durchschnitt ihrer Gruppe liegen. Als „steuerschwach" werden Städte mit unterdurchschnittlichem Betrag der Steuereinnahmen bezeichnet.

b) Schuldendienst in v. H. des Überschusses der vermögensunwirksamen Rechnung.

Quelle: Statistisches Bundesamt, VII 2000/05, Dr. H/Ps., S. 12 ff.

Im Rechnungsjahr 1956 waren die Unterschiede der Finanzlage und damit der für die Finanzierung verfügbaren Beträge innerhalb des kommunalen Bereichs außerordentlich groß[1]. Insbesondere bestand

[1] Vgl. Gutachten des Wissenschaftlichen Beirats beim Bundesministerium der Finanzen, a. a. O., S. 11 f. Ferner Statistisches Bundesamt: Unterschiede in der Finanzlage der Gemeinden, in: Wirtschaft und Statistik, 10. Jg. N. F., Heft 12, 1958, S. 678 ff.

ein beträchtlicher Unterschied zwischen steuerstarken und steuerschwachen Gemeinden. Im Berichtsjahr hatte der Schuldendienst bei den steuerschwachen Kommunen die Verschuldungsgrenze schon fast erreicht, d. h. jenen Punkt, bei dem die Neuaufnahme weiterer Kommunalkredite aus Mangel an ordentlichen Einnahmen nicht mehr tragbar ist.

Die Zusammenhänge zwischen Steuerkraft, Überschuß der vermögensunwirksamen Rechnung[2] und Verschuldung sind in den Tabellen 30 bis 32 aufgezeigt. Danach konnten die steuerstarken Gemeinden

Tabelle 31: Unterschiede im Überschuß der vermögensunwirksamen Rechnung und im Schuldendienst zwischen steuerstarken und steuerschwachen Städten 1956

Größenklassen	steuerstarke	steuerschwache	Durchschnitt
	Städte		
Überschuß der vermögensunwirksamen Rechnung (in DM je Einwohner)			
21 Großstädte mit über 200 000 Einwohnern	113,29	68,71	87,02
26 Großstädte mit unter 200 000 Einwohnern	59,71	60,22	59,97
65 kreisfreie Städte mit 20 000 bis 100 000 Einwohnern	85,63	49,13	64,82
Schuldendienst (in DM je Einwohner)			
21 Großstädte mit über 200 000 Einwohnern	18,74	13,82	15,83
26 Großstädte mit unter 200 000 Einwohnern	14,52	16,29	15,52
65 kreisfreie Städte mit 20 000 bis 100 000 Einwohnern	17,71	11,25	14,03
Schuldendienstquote			
21 Großstädte mit über 200 000 Einwohnern	16,5	20,1	18,2
26 Großstädte mit unter 200 000 Einwohnern	24,3	27,1	25,7
65 kreisfreie Städte mit 20 000 bis 100 000 Einwohnern	20,7	22,9	21,6

Quelle: Gutachten des Wissenschaftlichen Beirats beim Bundesministerium der Finanzen, a. a. O., S. 34.

[2] Dieser Überschuß zeigt an, wieviel vermögensunwirksame Einnahmen in einem Rechnungsjahr sowohl zur Finanzierung von Investitionen als auch zur Finanzierung von Zins- und Tilgungszahlungen verwendet werden konnten. — Zur Definition des Begriffs vergleiche im übrigen Kapitel 6.

Tabelle 32: Einnahmen aus Steuern und allgemeinen Finanzzuweisungen, Überschuß der vermögensunwirksamen Rechnung und Schuldendienstquote der Gemeinden im Rechnungsjahr 1956 (nach Gemeindegrößenklassen)

Gemeindegrößenklassen	Einnahmen aus		Überschuß der vermögensunwirksamen Rechnung[a)]			Schuldendienst in v. H. der Überschüsse
	Steuern	allgem. Finanzzuweisungen	verwandt für Schuldendienst	verfügbar für Investitionen	zusammen	
	DM je Einwohner					
Kreisfreie Städte						
200 000 und mehr Einw.	183,03	16,85	15,83	71,19	87,02	18,2
100 000 bis unter 200 000 Einwohner	155,52	23,97	15,42	44,55	59,97	25,7
50 000 bis unter 100 000 Einwohner	154,40	19,81	14,59	55,80	70,39	20,7
weniger als 50 000 Einw.	153,54	13,37	14,13	49,30	63,43	22,3
Durchschnitt	170,33	18,50	15,41	61,37	76,78	20,1
Kreisangehörige Gem.						
20 000 und mehr Einw.	148,99	15,76	10,71	53,10	63,81	16,8
10 000 bis unter 20 000 Einwohner	123,35	15,17	9,18	44,60	53,78	17,1
5 000 bis unter 10 000 Einwohner	101,08	14,09	6,61	36,52	43,13	15,3
3 000 bis unter 5 000 Einwohner	84,05	15,78	5,50	34,41	39,91	13,8
1 000 bis unter 3 000 Einwohner	63,23	15,45	3,78	26,97	30,75	12,3
weniger als 1000 Einw.	46,56	15,47	2,87	21,74	24,61	11,7
Ämter	—	0,28	0,29	1,16	1,45	20,0
Durchschnitt	84,60	15,35	5,70	33,39	39,09	14,6
Landkreise	2,69	8,56	1,75	8,44	10,19	17,2
Bezirksverbände[b)]	—	0,26	0,14	1,27	1,41	9,9
Gesamtdurchschnitt	116,91	22,08	10,35	49,31	59,66	17,3

a) Zuzüglich der Zinsausgaben der Kämmereiverwaltungen. — b) Ohne die Landschaftsverbände in Nordrhein-Westfalen.
Quelle: Wirtschaft und Statistik, 10. Jg. N. F., Heft 12, 1958, S. 679 f.

im Rechnungsjahr 1956 relativ mehr Kommunalkredite aufnehmen, weil sie höhere Schuldendienstzahlungen leisten konnten. Bei den steuerstarken Kommunen war daher der Schuldendienst, gerechnet in DM je Einwohner, höher als bei den steuerschwachen. Eine Ausnahme machten lediglich die Gemeinden mit 100 000 bis unter 200 000 Einwohnern. Umgekehrt lagen die Verhältnisse bei der Schuldendienstquote, d. h. dem Verhältnis des Schuldendienstes zum Saldo der vermögensunwirksamen Rechnung, also zu der Quelle, aus der er zu finanzieren ist. Wie die Übersichten 30 und 31 zeigen, war sie bei den steuerschwachen Städten höher, zum Teil sogar erheblich höher als bei den steuerstarken.

Auch im Rechnungsjahr 1962 sind charakteristische Unterschiede in der Kreditaufnahme zwischen den Gemeinden vergleichbarer Größe, im absoluten Verschuldungsstand je Einwohner sowie in den Aufwendungen für Zinsen und Tilgungen im Verhältnis zum Überschuß der vermögensunwirksamen Rechnung festzustellen (vgl. Tabellen 33 und 34). Diese Unterschiede in der zwischenörtlichen Verschuldung der Kommunen hängen einmal von der unterschiedlichen Finanzkraft und von „objektiven" Differenzen im örtlichen Finanzbedarf ab. Zum anderen dürften sie zum Teil finanzpolitisch gewollt sein. *Zeitel* ist zuzustimmen, wenn er darlegt, daß viele kommunale Gebietskörperschaften

Tabelle 33: Schulden und Steuern je Einwohner nach Gemeindegrößenklassen 1962

Gemeindegrößenklasse (in 1000 Einwohnern)	Schulden in DM je Einwohner	Steuern in DM je Einwohner
200 und mehr	552	307
100 bis unter 200	489	243
50 bis unter 100	405	249
20 bis unter 50	342	225

Quelle: Deutscher Städtetag: Statistisches Jahrbuch Deutscher Gemeinden, 51. Jg. 1963, S. 28—30, 286 und 308.

ihre überdurchschnittliche Steuerkraft zu einer vermehrten Schuldaufnahme nutzen, „deren Zins und Tilgungsdienst sie aus dem reichlichen Überschuß in der vermögensunwirksamen Rechnung decken. Solche Gemeinden können forciert ihre Aufgaben erfüllen. Infolge der so gesteigerten Attrahierungskraft ergibt sich leicht ein kumulativ begründeter Wachstumsprozeß einzelner Gemeinden, während zahlreiche andere aus dem gleichen Grunde in ihrer Entwicklung relativ zurückbleiben oder sogar einen Schrumpfungsprozeß durchlaufen[3].

[3] Siehe in diesem Zusammenhang Kapitel 5.

Tabelle 34: Schuldendienst im Verhältnis zum Überschuß[a]) in der vermögensunwirksamen Rechnung 1962 (kreisfreie und kreisangehörige Gemeinden in der Bundesrepublik Deutschland [ohne Stadtstaaten])

1. Kreisfreie Städte Gemeindegrößenklasse (in 1000 Einwohnern)	v. H.	2. Kreisangehörige Gemeinden Gemeindegrößenklasse (in 1000 Einwohnern)	v. H.
200 und mehr	22,1	50 und mehr	19,0
100 bis unter 200	22,6	20 bis unter 50	15,7
50 bis unter 100	19,6	5 bis unter 20	13,8
weniger als 50	19,0	weniger als 5	10,9
insgesamt	19,5	insgesamt	12,6

a) Bei der Überschußberechnung blieben die Zinsausgaben unberücksichtigt.

Quelle: Statistisches Bundesamt: Fachserie L: Finanzen und Steuern, Reihe 1/II, Kommunalfinanzen 1962, S. 22—25, 110.

Dieser Sachverhalt deutet auf Unzulänglichkeiten in den kommunalen Deckungsmöglichkeiten speziell steuerlicher und finanzausgleichspolitischer Art hin[4]."

Zum gleichen Ergebnis gelangt man auch bei einer Analyse der Beziehungen zwischen Steuerkraft, Saldo der vermögensunwirksamen Rechnung und Kommunalverschuldung der Gemeinden einzelner westdeutscher Länder. In den Übersichten 35 und 36 ist der Schuldendienst und seine Relation zum Saldo der laufenden Rechnung in der Gliederung nach Ländern dargestellt. Hier zeigt sich wiederum der Gegensatz zwischen finanzstarken Gemeinden und den Kommunen mit unzureichender Steuerkraft sowie die oben bereits dargelegten Beziehungen, wonach steuerstarke Gemeinden relativ mehr Kommunalkredite aufnehmen konnten und diese Möglichkeit auch ausnutzten, weil ein höherer Schuldendienst für sie tragbar war.

Die nachstehenden Tabellen veranschaulichen, wie uneinheitlich die Überschüsse der vermögensunwirksamen Rechnung innerhalb der Gesamtheit der Kommunen gestreut waren. Das Maß, in dem die Überschüsse der laufenden Rechnung durch den Schuldendienst beansprucht

---

[4] Gerhard *Zeitel*, Eigentümlichkeiten und Grenzen der Kommunalverschuldung, a. a. O., S. 65. — Was die steuerpolitischen Probleme anlangt vgl. Gerhard *Zeitel*, Die zweckmäßige Struktur des kommunalen Steuersystems, in: Kommunale Finanzen und Finanzausgleich (Schriften des Vereins für Socialpolitik N. F., Bd. 32); Hrsg.: H. *Timm* und H. *Jecht*, Berlin 1964, S. 173 ff. Hinsichtlich der finanzausgleichspolitischen Problematik vgl. Willi *Albers*, Finanzzuweisungen und Standortverteilung, in: Kommunale Finanzen und Finanzausgleich (Schriften des Vereins für Socialpolitik N. F., Bd. 32); Hrsg.: H. *Timm* und H. *Jecht*, Berlin 1964, S. 253 ff.

worden sind, war sehr unterschiedlich[5]. Auch hier hat sich der Gegensatz von steuerstarken und steuerschwachen Ländern durchgesetzt.

Neben den Unterschieden der Steuerkraft in verschiedenen Gemeinden dürfte eine weitere Ursache für die verschieden hohe Verschuldung der Gemeinden in dem unterschiedlichen Finanzausgleich der Länder zu suchen sein. Nach *Barocka* war dabei der unbefriedigende Finanz-

Tabelle 35: Relation des kommunalen Schuldendienstes zum Saldo der vermögensunwirksamen Rechnung, gegliedert nach Ländern im Rechnungsjahr 1955

Länder	Saldo der vermögensunwirksamen Rechnung a)		Schuldendienst	
	Mill. DM	DM je Einwohner	Mill. DM	in v. H. der Spalte 2
1	2	3	4	5
Nordrhein-Westfalen ..	1 069,5	72,79	174,1	16,3
Bayern	420,7	45,92	75,0	17,8
Baden-Württemberg ..	586,4	82,86	110,4	18,8
Niedersachsen	295,8	45,14	66,2	22,4
Hessen	238,5	52,48	72,8	30,5
Rheinland-Pfalz	167,3	50,95	36,3	21,7
Schleswig-Holstein	70,7	30,87	23,8	33,7
zusammen	2 848,8	59,85	558,7	19,6

a) Die Zinsen sind in die Berechnung der vermögensunwirksamen Ausgaben nicht einbezogen, der Saldo also um diese erhöht.

Quelle: Kurt *Herrmann*, Umfang und Grenzen der kommunalen Verschuldung, a. a. O., S. 497.

---

[5] Diese für die Verschuldungsgrenze wichtige Relation ging 1955 vor allem in Schleswig-Holstein mit fast 34 v. H., aber auch in Hessen mit gut 30 v. H. erheblich über den Bundesdurchschnitt hinaus. Die Zahlenangaben, die für den Durchschnitt aller Gemeinden Schleswig-Holsteins und Hessens errechnet worden sind, deuten an, daß diese Relation in den einzelnen Gemeinden noch weit höher liegen muß. (Vgl. Kurt *Herrmann*, Umfang und Grenzen der kommunalen Verschuldung, in: Kommunalwirtschaft, Jg. 1957, Heft 12, S. 497.)

Auch *Dietl* und *Schreml* kommen für das Jahr 1956 zum Ergebnis, „daß in den Ländern Hessen und Schleswig-Holstein ein größerer Teil der Gemeinden sich der Verschuldungsgrenze nähert oder diese bereits erreicht hat, als etwa im Land Nordrhein-Westfalen; denn im Rechnungsjahr 1956 waren in den erstgenannten Ländern 28,7 bzw. 26,9 v. H., in Nordrhein-Westfalen dagegen nur 14,2 v. H. der Überschüsse der vermögensunwirksamen Rechnung für die Schuldendienstleistung der Kämmereiverwaltungen aufzuwenden". (Alfons *Schreml* und Josef *Dietl*, a. a. O., S. 19.)

Tabelle 36: Überschuß der vermögensunwirksamen Rechnung und Schuldendienstquote der Gemeinden und Gemeindeverbände[a]) in den Ländern im Rechnungsjahr 1956

Land[b])	Steuer-einnahmen insgesamt	Überschuß der vermögensunwirksamen Rechnung[c])			Schuldendienst in v. H. der Überschüsse
		verwendet für Schuldendienst[d])	verfügbar für Investitionen	zusammen	
	DM je Einwohner				
Nordrhein-Westfalen	140,25	9,58	57,92	67,50	14,2
Bayern	96,97	8,19	43,75	51,94	15,8
Baden-Württemberg	127,83	13,00	70,26	83,26	15,6
Niedersachsen	103,93	9,90	39,04	48,94	20,2
Hessen	111,20	13,93	34,55	48,48	28,7
Rheinland-Pfalz	93,49	10,63	37,54	48,17	22,1
Schleswig-Holstein	92,79	9,33	25,29	34,62	26,9
Durchschnitt	116,91	10,34	49,31	59,65	17,3

a) Ohne Landschaftsverbände in Nordrhein-Westfalen. — b) Die Länder sind in der Reihenfolge ihrer Einwohnerzahl aufgeführt. — c) Zuzüglich der Zinsausgaben der Kämmereiverwaltungen. — d) Der Kämmereiverwaltungen ohne die Tilgungen der außerordentlichen Rechnung.

Quelle: Wirtschaft und Statistik, 10. Jg. N. F., Heft 12, 1958, S. 680.

Tabelle 37: Einnahmen der Gemeinden an allgemeinen Finanzzuweisungen 1951 bis 1955

Rechnungsjahr / Land	Allgemeine Finanzzuweisungen[a)] DM je Einwohner	in v. H. der gesamten Finanzausgleichsleistungen des Staates
	Bundesdurchschnitt	
1951	17,19	26,8
1952	18,01	24,7
1953	17,82	22,2
1954	18,69	22,2
1955	21,10	22,5
	1955 entfielen auf das Land	
Nordrhein-Westfalen	24,72	24,3
Bayern	14,60	17,7
Baden-Württemberg	35,33	33,6
Niedersachsen	15,92	19,6
Hessen	17,51	19,0
Rheinland-Pfalz	11,25	13,6
Schleswig-Holstein	16,03	15,8

a) Die allgemeinen Finanzzuweisungen betrugen in ihrer absoluten Höhe (gerundet in Mill. DM): 1951 = 791, 1952 = 830, 1953 = 831, 1954 = 824, 1955 = 946. Die Angaben sind entnommen aus: Wirtschaft und Statistik, 10. Jg. N. F., Heft 12, 1958, S. 679.

Quelle: Statistisches Bundesamt: Der Finanzausgleich zwischen Land und Gemeinden in den Rechnungsjahren 1951 bis 1955; in: Wirtschaft und Statistik, 9. Jg. N. F., Heft 8, 1957, S. 418.

ausgleich ursächlich für das schnelle Anwachsen der Kommunalverschuldung[6]. Wie oben bereits nachgewiesen wurde, trifft diese Aussage zweifellos für viele steuerschwache Gemeinden zu; für eine Anzahl steuerstarker Kommunen gilt jedoch eher der Satz, daß sie durch überdurchschnittlich hohe allgemeine Länderfinanzzuweisungen zu einer noch höheren Verschuldung verleitet worden sind.

Im Rechnungsjahr 1955 waren die regionalen Unterschiede in der Gliederung des Finanzausgleichs außerordentlich stark; im Durchschnitt der sieben in Tabelle 37 aufgeführten Länder beliefen sich die allgemeinen Finanzzuweisungen auf 21,10 DM je Einwohner. In den beiden steuerstarken Ländern Nordrhein-Westfalen und Baden-Württemberg gingen sie über diesen Durchschnitt hinaus; in den Ländern Schleswig-Holstein, Hessen, Niedersachsen, Bayern und Rheinland-Pfalz blieben

[6] Vgl. Egon *Barocka*, Kommunalkredit und kommunale Finanzwirtschaft, a. a. O., S. 289.

sie hinter ihm zurück. Diese Unterschiede erklären sich teilweise durch die verschiedene Steuerkraft der Länder[7].

II. Korrelation zwischen kommunalen Steuereinnahmen und gemeindlicher Verschuldung pro Kopf der Bevölkerung

Im Rechnungsjahr 1928/29 schwankte die durchschnittliche Kreditmarktverschuldung, pro Kopf der Bevölkerung berechnet, zwischen 165 RM bei den Gemeinden über 200 000 Einwohnern und 32 RM in den Gemeinden unter 10 000 Einwohnern (Tabelle 38). Bei den westdeut-

Tabelle 38: Kreditmarktverschuldung und laufende Einnahmen der Gemeinden in den einzelnen Größenklassen und der Gemeindeverbände im Rechnungsjahr 1928/29

Gemeindegrößenklassen und Gemeindeverbände	1928/29		
	Schulden aus Kreditmarktmitteln		Einnahmen aus Gemeindesteuern und Steuerüberweisungen des Reichs
	Mill. RM	RM je Einwohner	
Gemeinden			
über 200 000	1 891,9	149,5	119,17
von 100 001 bis 200 000	468,8	163,6	
von 50 001 bis 100 000	568,1	164,5	85,34
von 25 001 bis 50 000	521,8	136,4	79,51
von 10 001 bis 25 000	536,8	108,3	66,34
unter 10 000 Einwohnern	1 050,5	31,8	28,53
Gemeinden zusammen ..	5 037,9	82,9	61,67
Provinzialverbände[a)] ..	297,4	7,0	5,40
Kreisverbände[a)]	439,4	11,2	10,44
Gemeindeverbände zus.	736,8	.	14,86
Gemeinden u. Gemeindeverbände zusammen ..	5 774,7	95,0	72,12

a) Provinzialverbände sind die Gemeindeverbände höherer Ordnung, die ehemals in Preußen, Bayern und Hessen bestanden (in Bayern „Kreise", in Preußen und Hessen „Provinzen"). Alle anderen Gemeindeverbände (in Preußen „Landkreise" einschließlich der „Ämter" im Rheinland und Westfalen, in Bayern „Bezirke", in Sachsen „Bezirksverbände" etc.) sind unter der Bezeichnung „Kreisverbände" zusammengefaßt.

Quelle: Einzelschriften zur Statistik des Deutschen Reichs, Nr. 13, a. a. O., S. 256 und Einzelschriften zur Statistik des Deutschen Reichs, Nr. 19, a. a. O., S. 190 f. — Die Pro-Kopf-Angaben wurden aufgrund der Einwohnerzahlen nach der Volkszählung vom 16. 6. 1925 und dem Gebietsstand vom 31. 3. 1928 (entnommen aus Einzelschriften Nr. 13, a. a. O., S. 256 und Einzelschriften Nr. 19, a. a. O., S. 190 f.) errechnet.

[7] Vgl. Statistisches Bundesamt: Der Finanzausgleich zwischen Land und Gemeinden in den Rechnungsjahren 1951 bis 1955, in: Wirtschaft und Statistik, 9. Jg. N. F., Heft 8, 1957, S. 419.

schen Gemeinden betrug die Verschuldung am 31. März 1959 286 DM in den Großstädten und 52 DM in den Gemeinden mit weniger als 3000 Einwohnern (Tabelle 39). In den Gemeindeverbänden (Landkreise, Bezirksverbände, Ämter) blieb sie erheblich unter dem Betrag der kleinen Gemeinden.

Tabelle 39: Kreditmarktverschuldung und laufende Einnahmen nach Gemeindegrößenklassen 1959

Gemeindegrößenklassen	Kreditmarktverschuldung am 31. 3. 1959		Einnahmen aus Steuern und allgemeinen Finanzzuweisungen[a]
	Mill. DM	DM je Einwohner	
1. Kreisfreie Städte	4 732	270	225
darunter Großstädte	3 845	286	231
2. Kreisangehörige Gemeinden mit			
a) 10 000 und mehr	1 171	155	178
b) 3 000 bis unter 10 000	789	97	99 (b und c zusammen)
c) weniger als 3 000 Einwohnern	808	52	
3. Landkreise	523	17	. [b]
4. Bezirksverbände	89	3	. [b]
5. Ämter	24	5	. [b]
Gemeinden und Gemeindeverbände gesamt	8 136	167	171

a) Einnahmen im Rechnungsjahr 1958/59.

b) Die Steuereinnahmen spielen bei den Gemeindeverbänden nur eine untergeordnete Rolle; ihre Ausgaben werden im wesentlichen durch Umlagen finanziert, die von den zugehörigen Gemeinden erhoben werden.

Quellen: Statistisches Bundesamt und Deutscher Städtetag, zitiert bei: Monatsberichte der Deutschen Bundesbank, Dez. 1959, S. 14.

Wie die Übersichten 38 und 39 zeigen, besteht ein deutlicher Zusammenhang zwischen dem Schuldenstand und der Höhe der Steuereinnahmen, d. h. mit anderen Worten, daß der Kommunalkredit im Gefolge eines hohen Steueraufkommens auftritt. Offenbar werden die vergleichsweise günstigen Möglichkeiten, die eine bessere Ausstattung mit ordentlichen Einnahmen für die Aufnahme von Krediten bieten, genutzt. Das bedeutet jedoch nicht, daß Schulden zum größten Teil zum Vergnügen gemacht werden. Kredite müssen in der Regel aufgenommen werden für die hohen Investitionsaufwendungen, die mit wachsender Größe der Städte progressiv ansteigen.

Tabelle 40: Realsteuerhebesätze, Steuereinnahmen, allgemeine Finanzzuweisungen und Schulden pro Kopf der Bevölkerung in ausgewählten kreisangehörigen Gemeinden Nordrhein-Westfalens 1961

Gemeinde (Kreis)	Einwohnerzahl	Realsteuerhebesätze 1961			Gemeindesteuern Einnahme pro Kopf 1961 (DM)	allgem. Finanzzuweisung des Landes pro Kopf 1961 (DM)	Summe der Spalten 5 + 6 (DM)	Schulden pro Kopf am 31. 12. 1961 (DM)
		Grundsteuer A	Grundsteuer B	Gewerbesteuer				
	1	2	3	4	5	6	7	8
Oberbachem (Bonn)	490	110	180	250	36,0	80,4	116,4	59,—
Berk (Schleiden)	500	110	180	250	47,0	105,8	152,8	504,—
Erp (Euskirchen)	1690	110	180	250	64,4	74,4	138,8	154,—
Budberg (Moers)	2670	110	200	275	62,0	82,7	144,7	174,—
Sindorf (Bergheim/Erft)	3560	110	200	275	160,0	26,2	186,2	371,50

Quelle: Modellerhebung des Deutschen Gemeindetages in kreisangehörigen Gemeinden Nordrhein-Westfalens.

Zum gleichen Ergebnis gelangt man unter Verwendung von Angaben, die der Deutsche Gemeindetag in kreisangehörigen Gemeinden Nordrhein-Westfalens ermittelt hat (Tabelle 40). Diese Modellerhebung zeigt, daß eine hohe Verschuldung nicht unbedingt ein Zeichen besonderer Armut zu sein braucht. Im Gegenteil: Nur diejenigen Gemeinden können hohe Schulden machen, die mit ihren Einnahmen den Schuldendienst tragen können.

Das gleiche gilt für die Weimarer Zeit, in der die Anleihemöglichkeit ebenso wie die gesamte Schuldenaufnahme nicht unbedingt die Stelle des beweglichen Einnahmeteils ausgefüllt hat. Die Möglichkeiten der Anleiheaufnahme waren oft nichts anderes als eine zusätzliche Einnahmequelle zur Mehrfinanzierung von Aufgaben, die sonst nicht in Angriff genommen worden wären. Nicht die nach den Ergebnissen der Reichsfinanzstatistik Finanzschwächsten haben die meisten Kommunalkredite nachgefragt, „man kann vielmehr beinahe sagen, die finanziell schwächsten Gemeinden haben die geringsten Möglichkeiten zum Schuldenmachen gehabt"[8]. Das Schwergewicht der kommunalen Verschuldung lag infolgedessen eindeutig bei den Gemeinden über 100 000 Einwohnern, auf die 1928 mit rd. 2,4 Mrd. DM etwa 41 v. H. der gesamten Kreditmarktschulden entfielen.

Diese Anteile haben sich nach dem 2. Weltkrieg sogar noch weiter verschoben. Am 31. März 1959 entfielen mit rd. 4,73 Mrd. DM etwa 60 v. H. der gesamten kommunalen Schulden aus Kreditmarktmitteln auf die kreisfreien Städte. Unter den kreisfreien Städten standen die 48 Großstädte des Bundesgebietes mit einem Schuldenstand von zusammen rd. 3,85 Mrd. DM (gleich 47 v. H.) an erster Stelle. Ein ähnliches Bild zeigt auch das Rechnungsjahr 1963: Mit fast 9,1 Mrd. DM[9] entfielen am 31. Dezember 1963 rd. 54 v. H. aller gemeindlichen Kreditmarktschulden auf die kreisfreien Städte. Die 52 westdeutschen Großstädte standen auch hier wiederum mit 7,5 Mrd. DM Schulden aus Kreditmarktmitteln — d. s. nahezu 45 v. H. der gesamten kommunalen Kreditmarktverschuldung — an der Spitze.

Diese Sonderstellung der Großstädte läßt sich wiederum differenzieren. „Es zeigt sich nämlich innerhalb der Gruppe ein auffälliger, freilich zunächst nicht kausal interpretierbarer Zusammenhang zwischen Gesamtverschuldung pro Kopf und Zuwachs des Brutto-Inlands-

---

[8] Fritz *Voigt*, Untersuchungen zum Finanzsystem der deutschen gemeindlichen Selbstverwaltung, a. a. O., S. 135. Dazu auch Statistisches Jahrbuch für das Deutsche Reich 1934; Hrsg.: Statistisches Reichsamt, S. 464 ff.

[9] Quelle: Die Entwicklung der kommunalen Verschuldung, in: Monatsberichte der Deutschen Bundesbank, November 1964, S. 6. — Am 31. März 1959 ohne, am 31. Dezember 1963 einschließlich Saarland.

produktes, der jedoch zumindest darauf hinweist, daß bei den rasch wachsenden Großgemeinden die Finanzierung über Schuldaufnahme eine übergroße Bedeutung besitzt und bisher von einem entsprechenden, regional differenzierten Wachstum begleitet war[10]." Auf diesen in Tabelle 41 dargestellten Verlauf wird im zehnten Kapitel (Verwendung der von den Gemeinden aufgenommenen Kreditmarktmittel) zurückzukommen sein[11].

Tabelle 41: Gesamtverschuldung pro Kopf am 31. 12. 1962 in ausgewählten Gemeinden, verglichen mit dem Zuwachs des Bruttoinlandsproduktes

Gemeinde	Gesamtverschuldung pro Kopf am 31. 12. 1962 in DM	Zuwachs des Bruttoinlandsproduktes 1957—1961 in v. H.
Frankfurt	1274	43,5
Mainz	1196	52,1
Offenbach	884	47,0
Karlsruhe	863	51,9
Darmstadt	626	56,2
Wiesbaden	507	55,1
Münster	389	50,5
Mannheim	357	39,8
Gelsenkirchen	207	31,5
Recklinghausen	143	26,6
Wanne-Eickel	90	28,9

Quellen: Statistisches Jahrbuch Deutscher Gemeinden, Jg. 51 (1963), S. 311 f.; Gemeinschaftsveröffentlichung der Statistischen Landesämter: Das Bruttoinlandsprodukt der kreisfreien Städte und Landkreise in der Bundesrepublik Deutschland 1957 und 1961 (Sozialproduktberechnungen der Länder, Heft 1), Wiesbaden 1964, S. 6 f., zitiert bei: Karl-Heinrich *Hansmeyer*, Gemeindliche Schuldaufnahme und wirtschaftliches Wachstum, a. a. O., S. 200.

9. Kap.: Vergleichende Betrachtung von Finanzkraft und Kommunalkreditnachfrage in Gemeinden gleicher Größenklasse

Die im vorstehenden Kapitel getroffene Feststellung, daß die finanzschwachen Gemeinden sich nicht die größte Schuldenlast aufgebürdet, sondern die geringsten Möglichkeiten zum Schuldenmachen gehabt haben, ergibt sich auch, wenn man die Verschuldung einiger Groß- und Mittelstädte betrachtet. Auf den Kopf des Einwohners bezogen hatten am 31. März 1934 eine Verschuldung[1]

[10] Karl-Heinrich *Hansmeyer*, Gemeindliche Schuldaufnahme und wirtschaftliches Wachstum, a. a. O., S. 200.

[11] Siehe dort Abschnitt II.

[1] Quelle: Statistisches Jahrbuch für das Deutsche Reich 1934; Hrsg.: Statistisches Reichsamt, S. 464 ff.

Mainz	von 675,82 RM pro Kopf der Einwohner
Köln	von 581,86 RM pro Kopf der Einwohner
Worms	von 537,20 RM pro Kopf der Einwohner
Zwickau	von 512,82 RM pro Kopf der Einwohner
Heidelberg	von 504,65 RM pro Kopf der Einwohner
Offenbach	von 492,18 RM pro Kopf der Einwohner
Bonn	von 481,99 RM pro Kopf der Einwohner
Altona	von 454,45 RM pro Kopf der Einwohner
Frankfurt a. M.	von 448,55 RM pro Kopf der Einwohner
Darmstadt	von 443,29 RM pro Kopf der Einwohner
Wuppertal	von 420,44 RM pro Kopf der Einwohner
Aachen	von 401,30 RM pro Kopf der Einwohner

während der Durchschnitt für die Gemeinden über 500 000 Einwohner 296,58 RM, der Gemeinden von 200 001 bis 500 000 Einwohner 265,08 RM und der aller Groß- und Mittelstädte zusammen 284,70 RM betrug. Weit unter diesem Durchschnitt lagen aber:

Verschuldung in RM pro Kopf der Einwohner

Essen	215,98
Gelsenkirchen-Buer	267,36
Bochum	156,52
Hindenburg	226,18
Beuthen	141,50
Recklinghausen	138,61
Wattenscheid	174,67
Castrop-Rauxel	132,05

Dieselbe Tatsache zeigt eine Untersuchung der Kreditmarktverschuldung der Großstädte im einzelnen für das Rechnungsjahr 1958/59: Am 31. März 1959 wies die Pro-Kopf-Verschuldung eine außerordentliche Schwankungsbreite auf. Am höchsten war sie mit 690 DM in Frankfurt am Main, während Wanne-Eickel mit 53 DM je Kopf der Bevölkerung am Ende der Skala stand (Schaubild 3). Wenngleich die Abweichungen des Schuldenstandes vom Durchschnitt bei weitem größer gewesen sind als die der Einnahmen, so muß doch berücksichtigt werden, daß die Einnahmesituation der Großstädte überaus differenziert war. Diese Feststellung läßt sich — rückschauend betrachtet — allgemein für alle Kommunen gleicher Größenklasse nachweisen: Angaben für das Jahr 1957 zeigen beispielsweise deutlich, daß innerhalb der gleichen Gemeindegrößenklasse die Steuerkraft erheblich geschwankt hat. So betrug das Pro-Kopf-Aufkommen in den Großstädten Frankfurt am Main und Stuttgart 258 bzw. 265 DM[2], in Wanne-Eickel und Oldenburg dagegen nur 135 bzw. 121 DM. Die Unterschiede machten also mehr als 100 Prozent aus. Innerhalb der Gruppe der kleineren Städte waren die Differenzen zum Teil noch größer. Die Gemeinden Wolfs-

[2] Die folgenden Angaben sind entnommen aus Willi *Albers*, Artikel Finanzausgleich, a. a. O., S. 568 f.

Abb. 3: Die Kreditmarktverschuldung der Großstädte am 31. März 1959

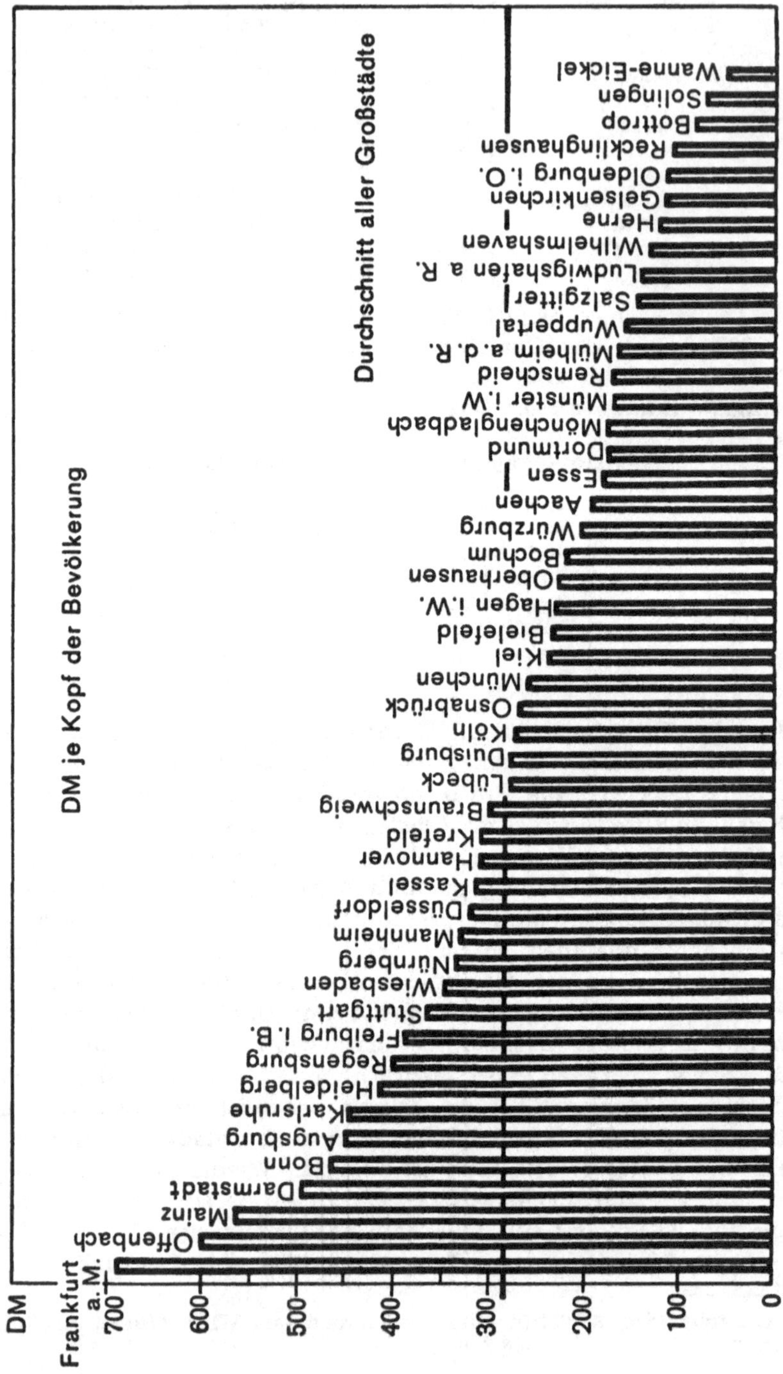

Quelle: Monatsberichte der Deutschen Bundesbank, Dezember 1959, S. 15.

burg, Schweinfurt und Leverkusen standen mit einem Pro-Kopf-Steueraufkommen vom 708 bzw. 388 und 341 DM an der Spitze der steuerstarken kreisfreien Städte unter 100 000 Einwohnern. Im unteren Bereich befanden sich u. a. Deggendorf mit 67 DM, Wilhelmshaven mit 92 DM sowie Castrop-Rauxel und Flensburg mit je 109 DM. Die Extremwerte betrugen somit über 1000 Prozent.

Eine starke Streuung der Steuereinnahmen der kreisfreien Städte ergab sich auch im Rechnungsjahr 1955. Wie das Schaubild 4 zeigt, betrug der Unterschied der Steuereinnahmen zwischen den kreisfreien Städten in der Größenklasse von 10 000 bis 20 000 Einwohnern durchschnittlich rd. 100 DM je Jahr und Einwohner und in den Großstädten mit mehr als 500 000 Einwohnern durchschnittlich etwa 200 DM je Jahr und Einwohner, d. s. fast 100 Prozent. Vergleicht man diese Großstädte mit den Gemeinden unter 1000 Einwohnern, so betrugen die Steuereinnahmen je Einwohner sogar das Sechs- bis Siebenfache[3].

Aber auch innerhalb der gleichen Gemeindegrößenklasse war die Streuung der Steuereinnahmen je Kopf außerordentlich groß. Die Einnahmen je Kopf und Jahr lagen bei den kreisfreien Städten mit etwa 40 000 Einwohnern zwischen 70 und 700 DM je Jahr. Bei den Großstädten über 200 000 Einwohnern betrugen die Extremwerte etwa 120 und 240 DM; die Schwingungsbreite belief sich also auf etwa 100 Prozent.

Daß der vertikale Finanzausgleich mit Hilfe von allgemeinen Finanzzuweisungen in der Vergangenheit nicht in der Lage gewesen ist, die Unterschiede in der Finanzausstattung der Gemeinden gleicher Größenklasse wesentlich zu verringern, zeigt das Schaubild 5 für 1955. Danach sind die Unterschiede in den Pro-Kopf-Steuereinnahmen bis zu mehreren 100 Prozent bestehen geblieben. Vergleicht man Schaubild 5 mit Schaubild 4, dann zeigt sich, daß die Streuung der Steuereinnahmen nach oben erhalten blieb, ja zum Teil noch verstärkt wurde, weil überdurchschnittlich steuerstarke Städte und solche Gemeinden, die in der Steuerkraft an der Spitze ihrer Größenklasse lagen, noch Finanzzuweisungen erhalten haben. Durch die Finanzzuweisungen ist lediglich erreicht worden, daß die Gemeinden eine gewisse Mindestausstattung mit Finanzierungsmitteln bekamen. Die Steuereinnahmen der kreisfreien Städte zwischen 40 000 und 100 000 Einwohnern, die teilweise nur etwa 70 bis 80 DM je Einwohner betrugen, wurden beispielsweise so aufgestockt, daß die Gemeinden in der Regel über finanzielle Mittel in Höhe von gut 100 DM je Einwohner verfügten.

---

[3] Quelle: Willi *Albers*, Möglichkeiten und Grenzen eines interkommunalen Finanzausgleichs, in: Kommunale Finanzreform (Schriftenreihe der Forschungsstelle der Friedrich-Ebert-Stiftung), Hannover 1962, S. 66 ff.

Abbildung 4

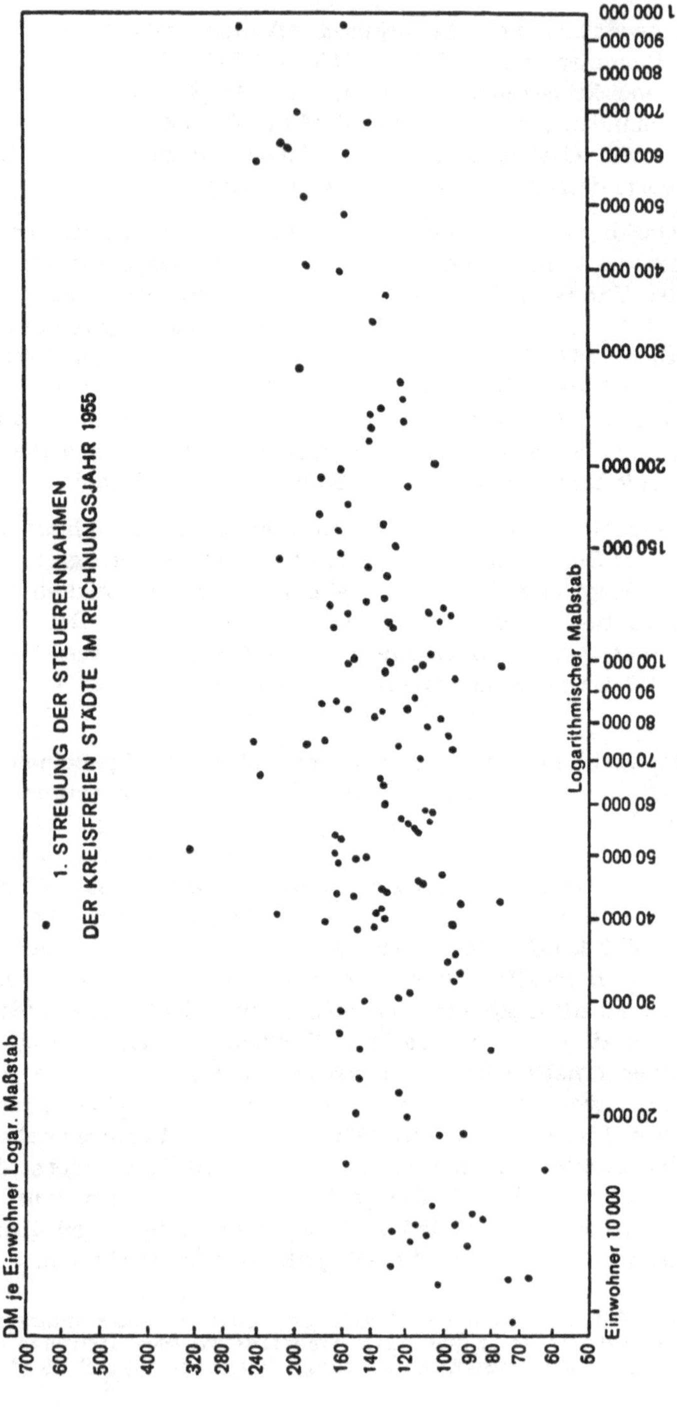

Quelle: Willi *Albers*, Möglichkeiten und Grenzen eines interkommunalen Finanzausgleichs (ohne Seitenangabe).

Abbildung 5

2. STREUUNG DER STEUEREINNAHMEN UND ALLGEMEINEN FINANZZUWEISUNGEN DER KREISFREIEN STÄDTE IM RECHNUNGSJAHR 1955

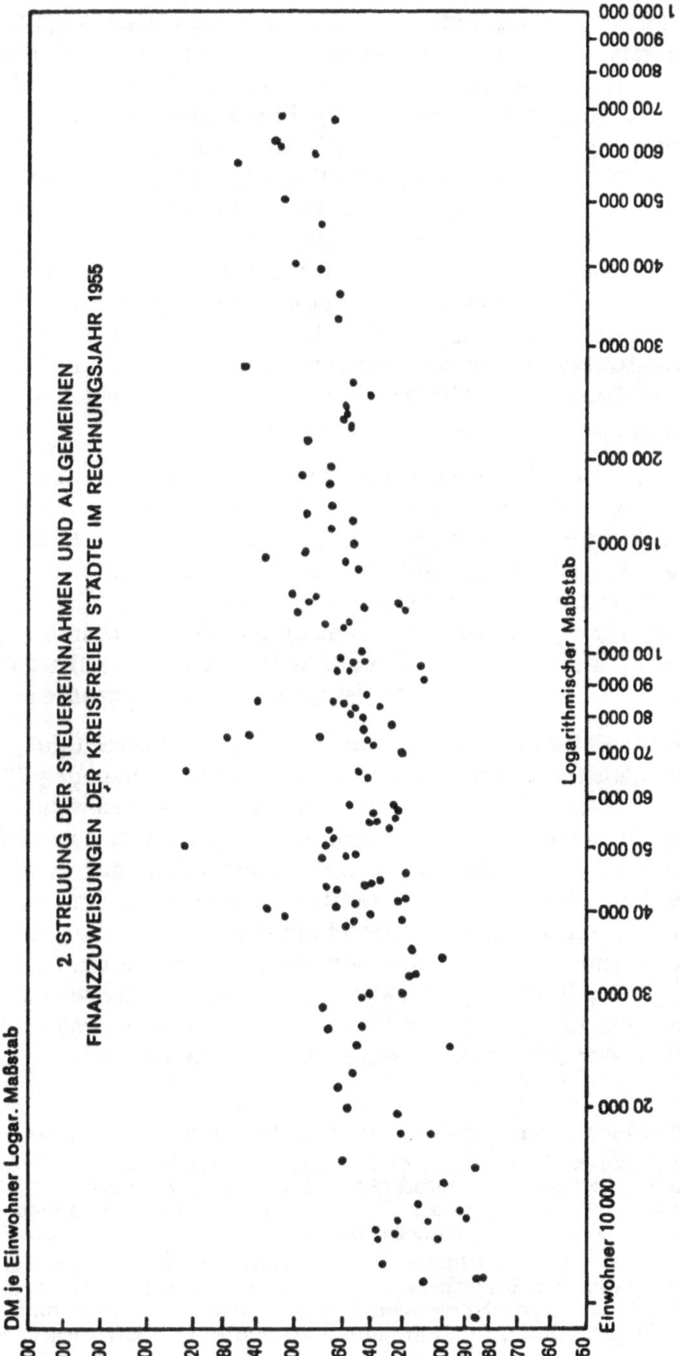

Quelle: Willi *Albers*, Möglichkeiten und Grenzen eines interkommunalen Finanzausgleichs (ohne Seitenangabe).

Nun weisen jedoch innerhalb der gleichen Gemeindegrößenklasse die steuerstarken Kommunen keineswegs durchweg höhere Schulden auf als die steuerschwachen. Zusammen mit Stuttgart stand Frankfurt am 31. März 1959 zwar auch bei den Einnahmen aus Steuern und Finanzzuweisungen (300 DM je Kopf) an erster Stelle, aber von den insgesamt 19 Großstädten, deren Pro-Kopf-Verschuldung über dem Durchschnitt aller Großstädte lag, waren die Einnahmen in 8 Fällen höher, in 11 Fällen dagegen niedriger als im Durchschnitt der Großstädte[4]. Ein ähnliches Bild zeigt Übersicht 42: Von den 14 kreisfreien Städten Nordrhein-Westfalens, deren Pro-Kopf-Verschuldung am 31. 12. 1963 über dem Durchschnitt aller nordrhein-westfälischen kreisfreien Städte lag, waren die Einnahmen aus Steuern und allgemeinen Finanzzuweisungen in 7 Fällen höher, in den übrigen 7 Fällen aber niedriger als im Durchschnitt der kreisfreien Städte.

Abgesehen von der Finanzkraft der einzelnen Kommunen und dem Länderfinanzausgleich[5] dürfte für diese Entwicklung von entscheidender Bedeutung gewesen sein, daß einige Gemeinden in den vergangenen Jahren den Wiederaufbau und Ausbau durch den Krieg zerstörter Anlagen möglichst schnell unter Ausnutzung aller Kreditmöglichkeiten vorangetrieben und demzufolge ihre Verschuldungsgrenze teilweise erreicht haben, während andere ihre Investitionsausgaben mehr dem von den Eigenmitteln gezogenen Rahmen anpaßten.

Ein weiterer Grund für die Unterschiede der Verschuldung der Gemeinden gleicher Einwohnerzahl oder gleicher Gemeindegrößenklasse liegt in der Rechtsform der Versorgungs- und Verkehrsunternehmen. Werden die kommunalen Unternehmen in der Form der Eigengesellschaft geführt, dann sind die Schulden nicht Teil der gemeindlichen Verschuldung. Ist jedoch die Rechtsform der Eigenbetriebe gewählt, dann enthält die kommunale Verschuldung die für diese Unternehmen aufgenommenen Beträge[6]. Der Schuldenstand der einzelnen Kommunen hängt somit in starkem Maße davon ab, ob die wirtschaftlichen Unternehmen in der betreffenden Gemeinde rechtlich selbständig sind oder nicht. Für das Rechnungsjahr 1963 hat die Deutsche Bundesbank[7]

---

[4] Quelle: Monatsberichte der Deutschen Bundesbank, Dezember 1959, S. 14.

[5] Wenn man z. B. feststellt, daß manche Städte in Hessen je Einwohner mehr als doppelt so hoch verschuldet sind wie in Nordrhein-Westfalen, so dürfte das auch auf regionale Unterschiede im Finanzausgleich zwischen Ländern und Gemeinden zurückzuführen sein.

[6] Vgl. Willi *Albers*, Aufgabe und Stellung der Gemeinden im Finanzsystem der gesamten öffentlichen Hand, in: Finanzarchiv Tübingen, N. F. 19 (1959), S. 406, und Kurt *Herrmann*, Bezugsgrößen zur Beurteilung der kommunalen Verschuldung, in: Kommunalwirtschaft, Jg. 1957, Heft 3, S. 86.

[7] Siehe Monatsberichte der Deutschen Bundesbank, November 1964, S. 7.

Tabelle 42: Einnahmen aus Steuern und allgemeinen Finanzzuweisungen sowie Verschuldung der kreisfreien Städte Nordrhein-Westfalens (Stand am 31. 12. 1963)

Kreisfreie Städte	Steuer-einnahmen	Einnahmen aus Steuern und allg. Finanz-zuweisungen	Verschuldung
	in DM pro Kopf der Einwohner[a)]		
Köln	339,8	371,8	416,7
Essen	221,6	300,6	326,8
Düsseldorf	367,2	388,2	874,9
Dortmund	235,3	298,3	358,8
Duisburg	284,8	347,8	716,4
Wuppertal	277,0	331,0	326,5
Gelsenkirchen	220,8	318,8	209,5
Bochum	218,8	319,8	540,4
Oberhausen	185,6	275,6	721,2
Krefeld	320,0	343,0	561,3
Hagen	213,0	258,0	444,2
Mülheim	224,7	304,7	382,6
Münster	224,5	306,5	390,3
Bielefeld	315,6	352,6	437,0
Aachen	246,1	336,1	575,8
Solingen	260,6	316,6	368,2
Mönchengladbach	235,9	335,9	481,8
Bonn	244,2	302,2	1 081,6
Recklinghausen	154,4	269,4	150,9
Remscheid	321,9	352,9	499,6
Bottrop	152,3	265,3	183,8
Herne	168,7	287,7	369,9
Wanne-Eickel	162,9	285,9	93,2
Neuß	305,1	335,1	912,5
Leverkusen	395,0	413,0	352,1
Witten	230,9	307,9	205,2
Rheydt	237,7	309,7	494,1
Castrop-Rauxel	173,0	289,0	188,9
Gladbeck	155,0	257,0	387,0
Wattenscheid	131,6	254,6	159,0
Lünen	184,5	295,5	243,4
Hamm	225,9	314,9	528,2
Lüdenscheid	281,9	315,9	801,5
Iserlohn	252,7	296,7	494,7
Herford	295,5	339,5	364,7
Siegen	280,5	341,5	320,3
Bocholt	181,7	308,7	359,1
Viersen	183,5	277,5	349,0
Durchschnitt	261,1	326,1	469,5

a) Abweichungen durch Runden der Zahlen.

Quelle: Amt für Statistik und Wahlen der Stadt Dortmund. — Zusammenstellung und Pro-Kopf-Umrechnung vom Verfasser.

Abb. 6: Kreditmarktverschuldung der Großstädte am 31. Dezember 1963

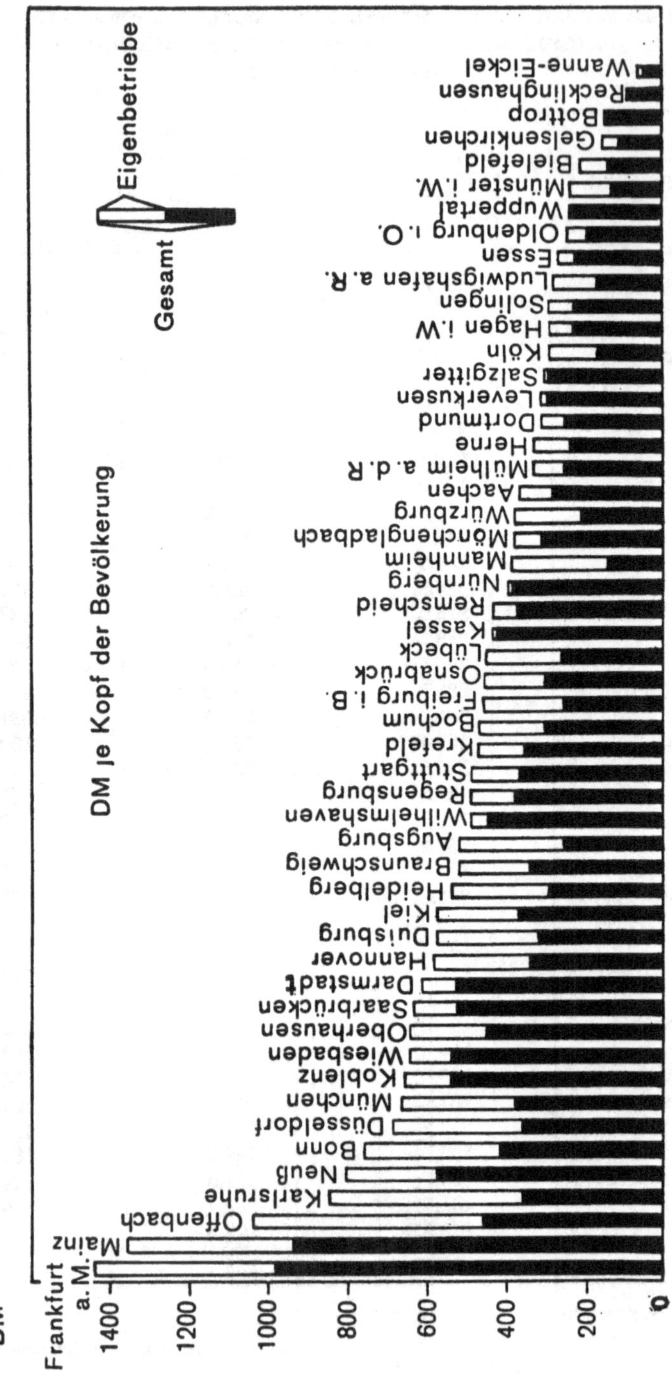

Quelle: **Monatsberichte der Deutschen Bundesbank, November 1964, S. 7.**

mit Unterstützung des Deutschen Städtetages eine Aufstellung über die Kapitalmarktverschuldung der Großstädte je Kopf der Bevölkerung mit Berücksichtigung des Anteils der Verschuldung der Eigenbetriebe veröffentlicht (Schaubild 6). Diese Übersicht gibt nur eine sehr ungenaue und kaum mehr meßbare Vorstellung von der Größenordnung. Der gesonderte Ausweis der für Wirtschaftsunternehmen eingegangenen Verschuldung war darüber hinaus nach Angaben der Notenbank nur schätzungsweise möglich, da die Kreditmarktverschuldung nicht getrennt von der Gesamtverschuldung der Wirtschaftsunternehmen nachgewiesen werden konnte. Zwar verringert sich durch diese Ausklammerung der für kommunale Eigenbetriebe aufgenommenen Kredite die Verschuldung der Kämmereiverwaltung (Schuldenstand im engeren Sinne) bei einigen Großstädten erheblich. Ein exakter Vergleich der Verschuldung einzelner Großstädte untereinander ist mit Schaubild 6 allerdings nicht erreicht worden, da die Eigenbetriebe ihre Darlehen nicht immer verzinst an die Kämmereiverwaltungen der Gemeinden zurückzahlen[8].

Demgegenüber nimmt *Görgens* an, daß die für wirtschaftliche Unternehmen übernommene Verschuldung den Gemeindeetat in weiterem Sinne nicht belastet, weil die im allgemeinen kostendeckende Gebührenpolitik der Eigenbetriebe die Amortisation ihrer zu Investitionen verwendeten Darlehen ermöglicht[9]. Diese Aussage ist nicht haltbar, da Eigenbetriebe häufig Zuschußbetriebe sind[8]. Deshalb wären die Anteile der Verschuldung von Unternehmen, die den Schuldendienst selbst tragen, auszuweisen und auszugliedern, um die Höhe der nicht sich selbst tragenden kommunalen Verschuldung bei verschiedenen Städten und Landgemeinden zu ermitteln. Es stellt sich allerdings als ein bedauerlicher Mangel der Statistik heraus, daß in dieser Hinsicht keine detaillierten Angaben vorliegen. Für Nordrhein-Westfalen wird der Zuschußbedarf kommunaler Unternehmen beispielsweise nur für größere Gemeindegruppen (z. B. Städte zwischen 100 000 und 200 000 Einwohnern) ermittelt. Nicht ausgewiesen wird er dagegen auf der Kreis- und niederen Gemeindeebene sowie bei einzelnen Städten und Gemeinden.

---

[8] Vgl. zum Zuschußbedarf kommunaler Unternehmen einzelner Gemeindegruppen beispielsweise die vom Statistischen Landesamt Nordrhein-Westfalen herausgegebenen Jahresbände „Die öffentlichen Finanzen" sowie „Die kommunale Verschuldung in Nordrhein-Westfalen".

[9] Siehe Hartmut *Görgens*, Die Entwicklung der Gemeindeverschuldung in Nordrhein-Westfalen, in: Mitteilungen des Rheinisch-Westfälischen Instituts für Wirtschaftsforschung, Heft 8, 1966, S. 220.

10. Kap.: Die Art der mit Darlehen finanzierten Investitionen

Im bisherigen Verlauf der vorliegenden Arbeit wurde die Höhe der kommunalen Verschuldung untersucht und die Verschuldung der Gemeinden mit derjenigen des Bundes bzw. Reichs und der Länder verglichen. Um zu ermitteln, ob sich die kommunalen Gebietskörperschaften in ihrer Verschuldungspolitik an den im sechsten Kapitel dargelegten finanzwissenschaftlichen Deckungsgrundsätzen (die eine dauernde Ordnung der kommunalen Haushalte sicherstellen) orientiert haben, oder ob die eingetretene Verschuldung zu Bedenken Anlaß gibt, soll nun analysiert werden, welcher Art die Investitionen in den untersuchten Perioden waren, für die die aufgenommenen Kommunalkredite verwendet wurden. Damit stellt sich die Frage, inwieweit es sich bei den gemeindlichen Investitionen um rentable und inwieweit um unrentable Vorhaben gehandelt hat. Eindeutig kann diese Frage nicht beantwortet werden; auf Rentabilität bzw. Nichtrentabilität kann höchstens aufgrund des Verwendungszweckes geschlossen werden.

Auf Rentabilität kann man wohl schließen bei Investitionen in wirtschaftlichen Unternehmungen und Betrieben. Wie der Wissenschaftliche Beirat beim Bundesministerium der Finanzen jedoch einschränkend ausgeführt hat, ist „auch bei Anlagen in gemeindlichen Unternehmen, die gemeinhin den Erwerbsunternehmen zugerechnet werden, z. B. bei kommunalen Verkehrsbetrieben, . . häufig die Rentabilität zweifelhaft“[1]. Dagegen können einige Anstalten und Einrichtungen, die im allgemeinen nicht zu den Erwerbsunternehmen gezählt werden, durchaus rentabel sein, wenn die Aufwendungen einschließlich Schuldendienst durch Gebühren und Beiträge oder Preise gedeckt werden. Wegen des Zwanges zur Wohnungsfürsorge für die sozial Schwachen ist die Stellung der kommunalen Darlehen zu Wohnungszwecken und der Aufwendungen der Gemeinden für den eigenen Wohnungsbau problematisch. Obgleich eine marktübliche Verzinsung im allgemeinen nicht erzielt wird, rechnet der Wohnungsbau aufgrund der Zins-, Miet- und Tilgungseinnahmen zu den rentablen Investitionen[2]. Oft wird er aber auch zu den unrentablen Investitionen gezählt[3]. Ein-

---

[1] Gutachten des Wissenschaftlichen Beirats beim Bundesministerium der Finanzen, a. a. O., S. 8.

[2] Vgl. Gutachten des Wissenschaftlichen Beirats beim Bundesministerium der Finanzen, a. a. O., S. 8.

[3] So z. B. vom Statistischen Reichsamt (Einzelschriften zur Statistik des Deutschen Reichs, Nr. 13, a. a. O., S. 246 ff.) und in neuerer Zeit von Rudolf *Stucken* (Die Finanzierung der gemeindlichen Investitionen, in: Der langfristige Kredit, Jg. 1958, Heft 21/22, S. 403).

deutig unrentabel ist jedoch der überwiegende Teil der kommunalen Bauinvestitionen. Das gilt insbesondere für Straßen, Schulen, kommunale Anstalten und Einrichtungen des Gesundheitswesens.

Nach diesen einleitenden Bemerkungen soll im folgenden ermittelt werden, ob und in welchem Umfang die Gemeinden neben rentablen Vorhaben auch unrentable Investitionen in der Weimarer und der Bundesrepublik mit Darlehen finanziert haben.

I. Die Kreditfinanzierung kommunaler Investitionen in der Weimarer Republik

Im Zeitraum von 1924 bis 1928 sind nach Angaben des Statistischen Reichsamtes[4] von der auf den Kreditmärkten aufgenommenen Neuverschuldung[5] und den Schulden aus öffentlichen Mitteln der Gemeinden über 10 000 Einwohner[6] und der Gemeindeverbände in Höhe von insgesamt 4319,4 Mill. RM gut über die Hälfte (2420,0 Mill. RM) zur Erfüllung von Aufgaben der Kämmereiverwaltungen verwendet worden, etwa ein Drittel oder 1507,6 Mill. RM sind Unternehmungen aller Art und der Vermögensverwaltung zugeführt worden, der Rest von 391,8 Mill. RM oder nicht ein Zehntel diente sonstigen Zwecken, insbesondere der Finanzierung laufender Ausgaben (vgl. Tabelle 43).

Die Aufwendungen für Unternehmungen und Betriebe (1106,6 Mill. RM) und für die Vermögensverwaltung (401,0 Mill. RM)[7] stellten mit insgesamt 1507,6 Mill. RM den *rentablen* Teil der kommunalen Schulden dar. Hier war die Tilgung und Verzinsung meist aus den Einnahmen der Unternehmungen, den Zins- und Mieteinnahmen usw. sichergestellt. Eine bedeutende Entlastung der ordentlichen Haushalte brachten darüber hinaus die durch die Investitionen steigenden Erwerbseinkünfte der gemeindlichen Unternehmungen.

[4] Vgl. hierzu und zum folgenden: Einzelschriften zur Statistik des Deutschen Reichs, Nr. 13, a. a. O., S. 245 ff.

[5] Abweichend von der im einleitenden Teil der vorliegenden Arbeit vorgenommenen Abgrenzung werden in diesem Kapitel auch die Darlehen aus öffentlichen Mitteln berücksichtigt.

[6] Die Verwendung der Kreditmarktmittel bei den Gemeinden unter 10 000 Einwohnern ist nicht bekannt. Der Ausfall beträgt jedoch nur rd. $^1/_5$ der gesamten Schuldsumme. Außerdem dürften die kleineren Gemeinden ihre Schulderlöse im großen und ganzen wie die übrigen Gemeinden verwendet haben, vielleicht mit einer stärkeren Betonung der rein öffentlichen Aufgabengebiete (Kämmereiverwaltungen).

[7] Unter „Vermögensverwaltung" wurden diejenigen Beträge erfaßt, die von den Gemeinden für ihre allgemeinen Grundstücksfonds (Ankäufe von Grundstücken) verausgabt worden sind. Neben diesen Grundstücksfonds sind in den für die Vermögensverwaltung aufgewendeten Beträgen auch Schuldaufnahmen für den Erwerb von Beteiligungen aller Art enthalten (Kapitalvermögen).

Tabelle 43: Seit der Währungsstabilisierung von 1923 aufgenommene Schulden[a)] der Gemeinden über 10 000 Einwohner und der Gemeindeverbände, gegliedert nach Verwendungszwecken (Stand am 31. März 1928 in Mill. RM)

Verwendungszweck (Verwaltungszweige)	Auslandsschulden			Inlandsschulden			Neuverschuldung aus Kreditmarktmitteln zusammen	Schulden aus öffentlichen Mitteln	Gesamtbetrag
	langfristige	kurzfristige und sonstige	zusammen	langfristige	mittel- und kurzfristige	zusammen			
	„Rentable Verwendung"								
A. Unternehmen u. Betriebe									
1. Versorgungsbetriebe	325,7	8,5	334,3	131,6	66,8	198,5	532,7	13,8	546,5
davon:									
Elektrizitätsversorgung	202,0	6,6	208,6	64,4	41,6	105,9	314,6	4,3	318,9
Gasversorgung	61,0	1,5	62,6	39,1	13,3	52,4	114,9	0,8	115,8
Wasserversorgung ..	62,7	0,4	63,1	28,2	11,9	40,2	103,2	8,6	111,9
2. Verkehrsunternehmungen	133,2	0,2	133,5	111,4	43,1	154,6	288,0	22,7	310,7
3. Land- und Forstwirtschaft	0,0	—	0,0	67,7	5,2	72,9	72,9	0,7	73,6
4. Sparkassen u. Banken	0,1	—	0,1	31,4	25,2	56,6	56,6	2,2	58,9
5. Sonstige Unternehmungen	5,7	1,3	7,0	80,3	25,7	106,0	113,0	3,8	116,8
davon:									
Schlacht- u. Viehhöfe	1,0	—	1,0	19,1	4,3	23,4	24,4	0,2	24,6
Markt-u. Messehallen	2,5	—	2,5	17,9	7,5	25,4	27,9	0,7	28,7
Ziegeleien, Gruben, Bergwerke, Steinbrüche	—	—	—	7,7	3,7	11,4	11,4	0,1	11,5
Sonstige	2,2	1,3	3,5	35,6	10,2	45,8	49,3	2,7	52,0
Summe A. Unternehmungen und Betriebe	464,8	10,0	474,8	422,5	166,0	588,5	1063,3	43,3	1106,6
B. Vermögensverwaltung ..	5,6	4,0	9,6	385,5	101,6	285,2	394,8	6,2	401,0
Summe A. + B.	470,4	14,0	484,4	706,0	267,6	973,7	1458,1	49,5	1507,6

„Unrentable Verwendung"

A. Kämmereiverwaltungen									
1. Allgemeine Verwaltungen b)	0,4	0,0	0,5	36,1	25,8	62,9	63,3	6,5	69,8
2. Bildungswesen	1,1	—	1,1	89,7	46,1	135,8	136,9	11,7	148,5
davon:									
Schulwesen	1,1	—	1,1	76,1	36,2	112,3	113,3	11,3	124,7
Wissenschaft, Kunst und Kirche	0,0	—	0,0	13,7	9,9	23,5	23,5	0,3	23,9
3. Wohlfahrtswesen	0,4	0,5	0,9	146,6	79,1	225,6	226,5	30,7	257,2
davon:									
Wirtschaftliche Fürsorge	0,2	0,5	0,7	12,5	27,4	39,9	40,6	11,2	51,8
Jugendwohlfahrt	—	—	—	3,7	1,9	5,6	5,6	0,3	6,0
Krankenhäuser und Genesungsheime	0,2	—	0,2	102,0	27,7	129,7	129,8	5,9	135,8
Badeanstalten	0,0	—	0,0	13,3	3,8	17,0	17,1	2,9	19,9
Leibesübungen und Sport	0,0	—	0,0	8,2	5,9	14,1	14,1	7,8	21,9
Sonstiges Gesundheitswesen	—	—	—	5,0	7,2	12,2	12,2	0,4	12,6
Arbeitsfürsorge	—	—	—	1,9	5,2	7,1	7,1	2,2	9,3
4. Wohnungs- und Siedlungswesen	8,0	1,2	9,2	508,6	273,7	782,3	791,5	356,6	1148,1
5. Allgemeine Förderung der Wirtschaft	—	—	—	27,6	25,1	52,6	52,6	7,5	60,2
6. Straßen, Wege und Wasserstraßen	4,8	0,2	5,0	280,2	180,0	460,1	465,2	98,6	563,8
7. Besondere Anstalten und Einrichtungen	6,0	0,2	6,1	91,3	37,1	128,4	134,5	37,9	172,4
davon:									
Garten- und Parkanlagen	0,0	—	0,0	5,8	1,7	7,5	7,5	4,2	11,7
Kanalisation, Bedürfnisanstalten	5,9	0,2	6,0	57,9	29,1	87,0	93,0	32,2	125,8
Feuerlöschwesen	0,1	—	0,1	3,1	2,3	5,4	5,4	0,2	5,6
Friedhöfe und Bestattungswesen	0,1	—	0,1	9,6	3,0	12,6	12,6	0,5	13,1
Müll- und Düngerabfuhr	—	—	—	14,9	1,1	16,0	16,0	0,2	16,2
Summe A. Kämmereiverwaltungen	20,7	2,1	22,8	1180,0	667,8	1847,8	1870,6	549,4	2420,0

Tabelle 43 (Fortsetzung)

Verwendungszweck (Verwaltungszweige)	Auslandsschulden			Inlandsschulden			Neuverschuldung aus Kreditmarktmitteln zusammen	Schulden aus öffentlichen Mitteln	Gesamtbetrag
	langfristige	kurzfristige und sonstige	zusammen	langfristige	mittel- und kurzfristige	zusammen			
				Sonstige Verwendung					
Sonstige Verwendungen	6,2	10,5	16,7	35,2	331,0	366,2	382,9	8,9	391,8
davon:									
Deckung von Fehlbeträgen	—	—	—	10,0	38,1	48,1	48,1	0,9	49,0
Kassenreserve und Betriebsmittelfonds	0,5	9,5	10,0	12,3	192,6	204,9	214,9	5,1	220,0
Nichtaufgegliederte Beträge	5,7	1,0	6,7	12,9	100,3	113,2	119,9	2,9	122,8

a) Auf Kreditmärkten aufgenommene Neuverschuldung und Schulden aus öffentlichen Mitteln. — b) Einschließlich nicht aufgegliederter Kämmereiverwaltungen.

Quelle: Einzelschriften zur Statistik des Deutschen Reichs, Nr. 13, a. a. O., S. 246 f.

Um bei den mit Darlehen finanzierten *unrentablen* Investitionsausgaben zu ermitteln, in welcher Höhe sie den ordentlichen Haushalt belastet haben, müssen jene Beträge ausgegliedert werden, die an Dritte weitergeleitet wurden.

Von den 1148,1 Mill. RM, die dem *Wohnungs- und Siedlungswesen* zugeflossen waren, sind 805,3 Mill. RM oder gut 70 v. H. von den Gemeinden und Gemeindeverbänden selbst unmittelbar verausgabt worden. Die übrigen 342,8 Mill. RM wurden an dritte Empfänger weitergeleitet, und zwar:

325,3 Mill. RM an Private (einschl. Genossenschaften),
15,5 Mill. RM an fremde Gemeinden u. Gemeindeverbände,
2,0 Mill. RM an öffentliche Unternehmungen und Zweckverbände.

Von den Aufwendungen für *Straßen-, Wege- und Wasserstraßen* (563,8 Mill. RM) ist mit 552,7 Mill. RM der größte Teil des Gesamtaufwandes von den kommunalen Körperschaften unmittelbar verausgabt worden. An öffentliche Wegebauverbände u. dgl. wurden 3,0 Mill. RM und an andere Kommunen 8,1 Mill. RM weitergegeben.

In den Kreditaufwendungen für das *Wohlfahrtswesen* (257,2 Mill. RM) sind Weitergaben an die private Wirtschaft in Höhe von 12,4 Mill. RM enthalten. Hierbei handelt es sich vornehmlich um Notstandsdarlehen, die Landwirte oder Gewerbetreibende zum Ausgleich besonderer Schäden infolge von Mißernten, Hochwasser u. ä. erhalten haben.

Dem *Bildungswesen* sind insgesamt 148,5 Mill. RM aus Anleihemitteln zugeführt worden. Davon wurden jedoch 0,5 Mill. RM an Private zur Unterstützung von Theatern, Schulen usw. weitergeleitet und 0,7 Mill. RM an andere öffentliche Körperschaften, z. B. für Beteiligung der Gemeinden an Bildungsanstalten von Gemeindeverbänden.

Unter dem Gesichtspunkt der Belastung sind die für die Zwecke der Kämmereiverwaltungen verwendeten 2420,0 Mill. RM nicht aus besonderen Einnahmen der Verwaltungszweige, sondern ganz oder teilweise aus allgemeinen Deckungsmitteln, insbesondere Steuereingängen, verzinst und getilgt worden. Berücksichtigt man die weitergeleiteten Kredite von insgesamt 414,3 Mill. RM[8], die in der Regel die Empfänger in voller Höhe belastet haben, dann verbleiben unmittelbar verausgabte Beträge der kommunalen Körperschaften von 2005,7 Mill. RM, deren Schuldendienst zum größten Teil aus allgemeinen Haushaltsmitteln zu bestreiten war.

---

[8] Quelle: Einzelvorschriften zur Statistik des Deutschen Reichs, Nr. 13, a. a. O., S. 252. — Die Differenz zwischen den weitergeleiteten Krediten (414,3 Mill. RM) und den vorstehend angegebenen Beträgen von insgesamt 367,5 Mill. RM wird vom Statistischen Reichsamt nicht im einzelnen aufgeführt.

Tabelle 44: Die kommunalen Investitionen 1951 bis 1958

Gliederung	1951		1952		1953		1954		1955		1956		1957c)		1958c)	
	Mill. DM	v. H.	Mill. DM	v. H.	Mill. DM	v. H.	Mill. DM	v. H.	Mill. DM	v. H.	Mill. DM	v. H.	Mill. DM	v. H.	Mill. DM	v. H.
nach Formen																
Bauinvestitionen	1 645,3	75,1	1 988,7	71,6	2 317,3	71,4	2 649,3	70,1	3 292,8	71,6	3 608,0	72,6	3 614,6	66,2	4 252,1	71,6
Neuanschaffung beweglichen Vermögens	196,0	8,9	226,8	8,2	244,3	7,5	272,6	7,1	316,6	6,9	330,7	6,6	359,2	6,6	390,5	6,6
Erwerb von Grundvermögen	144,5	6,6	195,6	7,1	250,3	7,7	313,5	8,2	346,6	7,5	322,2	6,5	341,8	6,3	464,2	7,8
Gewährung von Darlehen	204,7	9,4	347,9	12,5	419,2	12,9	519,9	13,7	605,7	13,2	613,5	12,3	996,4	18,3	733,4	12,3
Beteiligungen[a)]	.	.	16,8	0,6	16,3	0,5	28,6	0,7	37,4	0,8	98,9	2,0	147,1	2,7	102,6	1,7
Zusammen	2 190,6	100	2 775,8	100	3 247,5	100	3 779,9	100	4 599,2	100	4 973,2	100	5 459,1	100	5 942,8	100
desgl. in v. H. der Gesamtausgaben[b)]	30		32		33		34		36		34		34		35	
nach Aufgabengebieten																
Straßen	401,8	18,3	501,6	18,1	623,7	19,2	772,4	20,4	1 043,7	22,7	1 133,3	22,8	1 142,8	20,9	1 428,6	24,0
Schulen	414,0	18,9	516,0	18,6	595,8	18,3	673,5	17,8	793,0	17,2	907,1	18,2	912,9	16,7	985,0	16,6
Öffentliche Einrichtungen	308,5	14,1	375,6	13,5	474,5	14,6	582,2	15,4	750,2	16,3	833,7	16,8	794,7	14,6	990,7	16,7
Wirtschaftliche Unternehmen	168,0	7,7	335,9	12,1	365,0	11,2	456,9	12,1	561,2	12,2	597,8	12,0	1 114,7c	20,4	819,1c	13,8
Wohnungsbau	287,4	13,1	345,2	12,4	412,7	12,7	406,1	10,7	415,4	9,0	421,0	8,5	372,9	6,8	423,6	7,1
Gesundheits- und Jugendpflege	157,0	7,2	188,2	6,8	204,4	6,3	245,4	6,5	305,9	6,7	335,6	6,7	346,2	6,3	385,8	6,5
Allgemeines Grundvermögen	127,9	5,8	153,7	5,5	193,9	6,0	221,2	5,9	228,7	5,0	207,4	4,2	226,7	4,2	310,9	5,2
Übrige Verwaltungszweige	326,0	14,9	359,7	13,0	377,5	11,6	422,2	11,2	501,0	10,9	539,0	10,8	548,2	10,0	599,2	10,1

a) In den Rechnungsjahren 1952 bis 1955 sind die Beteiligungen unvollständig, vor 1952 überhaupt nicht erfaßt. — b) Gesamtausgaben = Gesamtbetrag der unmittelbaren Ausgaben abzüglich Erstattungen. — Abweichungen durch Runden der Zahlen. — c) Einschließlich der in der ordentlichen Gemeinderechnung (1957 mit 161,7 Mill. DM, 1958 mit 153,6 Mill. DM) nachgewiesenen Investitionsausgaben für wirtschaftliche Unternehmen, daher mit 1956 und früher nicht ohne weiteres vergleichbar.

Quellen: Wirtschaft und Statistik, 10. Jg. N. F., Heft 4, 1958, S. 244 und 12. Jg. N. F., Heft 4, 1960, S. 243.

Die vorstehenden Ausführungen zeigen, daß im Betrachtungszeitraum 1924 bis 1928 mit den eingangs erwähnten Abgrenzungsvorbehalten mehr unrentable Investitionen durch Schuldaufnahmen gedeckt worden sind als rentable.

Diese Tendenz in der Kreditverwendung verstärkte sich seit dem Rechnungsjahr 1929/30 weiter. Im Rahmen der gesamten Kreditaufwendungen gingen die Ausgaben für rentable Investitionen zurück. Dagegen stiegen die Ausgaben für Zwecke der Kämmereiverwaltungen, insbesondere für Subventionen, Stützungen und Wohlfahrtszwecke[9]. Darlehen wurden von den Gemeinden auch für Gehaltszahlungen und sonstige laufende Ausgaben sowie für die Tilgung älterer Schulden aufgenommen. Sowohl die Rückzahlungen der Schulden als auch die Aufbringung des Schuldendienstes wurde durch die Veränderung in den Verwendungszwecken erschwert. Wie bereits an anderer Stelle[10] dargelegt wurde, bestand namentlich in den Großstädten (deren Steuereinnahmen sehr stark zurückgegangen waren) ein außerordentlich starker Kreditbedarf für unrentable Zwecke zur Aufrechterhaltung der Verwaltung und zur Erfüllung sozialer Aufgaben, insbesondere für die Aufbringung der Fürsorgelasten für die Arbeitslosen. Infolgedessen wurden kurzfristige Kredite aufgenommen. Um ihre Beamtengehälter zahlen zu können, waren viele Städte (darunter auch Berlin) gezwungen, Kassenkredite aufzunehmen. Insbesondere im Rheinland und Westfalen mußten (nach einer mündlichen Mitteilung von H. *Lüders*, dem ehemaligen Vorstandsmitglied der Deutschen Girozentrale — Deutsche Kommunalbank —) die beiden Landesbanken von Düsseldorf und Münster den gemeindlichen Gebietskörperschaften helfen.

II. Die Kreditfinanzierung rentabler und unrentabler Investitionen nach dem 2. Weltkrieg

Seit 1951 ist ungefähr ein Drittel der kommunalen Gesamtausgaben auf Investitionen entfallen (Tabelle 44). Die Mittel zu ihrer Finanzierung stammten vor allem aus drei Quellen: aus den eigenen kommunalen Steuereinnahmen, staatlichen Darlehen und Zuweisungen und aus Kreditaufnahmen am Kapitalmarkt.

Wie die Übersicht 45 zeigt, ist der Anteil der Schuldaufnahmen[11] an den Investitionsausgaben von 1948 bis 1954 bei der Gesamtheit der

---

[9] Vgl. Einzelschriften zur Statistik des Deutschen Reichs, Nr. 32, a. a. O., S. 32 ff.

[10] Vgl. Kapitel 7, Abschnitt II, Ziffer 3.

[11] Abweichend von der im 3. Kapitel vorgenommenen Abgrenzung sind in

Gemeinden und Gemeindeverbände ständig (von 9,5 auf 45,3 v. H.) gewachsen. In den Rechnungsjahren 1955 und 1956 trat infolge ungünstiger Kapitalmarktlage ein Rückgang ein; seitdem beträgt der Anteil kommunaler Kredite an den Investitionsausgaben der Gemeinden und Gemeindeverbände gut ein Drittel. Dieser Anteil war allerdings in den Gemeinden der einzelnen Länder sehr unterschiedlich (Tabelle 46). Während er in Nordrhein-Westfalen durchweg unter dem Bundesdurchschnitt lag, wurden in verschiedenen anderen Ländern über die Hälfte aller Investitionen mit Fremdmitteln finanziert.

Tabelle 45: Investitionen und Schuldaufnahmen der Gemeinden und Gemeindeverbände 1948 bis 1964

Rechnungsjahr	Investitionen[a)]	Schuldaufnahmen[b)]	Anteil der Schuldaufnahmen an den Investitionen
	Mrd. DM		v. H.
1948	0,49	0,05	9,5
1949	1,24	0,31	25,0
1950	1,79	0,59	32,9
1951	2,19	0,60	27,3
1952	2,76	0,96	34,4
1953	3,25	1,25	38,6
1954	3,78	1,71	45,3
1955	4,60	1,85	40,2
1956	4,98	1,77	35,5
1957	5,46	2,35	43,1
1958	5,94	2,28	38,3
1959	6,94	2,37	34,1
1961	9,65	3,60	37,3
1963	13,68	4,09	30,0
1964[c)]	16,19	4,90	30,2

a) Bauinvestitionen, Neuanschaffung von beweglichem Vermögen, Grundstückskäufe, Gewährung von Darlehen und Beteiligungen.

b) Abweichend von der im einleitenden Teil vorgenommenen Abgrenzung sind in den Angaben die Schuldaufnahmen bei öffentlichen Gebietskörperschaften, die Darlehen aus öffentlichen Sondermitteln und geringfügige interkommunale Schuldaufnahmen enthalten.

c) Vorläufiges Ergebnis.

Abweichungen durch Runden der Zahlen.

Quellen: Wirtschaft und Statistik, 10. Jg. N. F., Heft 4, 1958, S. 243 ff.; 12. Jg. N. F., Heft 4, 1960, S. 242 ff.; 13. Jg. N. F., Heft 6, 1961, S. 370; 14. Jg. N. F., Heft 5, 1962, S. 295; 16. Jg. N. F., Heft 5, 1964, S. 305 und Heft 6, 1964, S. 365; 17. Jg. N. F., Heft 4, 1965, S. 261 und Heft 6, 1965, S. 340; 18. Jg. N. F., Heft 8, 1966, S. 499.

---

den Schuldaufnahmen neben Schulden aus Kreditmarktmitteln auch Schulden aus öffentlichen Sondermitteln, Darlehen von Gebietskörperschaften sowie geringfügige interkommunale Schuldaufnahmen enthalten.

Tabelle 46: Kommunale Investitionen und Schuldaufnahmen 1951 bis 1958, gegliedert nach Ländern

Land [a]	Rechnungsjahre							
	1951	1952	1953	1954	1955	1956	1957	1958
	Investitionen (Mill. DM)							
Nordrhein-Westfalen	724,4	937,5	1109,1	1324,3	1546,0	1781,4	1982,4	2157,8
Bayern	359,1	436,4	512,0	574,9	695,4	769,6	816,8	908,1
Baden-Württemberg	437,5	562,9	635,3	719,0	911,2	915,5	1012,3	1042,1
Niedersachsen	224,8	302,7	355,2	414,9	520,2	572,4	572,9	693,4
Hessen	243,6	283,1	320,4	375,4	455,2	429,4	528,4	554,5
Rheinland-Pfalz	120,3	150,6	188,5	237,3	315,8	320,7	337,5	349,0
Schleswig-Holstein	81,0	102,6	127,0	134,0	155,3	186,8	208,7	237,9
Zusammen	2190,6	2775,8	3247,5	3779,9	4599,2	4975,8	5459,1	5942,8
	Schuldaufnahmen (Mill. DM) [b]							
Nordrhein-Westfalen	158,6	311,1	423,2	573,6	474,4	583,8	774,9	709,1
Bayern	105,0	164,4	207,3	255,7	298,3	326,3	321,4	403,8
Baden-Württemberg	147,1	200,7	205,8	293,9	406,6	318,8	416,3	331,6
Niedersachsen	49,6	77,8	133,7	191,2	240,7	209,3	275,7	277,9
Hessen	71,3	112,7	147,9	202,1	223,5	149,4	306,7	289,7
Rheinland-Pfalz	35,4	44,4	74,8	124,5	140,2	100,9	156,2	161,2
Schleswig-Holstein	32,1	44,9	61,1	72,5	64,9	77,02	101,2	102,6
Zusammen	599,1	956,1	1253,8	1713,4	1848,6	1765,7	2352,4	2275,9
	Schuldaufnahmen in v. H. der Investitionen							
Nordrhein-Westfalen	21,9	33,2	38,2	43,3	30,7	32,8	39,1	32,9
Bayern	29,2	37,7	40,5	44,5	42,9	42,4	39,4	44,5
Baden-Württemberg	33,6	35,7	32,4	40,9	44,6	34,8	41,1	31,8
Niedersachsen	22,1	25,7	37,7	46,1	46,3	36,6	48,1	40,1
Hessen	29,3	39,8	46,2	53,8	49,1	34,8	58,0	52,2
Rheinland-Pfalz	29,5	29,4	39,7	52,5	44,4	31,5	46,3	46,2
Schleswig-Holstein	39,6	43,7	48,1	54,1	41,8	41,3	48,5	43,1
Durchschnitt	27,3	34,4	38,6	45,3	40,2	35,5	43,1	38,3

a) Die Länder sind in der Reihenfolge ihrer Einwohnerzahl aufgeführt.
b) Siehe Tabelle 45, Fußnote b).
Quellen: Wirtschaft und Statistik, 10. Jg. N. F., Heft 4, 1958, S. 243 ff. und 12. Jg. N. F., Heft 4, 1960, S. 242 ff.

Zur zahlenmäßigen Charakterisierung der Investitionsfinanzierung soll nun für die Zeit nach dem Ende des 2. Weltkrieges ermittelt werden, inwieweit die mit Darlehen finanzierten Investitionen der Gemeinden rentabel und inwieweit sie unrentabel gewesen sind.

Für die Zeit von 1952 bis 1957 zeigt die Untersuchung des Wissenschaftlichen Beirats beim Bundesministerium der Finanzen, daß die durch Anleihen finanzierten unrentablen Investitionen aller westdeutschen Gemeinden stark angewachsen sind (Tabelle 47). Die Angaben für die Rechnungsjahre 1961 bis 1964 beweisen, daß der vom Wissenschaftlichen Beirat beim Bundesministerium der Finanzen im Jahre 1959 geäußerten Empfehlung, wonach eine Deckung unrentabler Investitionen aus Kreditmitteln „im allgemeinen vermieden werden sollte"[12], nicht immer im gewünschten Maße entsprochen worden ist.

[12] Gutachten des Wissenschaftlichen Beirats beim Bundesministerium der Finanzen, a. a. O., S. 11.

Tabelle 47: Die Kreditfinanzierung kommunaler Investitionen seit 1952 (in Mrd. DM)

Rechnungs-jahr	Schuld-aufnahmen[a)]	Rentable Investitionen	Unrentable Investitionen
1952	0,8	0,7	0,1
1953	1,1	0,8	0,3
1954	1,6	1,0	0,6
1955	1,6	1,2	0,4
1956	1,5	1,3	0,2
1957	2,2	1,7	0,5
1961	3,6	2,1	1,5
1963	4,3	2,5	1,8
1964[b)]	4,9	2,8	2,1

a) Siehe Fußnote b) in Tabelle 45.
b) Vorläufiges Ergebnis.
Abweichungen durch Runden der Zahlen.
Quellen: Gutachten des Wissenschaftlichen Beirats beim Bundesministerium der Finanzen, a. a. O., S. 9 und Wirtschaft und Statistik, 17. Jg. N. F., Heft 4, 1965, S. 261.

Da es sich bei den in Übersicht 47 angegebenen Werten aber um Globalzahlen handelt, muß ihr beschränkter Aussagewert beachtet werden. Wenngleich sie Auskunft über die Masse der kommunalen Gebietskörperschaften geben, so zeigen sie jedoch *nicht* die Unterschiede bei den einzelnen Gruppen von Gemeinden oder bei den einzelnen Gemeinden selbst. Daß in den verschiedenen Gemeindegrößenklassen noch weit mehr unrentable Investitionen durch Anleihen finanziert worden sind, zeigt Tabelle 48, bei der im Gegensatz zu Übersicht 47 nicht die Strömungsgröße „Neuverschuldung“, sondern die Bestandsgröße „Schuldenstand“ erfaßt wurde. Am 31. 12. 1961 betrug das Verhältnis zwischen kreditfinanzierten rentablen und unrentablen Investitionen bei den Landkreisen reichlich 1:3 und bei den Bezirksverbänden fast 1:4. In den kreisangehörigen Gemeinden und Ämtern sowie den kreisfreien Städten dominierten dagegen die kreditfinanzierten rentablen Investitionen. Dabei haben die kreisfreien Städte ihre aufgenommenen Kreditmarktmittel vorwiegend in Wirtschaftsunternehmen investiert, also in solchen Einrichtungen, die in der Tendenz kurz- und mittelfristig wachstumsfördernd sind. Wenn in Kapitel 8 skizziert wurde, daß bei den Großstädten ein Zusammenhang zwischen der Pro-Kopf-Verschuldung und dem Zuwachs des Bruttoinlandsproduktes besteht, der zwar nicht kausal interpretierbar ist, aber doch zumindest darauf hinweist, daß die Investitionsfinanzierung über Schuldaufnahme eine erhebliche Bedeutung bei den schnell wachsenden Großgemeinden besitzt und bisher von einem entsprechenden, regional differenzierten Wachstum begleitet war, dann dürfte dafür die oben dargelegte Verwendung der Kreditmarktmittel nicht ohne Einfluß gewesen sein.

Tabelle 48: Kommunale Neuverschuldung am 31. 12. 1961 nach Art der Verwendung und Gemeindegrößen Bundesgebiet (ohne Hamburg, Bremen und Berlin)

Verwendungszweck	Kreisfreie Städte		Kreisangehörige Gemeinden		Landkreise		Bezirksverbände		Zusammen	
	in 1000 DM	in v. H.	in 1000 DM	in v. H.	in 1000 DM	in v. H.	in 1000 DM	in v. H.	in 1000 DM	in v. H.
1. Wirtschaftsunternehmen	2 636 272	32,6	1 173 095	18,7	77 332	9,0	37 685	16,1	3 924 385	25,4
2. Verwaltungszweige mit Kostendeckung a)										
Wohnungsbau und Wohnsiedlung	721 574	8,9	339 947	5,4	66 516	7,7	11 674	5,0	1 139 711	7,4
Stadtentwässerung	678 202	8,4	1 381 733	22,0	5 127	0,6	117	—	2 065 179	13,3
Müllbeseitigung	17 756	0,2	5 585	0,1	81	—	—	—	23 422	0,2
Einrichtungen der Lebensmittelversorgung	150 327	1,9	38 296	0,6	151	—	—	—	188 774	1,2
Allgemeines Grundvermögen	554 283	6,8	654 770	10,4	30 315	3,6	1 603	0,7	1 240 970	8,0
Zusammen	2 122 142	26,2	2 420 331	38,5	102 190	11,9	13 394	5,7	4 658 056	30,1
3. Verwaltungszweige, deren Schuldendienst den Haushalt voll belastet										
Allgemeine Verwaltung	73 259	0,9	63 562	1,0	40 522	4,7	5 643	2,4	182 986	1,2
Öffentliche Sicherheit und Ordnung	24 186	0,3	8 198	0,1	2 115	0,2	—	—	34 499	0,2
Schulen	797 270	9,9	1 031 115	16,4	193 751	22,5	11 017	4,7	2 033 154	13,1
Kultur	163 699	2,0	11 980	0,2	582	0,1	1 329	0,6	177 589	1,1
Fürsorge und Jugendhilfe	123 997	1,6	37 105	0,6	30 537	3,5	31 783	13,6	223 422	1,5
Gesundheits- und Jugendpflege	481 460	5,9	176 417	2,8	231 833	26,9	119 718	51,2	1 009 427	6,5
Bau- und Wohnungswesen (ohne Wohnungsbau)	1 304 938	16,1	1 013 663	16,1	169 030	19,6	8 935	3,9	2 496 566	16,1
Öffentliche Einrichtungen, Wirtschaftsförderung (ohne Stadtentwässerung, Müllbeseitigung, Einrichtungen der Lebensmittelversorgung)	298 838	3,7	336 921	5,3	9 048	1,1	4 162	1,8	648 968	4,2
Finanzen und Steuern (ohne allgemeines Grundvermögen)	68 293	0,8	15 839	0,3	4 146	0,5	—	—	88 278	0,6
Zusammen	3 335 940	41,2	2 694 800	42,8	681 564	79,1	182 587	78,2	6 894 889	44,5
darunter Darlehen vom Land	455 783	—	556 946	—	145 554	—	13 217	—	1 171 500	—
Gesamtverschuldung	8 094 353	100,0	6 288 227	100,0	861 086	100,0	233 667	100,0	15 477 333	100,0

a) und Verwaltungszweige, bei denen der Schuldendienst von Dritten aufgebracht wird.

Quelle: Wirtschaft und Statistik, 14. Jg. N. F., Heft 9, 1962, S. 545.

Zu ähnlichen Ergebnissen gelangt *Hansmeyer* für die Gemeinden Nordrhein-Westfalens[13]. So hatten nach Tabelle 49 bis Ende 1962 die kreisfreien Städte über 500 000 Einwohner 40 v. H. ihrer Verschuldung für Wirtschaftsunternehmen (also für unmittelbar wachstumsfördernde Einrichtungen) verwendet. Dagegen lagen die Investitionsschwerpunkte der kleineren nordrhein-westfälischen Gemeinden vornehmlich in Bereichen, die größere Produktionsumwege bedeuten. Hier zeigt sich, „daß die Städte ihre unter Umständen direkt rentablen Wachstumsinvestitionen durch Schuldaufnahmen finanzieren, daß die kleineren Gemeinden hingegen ihren zunächst nicht direkt wachstumsfördernden Nachholbedarf auf diese Weise decken müssen"[14].

Wenn die bisherige Untersuchung ergeben hat, daß bei den kreisfreien Städten die kreditfinanzierten rentablen Investitionen dominierten — auch Tabelle 50 zeigt dies für die Gemeinden des Landes Nordrhein-Westfalen —, so ist auch hier wiederum den mehr oder weniger globalen Angaben ein beschränkter Aussagewert zuzumessen. Dies beweist — wenngleich für einen etwas früheren Zeitraum — das Beispiel der kreisfreien Stadt *Duisburg*. In der Zeit vom 1. Juli 1948 bis zum 31. Dezember 1955 hat Duisburg 190,8[15] Mill. DM investiert. Dieses Investitionsvolumen ist wie folgt gedeckt worden:

1. Kreditmarktmittel	84,5 Mill. DM =	44,29 v. H.
2. Anteile aus dem ordentlichen Haushalt	59,7 Mill. DM =	31,26 v. H.
3. Öffentliche Kredite	18,6 Mill. DM =	9,76 v. H.
4. Innere Darlehen	12,6 Mill. DM =	6,63 v. H.
5. Verkaufserlöse	5,0 Mill. DM =	2,64 v. H.
6. Zuschüsse	5,2 Mill. DM =	2,70 v. H.
7. Sonstige Eigenmittel	5,2 Mill. DM =	2,72 v. H.
	190,8 Mill. DM =	100,00 v. H.

Die Übersicht zeigt, daß von den 190,8 Mill. DM fast 85 Mill. DM oder rd. 44,3 v. H. aus Mitteln des Kapitalmarktes gedeckt worden sind. Untersucht man, inwieweit die mit Darlehen finanzierten 84,5 Mill. DM Investitionsausgaben rentabel und inwieweit sie unrentabel waren, dann ergibt sich, daß 41,5 Mill. DM rentabel und 43,0 Mill. DM (also mehr als die Hälfte) unrentabel gewesen sind[16].

---

[13] Siehe Karl-Heinrich *Hansmeyer*, Gemeindliche Schuldaufnahme und wirtschaftliches Wachstum, a. a. O., S. 213 ff.

[14] Karl-Heinrich *Hansmeyer*, Gemeindliche Schuldaufnahme und wirtschaftliches Wachstum, a. a. O., S. 215.

[15] Als Quelle hierzu und zum folgenden: Wiederaufbau und Verschuldung — Die außerordentliche Haushaltswirtschaft der Stadt Duisburg in den Rechnungsjahren 1949 bis 1958, a. a. O., S. 16 ff.

[16] Während von den 43,0 Mill. DM unrentablen Investitionen 18,2 Mill. DM nicht ertragbringende Vorhaben und 24,8 Mill. DM nicht ausreichend ertrag-

Tabelle 49: Aufteilung der gesamten Neuverschuldung in Nordrhein-Westfalen zum 31. 12. 1962 (ohne Kassenkredite) auf die einzelnen Verwaltungszweige (in v. H. der Neuschulden)

Gemeindegrößenklassen	Allg. Verwaltung[a]	Schulen	Kultur	Fürsorge und Jugendhilfe	Gesundheit, Jugendpflege	Bau, Wohnwesen (ohne Wohnbau)	Straßen, Wege, Brücken	Wohnungsbau	öffentl. Einrichtungen	Wirtschaftsunternehmen
Kreisfreie Städte:										
500 000 und mehr Einwohner	0,9	3,3	1,3	1,6	4,6	1,6	20,7	9,9	11,7	40,1
100 000 bis unter 500 000 Einwohner	1,5	6,8	1,9	2,7	3,6	4,3	18,4	8,5	16,6	25,5
weniger als 100 000 Einwohner	0,9	10,8	0,7	0,8	5,2	4,9	17,4	7,5	19,1	19,2
Kreisangehörige Gemeinden:										
50 000 und mehr Einwohner	1,0	0,9	0,4	0,9	4,1	1,9	5,9	10,3	22,1	18,0
20 000 bis unter 50 000 Einwohner	0,9	12,2	0,3	0,9	4,1	2,7	13,3	6,9	30,0	15,9
10 000 bis unter 20 000 Einwohner	1,0	12,0	0,1	0,5	5,3	1,8	14,1	4,5	28,7	15,5
3 000 bis unter 10 000 Einwohner	1,0	13,1	0,1	0,3	3,0	0,8	12,6	8,5	34,0	13,1
1 000 bis unter 3 000 Einwohner	0,3	15,8	0,1	0,2	1,2	0,3	15,3	7,3	38,2	11,9
weniger als 1 000 Einwohner	0,1	15,3	0,2	—	0,5	1,5	21,5	3,6	40,4	11,6

a) Einschl. öffentliche Sicherheit und Ordnung.
Quelle: Ausgewählte Tabellen zur Gemeindefinanzreform, Tabelle GF 10, Bl. 2 (Manuskript), zitiert bei: Karl-Heinrich *Hansmeyer*, Gemeindliche Schuldaufnahme und wirtschaftliches Wachstum, a. a. O., S. 214.

Tabelle 50: Verwendung der Neuschulden[a)] der kommunalen Gebietskörperschaften Nordrhein-Westfalens am 31. 12. 1962 nach Art der Körperschaften

Körperschaft	Unrentable Schulden						Rentable Schulden					
	Zusammen	darunter					Zusammen	darunter				
		Straßen, Wege, Brücken	Schulen	Einrichtungen des Gesundheitswesens	Fürsorge und Jugendhilfe	Allgemeine Verwaltung[b)]		Wohnungsbau	Stadtentwässerung	Elektrizitätsversorgung	Wasserversorgung	Sonstige wirtschaftliche Unternehmen
	Mill. DM											
Kreisfreie Städte	1 363	630	187	105	63	38	1900	391	288	448	216	356
Kreisangehörige Gemeinden	584	200	193	44	10	14	970	272	388	42	154	37
Gemeindeverbände ..	207	11	26	106	27	29	138	39	5	31	18	34
Insgesamt	2 155	841	406	255	100	81	2008	702	681	521	388	427
v. H.	100,0	39,0	18,8	11,8	4,6	3,8	100,0	23,3	27,6	17,3	12,9	14,2

a) Ohne Kassenkredite. — b) Einschließlich öffentliche Sicherheit und Ordnung.

Quelle: Statistische Rundschau für das Land Nordrhein-Westfalen, 16. Jg., Heft 5, 1962; Hrsg.: Statistisches Landesamt Nordrhein-Westfalen, Düsseldorf, S. 99.

In *Düsseldorf*, um ein weiteres Beispiel einer kreisfreien Stadt Nordrhein-Westfalens anzuführen, belasteten 1962 nur 29,6 v. H.[17] des insgesamt zu leistenden Schuldendienstes die allgemeinen Deckungsmittel der Stadt. Damit war das Verhältnis der unrentablen Verschuldung zur Gesamtverschuldung im Vergleich zu den kreisfreien Städten Nordrhein-Westfalens insgesamt (vgl. Tabelle 50) außerordentlich günstig.

Niedrig war im Düsseldorfer Etat 1962 mit 28,4 v. H. (Tabelle 51) auch der Anteil der Darlehen an den Kosten unrentabler Investitionen; 1963 stieg er jedoch mit 56,6 v. H. auf rd. das Doppelte an. Wie im folgenden noch zu zeigen sein wird, ist diese Veränderung durch eine starke Verengung des Haushalts verursacht worden.

Tabelle 51: Ausgaben für unrentable Investitionen im außerordentlichen Haushalt der kreisfreien Stadt Düsseldorf 1961 bis 1963[a)]

Rechnungsjahr	Gesamtbetrag		Zuweisungen Dritter		Eigenmittel		davon Darlehnserlöse	
	Mill. DM	v. H.	Mill. DM	v. H.	Mill. DM	v. H.	Mill. DM	v. H.
1961	75,5	100,0	16,6	22,0	58,9	78,0	20,4	27,0
1962	79,8	100,0	24,6	30,9	55,2	69,1	22,6	28,4
1963	81,8	100,0	20,7	25,3	61,1	74,7	46,3	56,6

a) Rechnungsergebnisse.

Quelle: Gerhard *Seiler*, a. a. O., S. 135.

Im Vergleich zu Düsseldorf hatten *Köln* und *Dortmund* im Rechnungsjahr 1963 einen sehr viel höheren Anteil an Zuweisungen Dritter veranschlagt. Während diese beiden Städte 1963 Zuweisungen des Staates in Höhe von 42 bzw. 35 v. H.[18] der Gesamtausgaben für unrentable Investitionen erwarteten, hatte Düsseldorf 18 v. H. vorgesehen. Dementsprechend war der Anteil der nordrhein-westfälischen Landes-

bringende Vorhaben waren, weist die Stadtkämmerei Duisburg von den 41,5 Mill. DM rentablen Investitionen 12,2 Mill. DM als ertragbringende Vorhaben und 28,3 Mill. DM als gewinnbringende Vorhaben aus.

Als nicht ertragbringende Vorhaben gelten solche Investitionen, bei denen Betriebs- und Kapitalkosten voll zu Lasten des Gesamthaushalts gehen. Bei den nicht ausreichend ertragbringenden Vorhaben sind die Betriebs- und Kapitalkosten nicht voll aus der Anlage selbst gedeckt.

Ertragbringende Vorhaben sind demgegenüber solche Investitionen, bei denen Betriebs- und Kapitalkosten aus der Anlage selbst gedeckt sind. Bei den gewinnbringenden Vorhaben verbleibt nach Deckung der Betriebs- und Kapitalkosten noch ein Überschuß zugunsten des Gesamthaushalts.

[17] Quelle: Gerhard *Seiler*, Probleme der kommunalen Finanzwirtschaft, Heft 17 der Schriftenreihe der Industrie- und Handelskammer zu Düsseldorf, Düsseldorf und Wien 1964, S. 126.

[18] Quelle: Gerhard *Seiler*, a. a. O., S. 136 f.

hauptstadt an den Darlehen höher; Dortmund und Köln hatten 46 bzw. 48 v. H., Düsseldorf hatte dagegen 64 v. H. veranschlagt. Da in Düsseldorf der tatsächliche Anteil der Zuweisungen an den Kosten unrentabler Investitionen mit 25,3 v. H. (Tabelle 51) um gut 7 v. H. über dem Haushaltsansatz lag, brauchten 1963 nur 56 v. H. (statt wie geplant 64 v. H.) der Investitionen mit Krediten finanziert werden. Daraus folgt nach *Seiler*, daß die Stadt Düsseldorf, die wegen ihrer höheren Steuerkraft niedrigere Zweckzuweisungen Dritter bei der Durchführung ihrer unrentablen Investitionen erhielt als die steuerschwächeren Städte Dortmund und Köln[19], infolge ihrer „Haushaltsverengung" (*Seiler*) einen zunehmenden Anteil der Kosten ihrer unrentablen Investitionen mit Darlehen finanzieren mußte[20].

Vergleicht man die Ausgaben für unrentable Investitionen im außerordentlichen Haushalt Düsseldorfs mit den entsprechenden Angaben für die steuerschwächere Stadt Duisburg[21], dann könnten sich Zweifel an dieser Aussage ergeben. Die Situation in diesen beiden Städten stellte sich 1963 wie folgt dar:

Tabelle 52: Ausgaben für unrentable Investitionen in den außerordentlichen Haushalten der kreisfreien Städte Düsseldorf und Duisburg 1963[a)]

Stadt	Gesamtbetrag		Zuweisungen Dritter		Eigenmittel		davon Darlehnserlöse	
	Mill. DM	v. H.	Mill. DM	v. H.	Mill. DM	v. H.	Mill. DM	v. H.
Düsseldorf	81,8	100,0	20,7	25,3	61,1	74,7	46,3	56,6
Duisburg	93,8	100,0	23,1	24,7	70,7	75,3	33,0	35,2

a) Rechnungsergebnisse 1963.

Quellen: Gerhard *Seiler*, a. a. O., S. 135 und Stadtkämmerei Duisburg.

Diese Angaben zeigen, daß die Stadt Duisburg nur 35,24 v. H. ihrer unrentablen Investitionen mit Darlehen finanziert hat; in Düsseldorf betrug der Anteilsatz dagegen 56,6 v. H., während Zuweisungen und Eigenmittel ungefähr den Prozentsätzen Duisburgs entsprachen. Daraus könnte geschlossen werden, daß die Stadt Düsseldorf bei der Deckung ihrer unrentablen Investitionen der Kreditfinanzierung den Vorzug vor der Finanzierung über ordentliche Haushaltsmittel oder Rücklagen

[19] In Dortmund und Köln betrug 1963 das Steueraufkommen pro Kopf der Einwohner 235,3 bzw. 339,8 DM; in Düsseldorf belief es sich auf 367,2 DM (Quelle: Tabelle 42).

[20] Vgl. Gerhard *Seiler*, a. a. O., S. 137; vgl. auch S. 151 ebenda.

[21] Im Rechnungsjahr 1963 betrug das Pro-Kopf-Steueraufkommen in Duisburg 284,8 (Düsseldorf 367,2) DM (Quelle: Tabelle 42).

gegeben hat. Eine derartige Schlußfolgerung wäre jedoch unrichtig. Wie die Rücklagenentwicklung der nordrhein-westfälischen Landeshauptstadt — und hierbei insbesondere die für jede gemeindliche Investitionspolitik besonders wichtige Entwicklung der Sonder- und Erweiterungsrücklagen — zeigt (Tabelle 53), haben sich 1963 im Düsseldorfer Investitionsbereich die Eigenmittel verengt. Bei gegenüber 1962 weiter angestiegenen unrentablen Investitionsausgaben und relativ konstanten Zuweisungen des Landes bzw. Bundes (Tabelle 51) mußte der Anteil der Kreditfinanzierung an den unrentablen Investitionen somit notwendigerweise steigen. Dagegen konnte Duisburg (nach Angaben der Stadtkämmerei) 1963 in relativ stärkerem Maße als Düsseldorf Rücklagen zur Investitionsfinanzierung verwenden. Daraus erklärt sich der im Vergleich zur nordrhein-westfälischen Landeshauptstadt niedrigere Anteil der Darlehnsfinanzierung an den Kosten unrentabler Investitionen.

Wenngleich, so kann abschließend festgestellt werden, die steuerstarke Stadt Düsseldorf[22] mit rd. 230 Mill. DM[23] noch einen recht beachtlichen Spielraum künftiger Neuverschuldung für unrentable Investitionen hat, so weist doch bereits der im Rechnungsjahr 1963 sprunghaft gestiegene Anteil der Kreditfinanzierung an den Kosten unrentabler Investitionen auf die Grenzen der finanziellen Möglichkeiten hin.

III. Versuch einer Beurteilung der kommunalen Verschuldung vom Standpunkt der finanzwissenschaftlichen Deckungsgrundsätze

Im sechsten Kapitel ist die Frage behandelt worden, inwieweit eine Kreditfinanzierung unrentabler Investitionen neben der Darlehnsfinanzierung rentabler Anlagen noch als zulässig bezeichnet werden kann. Der Verfasser konnte dabei auf die Arbeiten von *Stucken* zurückgreifen, der die Ansicht vertritt, daß eine Häufung von Anleihen bei Kreditaufnahme für *unrentable* Zwecke überhaupt vermieden werden soll, und daß die Darlehen für unrentable Zwecke nur dazu dienen sollen, „einen Ausgleich zwischen Perioden unterschiedlicher Finanzlage herbeizuführen, so daß die Kredite, die in dem finanzwirtschaftlich schlechteren Teil der Periode aufgenommen werden, in dem folgenden besseren wieder abgedeckt werden können"[24]. Unter Anwendung dieses allgemeinen Satzes gelangte

[22] Wie Übersicht 42 zeigt, rangierte Düsseldorf im Rechnungsjahr 1963 unter den kreisfreien Städten Nordrhein-Westfalens mit seinem Pro-Kopf-Steueraufkommen an zweiter Stelle hinter Leverkusen.

[23] Gerhard *Seiler*, a. a. O., S. 133.

[24] Rudolf *Stucken*, Die Finanzierung der gemeindlichen Investitionen, a. a. O., S. 404.

Tabelle 53: Gesamtbestand der Rücklagen Düsseldorfs 1959 bis 1963[a)]

	1959	1960	1961	1962	1963
	in 1000 DM				
Gesamtbestand aller Rücklagen	49 706	79 928	97 735	112 017	103 552
Steigerung in v. H. 1959 = ...	100,0	160,8	196,6	225,4	208,3
darunter: I. Obligatorische Rücklagen	7 800	9 300	9 800	14 104	18 104
Allgemeine Ausgleichsrücklage	7 800	8 800	8 800	10 104	10 104
Betriebsmittelrücklage	—	500	1 000	4 000	8 000
II. Bedingte obligatorische Rücklagen	21 168	47 782	58 293	62 414	60 850
Tilgungsrücklagen	1 174	1 302	1 319	1 567	234
Bürgschaftssicherungsrücklage	1 070	1 550	1 550	1 750	2 059
Erneuerungsrücklage	3 727	5 173	5 421	5 169	4 937
Erweiterungsrücklage	36	36	36	36	9
III. Sonderrücklage	15 159	39 720	49 965	53 891	53 609
Freiwillige Rücklagen	20 738	22 845	29 641	35 499	24 598

a) Kassenabschluß.

Quelle: Gerhard *Seiler*, a. a. O., S. 151.

Stucken zu den bereits dargestellten vier speziellen Regeln[25]. Im folgenden soll eine Beurteilung der kommunalen Verschuldung in den untersuchten Perioden vom Standpunkt dieser finanzwissenschaftlichen Deckungsgrundsätze versucht werden.

Nach der *ersten* Deckungsregel dürfen Darlehen zur Finanzierung der zeitweilig die Einnahmen überschreitenden Ausgaben aufgenommen werden, sofern Einnahmen und Ausgaben im Gesamtergebnis der Etatperiode übereinstimmen.

Das bedeutet also, daß die formelle Fristigkeit der Schulden beachtet werden muß und daß eine kurzfristige Verschuldung nur dann eingegangen werden soll, wenn auch eine kurzfristige Abdeckung möglich ist. Die Gemeinden sind damit an den Liquiditätsgrundsatz gebunden.

Wie die bisherigen Ausführungen gezeigt haben, wurde dem Grundsatz des Ausgleichs in der Haushaltsperiode bei der Aufnahme von Kassenkrediten nicht immer Rechnung getragen. Während der Weltwirtschaftskrise, in der man Kassenkredite zur Finanzierung der Beamtengehälter, der Fürsorgelasten für die Erwerbslosen u. ä. verwandte, sind die kurzfristigen Kredite nicht immer fristgerecht zurückgezahlt worden. Mit fortschreitender Wirtschaftsdepression und sinkenden Steuereinnahmen setzten die Gemeinden ihre fälligen Zins- und Tilgungsraten sogar in erheblichem Maße aus.

Auch nach dem 2. Weltkrieg konnte der Liquiditätsgrundsatz von verschiedenen Gemeinden oftmals nicht eingehalten werden. Als Beispiel ist in der Anlage 10 ein Kassenkredit der Rheinischen Girozentrale und Provinzialbank (Düsseldorf) an die niederrheinische Stadt Kleve aus dem Jahre 1953 angeführt worden, der infolge unzureichender Finanzausstattung bis 1957 immer wieder verlängert wurde und nur in Raten getilgt werden konnte. Gegenwärtig kann jedoch eine Übertretung dieses ersten Deckungsgrundsatzes nicht mehr nachgewiesen werden.

Die *dritte* Deckungsregel erlaubt eine Kreditaufnahme zur Finanzierung unrentabler Investitionen zwischen Jahren erhöhter Gesamtausgaben und anderen Jahren. Dieser Fall, bei dem die gesamten Ausgaben vorübergehend den „Normalstand" überschreiten, trifft ins-

---

[25] Vgl. Kapitel 6, Abschnitt II. — Nach *Stucken* handelt es sich bei diesen Deckungsgrundsätzen um sogenannte „Technische Werturteile", also „um Aussagen über Handlungsweisen zur Erreichung eines gegebenen Ziels und der wissenschaftliche Charakter solcher technischen Werturteile ist doch seit Max Weber kaum bestritten worden". (Rudolf *Stucken*, Finanzwissenschaftliche Deckungsgrundsätze, in: Probleme des öffentlichen Budgets [Schriften des Vereins für Socialpolitik N. F., Bd. 31]; Hrsg.: H. *Jecht*, Berlin 1964, S. 49.)

besondere für die kleineren Gemeinden zu. Je kleiner nämlich die Kommunen sind, desto diskontinuierlicher treten die Ausgaben für Investitionen auf. Aber auch bei Großstädten können sich Investitionsstöße z. B. dann ergeben, wenn aufgeschobener Investitionsbedarf gedeckt werden muß oder wenn die Folgen von Kriegszerstörungen zu beseitigen sind. Die Bedingungen dieses Falles waren nach der Währungsumstellung von 1923/24 für viele Gemeinden gegeben. Auch nach dem Ende des 2. Weltkrieges lagen sie vor; eine Reihe von Gemeinden kann sich bei der Kreditaufnahme für unrentable Investitionen gegenwärtig noch auf diesen Deckungsgrundsatz berufen[26].

Da die Überschüsse der ordentlichen Rechnung zur Finanzierung unrentabler Investitionen nicht ausreichten, haben verschiedene Gemeinden jedoch in einer solchen Höhe Darlehen aufgenommen, wie es sich mit diesem finanzwissenschaftlichen Deckungsgrundsatz *nicht* vereinbaren läßt. Die bisherigen Ausführungen ließen insbesondere für die Zeit nach 1953 erkennen, daß in wachsendem Umfang unrentable Investitionen mit Anleihen finanziert worden sind und daß ein Teil der Gemeinden ihre Schuldengrenze erreicht oder sich ihr genähert hat. Die finanzwissenschaftlichen Deckungsgrundsätze (und hier kommt insbesondere der dritten Deckungsregel eine besondere Bedeutung zu) stellen nun aber Richtlinien für die Deckung von kommunalen Ausgaben dar, durch die ein Erreichen der Schuldengrenze überhaupt verhindert werden soll. Durch die Festlegung von Schuldengrenzen dagegen soll vermieden werden, daß der Schuldendienst eine tragbare Höhe nicht überschreitet. Die Vertreter finanzwissenschaftlicher Deckungsgrundsätze verlangen also im Interesse einer dauernden Ordnung der gemeindlichen Haushalte schon früher einen Schuldenstopp als diejenigen, die eine Orientierung an der Schuldengrenze empfehlen. Zu letzteren zählt beispielsweise *Heckt*, der für eine weit stärkere Kreditnahme der Gemeinden plädiert. Nach seiner Auffassung sind „besondere Maßnahmen“ erst dann notwendig, wenn die kommunale Verschuldung die Verschuldungsgrenze bereits erreicht hat, da jede vorherige Erhöhung der laufenden Einnahmen die Verschuldungskapazität erweitert und dadurch die Gemeinden zu einer noch höheren Verschuldung verleitet[27]. Dieser Argumentation muß jedoch entgegengehalten werden, daß den Kommunen eine Haushaltsführung er-

---

[26] Auch künftig werden eher höhere als niedrigere Investitionen notwendig sein. Vgl. dazu Gutachten des Wissenschaftlichen Beirats beim Bundesministerium der Finanzen, a. a. O., S. 10. Wie der Beirat dort ausführte, ist er „bei seinen Erwägungen von den Schätzungen des künftigen Investitionsvolumens ausgegangen, die vom Deutschen Städtetag im Einvernehmen mit den übrigen kommunalen Spitzenverbänden der Öffentlichkeit unterbreitet wurden“.

[27] Vgl. Wilhelm *Heckt*, Die Verschuldung der Gemeinden, a. a. O., S. 85 ff.

möglicht werden soll, die eine Verschuldung bis zur „Verschuldungsgrenze“ nicht notwendig werden läßt. Die Gemeinden sollen vielmehr nur in solcher Höhe Kredite aufnehmen, wie es sich mit den finanzwissenschaftlichen Deckungsgrundsätzen vereinbaren läßt. Ein Erreichen oder Näherrücken der Schuldengrenze bedeutet somit, daß der dritte finanzwissenschaftliche Deckungsgrundsatz von verschiedenen Gemeinden nicht genügend beachtet worden ist.

Kein Raum ist jedoch in den Deckungsgrundsätzen von Stucken für jene einmaligen hohen Ausgaben großer Städte, die während des 2. Weltkrieges besonders stark zerstört worden sind. Bekanntlich hat der Luftkrieg einseitig die Großstädte betroffen, selten kleinere Städte und kaum Landgemeinden. Der hohe Finanzbedarf für den Wiederaufbau von Schulen, Verwaltungsgebäuden, Versorgungseinrichtungen, Straßen und Brücken erforderte hier also die Kommunalkreditaufnahme, in den Kleinstädten und Landgemeinden dagegen nicht.

Nach der *vierten* Deckungsregel dürfen Kredite zur Erstellung unrentabler Anlagen aufgenommen werden zum Ausgleich zwischen Jahren verminderter Gesamteinnahmen und anderen Jahren. Dieser Fall rechtfertigt eine Darlehnsnahme, um den Zeitraum des Nachhinkens der Steuereinnahmen nach einer Währungsreform zu überbrücken.

Diesem Nachhinken der Steuereinnahmen nach der Währungsumstellung von 1923/24 hat der Staat Preußen durch eine Verfügung[28] Rechnung getragen. Aufgrund dieser Verfügung durften diejenigen Gemeinden, die zur steuerlichen Finanzierung ihrer Ausgaben nicht imstande waren, auch ihre laufenden Ausgaben, also nicht nur Investitionen, *vorübergehend* mit langfristigen Anleihen finanzieren.

Auch die ersten Monate nach der Währungsreform von 1948 brachten für die Gemeinden zunächst einen erheblichen Einnahmeausfall. Vor allem sanken die Einnahmen aus der Gewerbesteuer weit unter den üblichen Umfang. Aber auch die Vergnügungsteuereingänge schmolzen — wie die nachstehende Übersicht 54 zeigt — durch die Umstellung der Verbrauchsgewohnheiten zusammen, während die den beiden Grundsteuern eigentümliche Starrheit der Berechnung und Erhebung dazu führte, daß sich das Aufkommen aus diesen zwei Realsteuern auch in den Monaten des Einnahmeausfalls als relativ stabil erwies.

---

[28] Verfügung des Ministeriums des Innern und des Finanzministeriums vom 9. 1. 1924, betr. wertbeständige Anleihen der Gemeinden und Gemeindeverbände, Ministerialblatt für die Preußische innere Verwaltung, Jg. 1924, S. 46 ff. — An anderer Stelle und in anderem Zusammenhang (vgl. Kapitel 6, Abschnitt I) ist bereits auf diese Verfügung hingewiesen worden.

Tabelle 54: Die kommunalen Steuereinahmen 1946 und 1948 (in Mill. RM/DM)

Steuerart	Rechnungsjahr 1946	Vierteljahr 1948			Volles Rechnungsjahr 1948 (Schätzung)
		1. 4. bis 20. 6.	21. 6. bis 30. 9.	1. 10. bis 31. 12.	
Grundsteuer A	200,9	43,3	39,8	55,2	185
Grundsteuer B	569,3	161,7	128,9	161,4	603
Gewerbesteuer	590,5	331,6	113,4	213,1	877
Vergnügungsteuer	186,5	85,3	25,6	32,5	191
Sonstige Steuern	47,9	30,9	7,7	18,9	77
Insgesamt	1 598,0	652,9	315,4	481,1	1 933

Quelle: Statistisches Amt des Vereinigten Wirtschaftsgebietes: Wirtschaft und Statistik, 1. Jg. N. F., Heft 3, 1949, S. 85.

Im ganzen blieb das kommunale Steueraufkommen im zweiten Rechnungsvierteljahr 1948 (21. 6. bis 30. 9.) mit 315,4 Mill. DM um 21 v. H. hinter dem Vierteljahresdurchschnitt 1946 zurück[29]. Eine Notwendigkeit, wie nach der Währungsumstellung von 1923/24 auch laufende Ausgaben durch Kommunalkredite zu decken, ist aber *nicht* erkennbar. Das Nachhinken der Steuereinnahmen war infolge des anders aufgebauten Steuersystems 1948 nicht so stark wie 1923/24. Es kam hinzu, daß Paragraph 8 der Verordnung über die Umstellung der Gemeindeabgaben nach der Währungsreform vom 5. Oktober 1948[30] den Gemeinden gestattete, für die Zeit vom 21. Juni 1948 bis 31. Dezember 1948 monatlich Vorauszahlungen auf die Gewerbesteuer am 15. eines jeden Monats, erstmals für den Monat Juli 1948 zu erheben.

Durch diese Festsetzung monatlicher Vorauszahlungen bei der Gewerbesteuer konnte der durch die Währungsreform eingetretene Rückgang der kommunalen Steuereinnahmen gemildert werden. Dennoch kann für die ersten Monate nach der Währungsreform die Darlehnsnahme der Gemeinden zur Finanzierung unrentabler Investitionen mit dem Fall vorübergehend verminderter Gesamteinnahmen gerechtfertigt werden. Für das Handeln in der Gegenwart kann man sich — bis auf weiteres — auf diesen Fall jedoch nicht berufen[31].

---

[29] Quelle: Wirtschaft und Statistik, 1. Jg. N. F., Heft 3, 1949, S. 85 f. Vgl. auch: Die Finanzen der Gemeinden im Vereinigten Wirtschaftsgebiet im 3. Rechnungsjahr 1948 (1. 10. bis 31. 12.), Statistische Berichte, VII/4/2.

[30] GVBl. 1948, S. 205.

[31] Vgl. Rudolf *Stucken*, Die Finanzierung der gemeindlichen Investitionen, a. a. O., S. 405.

Schlußteil

11. Kap.: Gegenüberstellung der theoretischen Überlegungen mit den Ergebnissen der statistischen Analyse

Bevor die im theoretischen Teil aufgezeigten möglichen Zusammenhänge zwischen Kommunalkredit und gemeindlicher Finanzausstattung mit den Ergebnissen der empirischen Untersuchung konfrontiert werden, sollen die wesentlichsten theoretischen Überlegungen kurz wiederholt werden:

1. Eine Kürzung der den Einzelwirtschaften zufließenden Mittel ist dann relativ leicht möglich, wenn

— die den Gemeinden zustehenden Besteuerungsmöglichkeiten konstant sind,

— dem Grundsatz der Beweglichkeit der Gemeindesteuern Rechnung getragen ist und

— die politischen Widerstände gegen eine Steuererhöhung schwach sind.

2. Ein von *Stucken* erarbeitetes Maß der Schuldaufnahme ist für die im zweiten Abschnitt des sechsten Kapitels dargestellten Zwecke wünschenswert. Diese Deckungsgrundsätze Stuckens können im Interesse der Zielsetzung möglichst stabiler Steuersätze als Richtlinien der kommunalen Deckungspolitik angesehen werden, weil sie die Schwankungen der Gesamteinnahmen und -ausgaben im Finanzwirtschaftsablauf berücksichtigen.

3. Unter einem Verschuldungszwang steht — gesamtwirtschaftlich betrachtet — ein Teil der Gemeinden, wenn die Steuereinnahmen (einschließlich der Zuweisungen im Rahmen des Finanzausgleichs) in ihrer Gesamtheit zur Finanzierung des kommunalen Finanzbedarfs zwar ausreichen, wenn die Mittel jedoch zu ungleichmäßig auf die einzelnen Gemeinden verteilt sind. Ist nämlich — einzelwirtschaftlich gesehen — die Steuerkraft von Gemeinde zu Gemeinde sehr unterschiedlich und werden diese Unterschiede durch Finanzausgleichsmaßnahmen nur unzureichend ausgeglichen, entsprechen andererseits die Unterschiede in der Finanzkraft nicht den regionalen Unter-

schieden im Finanzbedarf, dann müssen sich diejenigen Kommunen verschulden, bei denen ein starkes Mißverhältnis zwischen unabweisbaren Ausgabeerfordernissen und Einnahmemöglichkeiten besteht. Eine derartige Situation dürfte in der Regel für die finanzschwachen Gemeinden zutreffen, während die reichen Kommunen relativ niedriger verschuldet sein dürften. Dieser Annahme steht jedoch die Tatsache entgegen, daß der Schuldendienstspielraum der steuerstarken Kommunalwirtschaften größer ist als derjenige der steuerschwachen; infolgedessen sind reiche Gemeinden in der Lage, relativ mehr Kommunalkredite aufzunehmen als finanzschwache.

4. Innerhalb der jeweiligen historischen Rahmenbedingungen können örtliche Wachstumsprozesse ausgelöst werden, von denen einige Gemeinden begünstigt, andere benachteiligt und wieder andere überhaupt nicht berührt werden. Im Verlauf dieser Entwicklung können solche Aufgaben ständig ansteigen, denen sich die kommunalen Finanzwirtschaften trotz sparsamster Finanzführung nicht entziehen können.

5. Eine übermäßige Kommunalkreditaufnahme wird jedoch nicht immer durch den Zwang unabweisbarer Investitionsausgaben hervorgerufen. Es ist ebenfalls möglich, daß sie das Ergebnis einer gemeindlichen Ausgabefreudigkeit ist.

6. Verfügen die Kommunen über eine finanzwirtschaftliche Autonomie, dann können sie den Wachstumsprozeß in ihrem eigenen Bereich mittels Vorleistungsinvestitionen aktiv beeinflussen. Durch eine derartige Anziehungspolitik kann das kommunale Steueraufkommen wachsen, was in der Folge wiederum bessere Verschuldungsmöglichkeiten und eine großzügigere Ausgabenpolitik auch für unrentable Investitionen bedingt. Mit anderen Worten: Der Schuldendienstspielraum dieser Gemeinden wird größer als die Verschuldungskapazität solcher Kommunen, deren Wirtschaftswachstum weniger stark ist. Infolgedessen sind steuerstarke Gemeinden in der Lage, sich relativ stärker zu verschulden als steuerschwache.

Die Möglichkeiten der Kommunalwirtschaften, ihr örtliches Wirtschaftswachstum aus eigener Initiative zu beeinflussen, hängt vornehmlich von den frei verfügbaren Mitteln am gesamten Steueraufkommen ab. Dieser Mobilitätsanteil als kommunalstrategisch verwendbare Finanzreserve wird vom Hebesatz und von der Steuerkraft bestimmt, die ihrerseits nicht unwesentlich von dem für die Finanzzuweisungen verwendeten Verteilungsschlüssel determiniert sein kann. Außerdem ist die Intensität einer kommunalen Anziehungspolitik neben der verbilligten Abgabe von städtischen Grundstücken, der Herabsetzung der Gewerbesteuerhebesätze usw. eine Funktion der Erschließung sonstiger Einnahmequellen, wie z. B. der Kreditaufnahme, die in ihrer Ergiebigkeit wiederum von den gemeindlichen Steuereinnahmen bestimmt wird.

Die Möglichkeiten der Kommunen, ihr örtliches Wirtschaftswachstum aktiv zu beeinflussen, wird unter der Voraussetzung einer im großen und ganzen wenig differenzierten Streuung der Hebesätze und gegebenem Finanzbedarf letztlich vom außergemeindlichen Steuerkraftgefälle bestimmt, das die frei verfügbaren Mittel fixiert. Ein derart unterschiedliches Steuerkraftgefälle bedeutet unterschiedliche Verschuldungsmöglichkeiten und somit ungleiche Startbedingungen und aufgrund der Multiplikatorwirkung jeder zusätzlichen Nettoinvestition auf das Einkommen verschiedene Wachstumschancen. Während entwicklungsfähige Gemeinden in der Lage sind, die jeweiligen Gemeindesteuern ergiebig zu gestalten, indem sie sich hierbei der Ausgabenpolitik bedienen, können Kommunen, deren lokale Entwicklungschancen weitgehend ausgeschöpft sind, im allgemeinen keine örtlichen Wachstumsprozesse einleiten.

7. Infolge einer Reagibilität von Steuereinnahmen bei konstanten oder nicht entsprechend sinkenden Haushaltsausgaben können sich bei rückläufiger Konjunktur von selbst Fehlbeträge einstellen. Eintritt und Höhe gemeindlicher Haushaltsdefizite hängen dabei von der Reaktionsstärke kommunaler Ausgaben sowie der Intensität und Schnelligkeit der steuerlichen Reaktionsweise auf den Rückgang der regionalen Wirtschaftstätigkeit ab. Sie können weiterhin von einer Änderung des Finanzausgleichs zwischen Staat und Gemeinden sowie dadurch bestimmt werden, ob und inwieweit eine Erhöhung der Steuersätze möglich ist. Sofern die kommunale Investitionstätigkeit in einer derartigen Situation nicht eingeschränkt wird, bestimmt der Umfang der gemeindlichen Haushaltsfehlbeträge die Höhe der Kommunalverschuldung. Bei ausreichendem Kapitalangebot sind die Gemeinden in der Lage, Kommunalkredite bis zur (allerdings nicht genau bestimmbaren) Schuldendienstgrenze aufzunehmen.

Durch eine derartige Kreditaufnahme erhöht sich in der Regel sowohl der absolute Verschuldungsbetrag als auch der Anteil kommunaler Kredite an der Finanzierung der gesamten von Gemeinden und Gemeindeverbänden durchgeführten Investitionen. Darüber hinaus nimmt durch die Einengung des Haushaltsspielraums[1] bei hohem dringlichem Investitionsbedarf im allgemeinen auch der Anteil kommunaler Darlehnserlöse an der Finanzierung unrentabler Investitionen zu, wenn nicht Finanzierungshilfen des Oberverbandes, etwa in Form von Zweckzuweisungen, an die Stelle der fehlenden Eigen-

---

[1] Eine solche Einengung ist auch bei ansteigender Konjunktur möglich; siehe dazu Kapitel 5.

leistung treten. Erhalten finanzschwache Kommunen für ihren unabweisbaren und unrentablen Investitionsbedarf höhere Zweckzuweisungen als finanzstarke, dann ist der Anteil der Kommunalkredite an den Kosten ihrer unrentablen Investitionen niedriger als bei den steuerstarken gemeindlichen Gebietskörperschaften.

8. Bei einem Wirtschaftsrückgang ist eine Kreditnahme dann schlechthin unmöglich, wenn sich die Gemeinden bei Hochkonjunktur bereits bis zur Schuldendienstgrenze verschuldet haben. In diesem Fall kann sich besonders eine hohe kurz- und mittelfristige Kommunalverschuldung verhängnisvoll auswirken. Da die in dieser Situation auf ein Haushaltsjahr fallenden Tilgungszahlungen bei gleichem Verschuldungsbetrag ungleich höher sind als bei langfristig aufgenommenen Darlehen, während andererseits die Möglichkeiten einer Erhöhung der ordentlichen Einnahmen sehr begrenzt sind, müssen kurz- und mittelfristige Kommunalkredite im allgemeinen verlängert oder durch neue kurz- und mittelfristige Kredite ersetzt werden.

9. Bei konjunkturreagiblen Steuereinnahmen, konstanten Haushaltsausgaben und Steuersätzen sowie gleichbleibendem Finanzausgleich können sich im Konjunkturaufschwung Einnahmeüberschüsse bei den Gemeinden einstellen. Eintritt und Höhe der Haushaltsüberschüsse hängen außer von der Dauer des Wirtschaftsaufschwungs von der Konjunkturempfindlichkeit der Steuern und der Höhe der konjunkturabhängigen Ausgaben ab. Von Bedeutung ist darüber hinaus, wie schnell das Steueraufkommen der Gemeinden und ihre konjunkturempfindlichen Ausgaben auf den Wirtschaftsanstieg reagieren.

Eintritt und Umfang kommunaler Haushaltsüberschüsse können bei konstanter Besteuerung von einer Veränderung des staatlichen Finanzausgleichs beeinflußt werden. Eine erhöhte Lastenzuteilung an die Gemeinden und/oder eine Kürzung der kommunalen Finanzzuweisungen kann den Eintritt von Haushaltsüberschüssen zeitlich hinausschieben und deren Höhe verringern. Eine erhöhte Belastung kann aber auch die Folge davon sein, daß die Kommunen den Vorsprung der privaten Investitionstätigkeit aufholen müssen und somit einen Nachholbedarf haben. Eine Beseitigung des Mangels an Basisinvestitionen (Straßen, Schulen u. ä.) kann sogar dazu führen, daß der unabweisbare kommunale Finanzbedarf relativ stärker und schneller wächst als die gemeindliche Finanzausstatttung. Ob und inwieweit dieser Entwicklung mit einer Steuererhöhung begegnet werden kann, hängt davon ab, in welchem Umfang die Gemeinden über eigene Steuern verfügen und welchen Spielraum sie für die Erhöhung ihrer Steuereinnahmen haben. Weiterhin ist entscheidend, wie stark die politischen Widerstände gegen eine Anhebung der Steuersätze sind.

10. Treten im Konjunkturaufschwung Haushaltsüberschüsse auf, dann ergeben sich drei Möglichkeiten:

a) Die in Zeiten einer schlechten Konjunktur aufgenommenen Kredite werden zurückgezahlt; infolgedessen tritt ein Verschuldungsrückgang ein.

b) Es ist aber auch denkbar, daß die Gemeinden noch zusätzliche Kredite aufnehmen. Diese Tendenz kann u. U. durch eine Verschlechterung des Geldwertes noch beeinflußt werden, weil dadurch die kommunalen Schuldendienstverpflichtungen im Verhältnis zu den steigenden Haushaltseinnahmen zunehmend an Gewicht verlieren.

c) Die Gemeinden tilgen ihre im Wirtschaftsabschwung aufgenommenen Kommunalkredite, verschulden sich jedoch gleichzeitig wieder. Ob und inwieweit sich ihr Schuldenstand vermindert oder erhöht, ergibt sich aus der Differenz zwischen Tilgung früher aufgenommener Kredite und Neuverschuldung.

Nach dieser kurzen Wiederholung des im theoretischen Teil Dargestellten sollen im folgenden Theorie und Empirie einander gegenübergestellt werden. Dabei wird zu prüfen sein, inwieweit die theoretischen Überlegungen mit den Ergebnissen der statistischen Analyse übereinstimmen.

I. Die Notwendigkeit der Ausnutzung gemeindlicher Steuern und der Zwang zur kommunalen Kreditnahme

Für die Weimarer Zeit, insbesondere für die Periode von 1929 bis 1933, ergibt eine Gegenüberstellung der im theoretischen Teil aufgezeigten Zusammenhänge zwischen kommunalem Kredit und gemeindlichem Steueraufkommen mit den im statistischen Teil gewonnenen Ergebnissen, daß das im ersten Abschnitt des Hauptteils erarbeitete Beziehungssystem der Wirklichkeit entspricht. Wie die historisch-statistische Untersuchung im einzelnen gezeigt hat, ist der unabweisbare kommunale Finanzbedarf nach 1929 überaus stark angestiegen. Zwar sah die Neuordnung des Steuersystems und des Finanzausgleichs von 1920 vor, daß den Gemeinden nur dann neue Aufgaben zugewiesen werden sollten, wenn damit gleichzeitig auch die Zuweisung entsprechender Mittel verbunden war. Das gleiche sollte für die wesentliche Erweiterung bestehender Aufgaben erfolgen. In Wirklichkeit stiegen jedoch nur die unabweisbaren kommunalen Ausgaben, während die Einnahmen nach 1929 sanken. Für diesen Fall war aber keine ausreichende Sicherung getroffen worden.

Obwohl die Steuersätze bereits 1927 angespannt waren, versuchten die Gemeinden weiterhin, ihre Einnahmen zu vergrößern. Dabei wurden namentlich die Realsteuern — die wichtigsten eigenen Einnahmen der Gemeinden — außergewöhnlich stark angespannt. Diese Verhaltensweise bestätigt die theoretischen Überlegungen, die gezeigt haben, daß die Kommunen bei einem Anstieg des Finanzbedarfs versuchen werden, ihre Steuerquellen zunehmend stärker auszunutzen und die den Einzelwirtschaften zufließenden Mittel erneut zu kürzen. Im theoretischen Teil sind weiterhin jene Faktoren aufgezeigt worden, die eine Steuerausnutzung beeinflussen. Wie dazu im einzelnen ausgeführt wurde, ist eine weitere Kürzung der den Einzelwirtschaften zufließenden Mittel dann leichter möglich, wenn die Gemeinden über eigene Steuern verfügen, also über solche Steuern, bei denen möglichst keine Konkurrenz mit den übergeordneten Gebietskörperschaften besteht. Darüber hinaus bedarf es eines gewissen Gestaltungsspielraums für die Erhöhung der Steuersätze. Ist zudem noch eine gewisse Objekthoheit gegeben und sind die politischen Widerstände gegen eine Steuererhöhung schwach, dann stehen einer Erhöhung der kommunalen Steuereinnahmen keine nennenswerten Widerstände entgegen.

Anders dagegen, wenn die Gemeinden über wenig eigene Steuern verfügen und der Gestaltungsspielraum für die Erhöhung der Steuersätze sowie die Objekthoheit verengt sind. Wie gezeigt wurde, war dies der Fall vor und während der Weltwirtschaftskrise.

Die Objekthoheit ist in der Weimarer Periode immer mehr eingeschränkt worden. Einige Jahre vor Ausbruch der Weltwirtschaftskrise war der Teil der Steuern, über den die Gemeinden selbst bestimmen konnten, sehr gering; sein Anteil am gesamten gemeindlichen Steueraufkommen betrug nicht einmal 50 Prozent. Zu einem Großteil bestanden die Einnahmen der Kommunen aus Steuerüberweisungen des Reichs. Für das Gemeindesteuerrecht war damit charakteristisch, daß die Gemeinden infolge des durch die Erzbergersche Finanzreform von 1920 eingeführten Verbundsystems zu über der Hälfte ihres Steuerbedarfs unmittelbar von der Gesetzgebung und zu einem Teil auch von reinen Verwaltungsmaßnahmen des Staates abhängig waren.

So erhalten wir als Ergebnis, daß die Gemeinden bei steigendem unabweisbaren Finanzbedarf und unzureichender Finanzausstattung nach 1929 gezwungen waren, sich zu verschulden. Die im theoretischen Teil dargestellte Beziehung zwischen kommunalem Kredit und gemeindlicher Finanzausstattung, wonach eine absolute Notwendigkeit zur Kreditfinanzierung kommunaler Ausgaben dann vorliegt, wenn die Einnahmen aus Steuern auch bei voller Ausnutzung des Gestaltungsspielraums für die Finanzierung des unabweisbaren Finanzbedarfs nicht ausreichen und die Schließung der Lücke selbst mit Hilfe von Überweisungen des Oberverbandes nicht erreicht werden kann, war hier gegeben.

Dieser Zwang zur kommunalen Kreditnahme verstärkte sich im Verlauf der Krise noch dadurch, daß bei weiter steigenden dringlichen Ausgaben der Gemeinden die eigenen Steuereinnahmen zurückgingen und darüber hinaus die Reichssteuerüberweisungen[2] außerordentlich stark sanken. Die im dritten Abschnitt des fünften Kapitels dargelegten Überlegungen finden hier ihre Bestätigung.

II. Gefahren einer umfangreichen kurz- und mittelfristigen Verschuldung in der Wirtschaftsdepression

Im theoretischen Teil wurde dargestellt, daß es zu einer Zahlungseinstellung dann kommt, wenn der Betrag der fälligen Zins- und Tilgungszahlungen größer ist als der Schuldendienstspielraum. Im einzelnen ist ausgeführt worden, daß sich für jene Gemeinden, die die von der Gemeindeaufsichtsbehörde festgesetzte Schuldendienstgrenze fast oder ganz erreicht haben, Gefahren dadurch ergeben können, daß die Einnahmen infolge einer wirtschaftlichen Depression stark sinken. Dabei kann sich eine hohe kurz- und mittelfristige Verschuldung besonders verhängnisvoll auswirken. In der Regel müssen kurz- und mittelfristige Kredite prolongiert oder durch neue kurz- und längerfristige Kredite ersetzt werden, weil die in dieser Situation auf ein Haushaltsjahr fallenden Tilgungszahlungen bei gleichem Verschuldungsbetrag ungleich höher sind als bei langfristig aufgenommenen Darlehen, während andererseits die Möglichkeiten einer Erhöhung der ordentlichen Einnahmen sehr begrenzt sind.

Daß diese theoretischen Überlegungen der Wirklichkeit entsprechen, zeigte sich deutlich während der Weltwirtschaftskrise. Wie die

---

[2] Diese Entwicklung muß berücksichtigt werden, um zu verstehen, warum die kommunalen Spitzenverbände sich heute gegen die Einführung eines Überweisungs-, Zuweisungs- oder Dotationssystems wehren. Wie *Weinberger* schreibt, können „rechtlich und tatsächlich locker gewährte Finanzzuweisungen" nicht zur Grundlage langfristiger Verschuldungsberechnungen gemacht werden. (Vgl. Bruno *Weinberger*, Hausbanken der Kommunen, in: Der Volkswirt, 15. Jg. (1961), Beilage zu Heft 23, S. 38.)

An anderer Stelle schreibt der gleiche Verfasser: „Ein Überweisungs-, Zuweisungs- und Dotationssystem nimmt den Gemeinden jegliches Recht, über ihre Einnahmen selbst zu bestimmen, und es nimmt ihnen auch jeden festen Anspruch auf bestimmte Einnahmen. Rechtlich und tatsächlich locker gewährte Zuweisungen können nicht zur Grundlage langjähriger Planung großer Aufgaben und langfristiger Verschuldung gemacht werden." (Bruno *Weinberger*, Neue Aspekte für eine kommunale Finanzreform, in: Der Städtetag N. F., 14. Jg. (1961), Heft 11, S. 585.)

statistische Untersuchung ergab, haben viele Gemeinden in den zwanziger Jahren Ausgaben mit kurzfristigen Krediten finanziert. Eine fristgerechte Rückzahlung dieser Kredite ist den Gemeinden nicht immer möglich gewesen, da das Steueraufkommen und die sonstigen kommunalen Einnahmen durch die Wirtschaftsdepression so stark gesunken waren, daß für den Schuldendienst nicht genügend Deckungsmittel zur Verfügung standen. Infolgedessen mußten die Gemeinden die fälligen Zins- und Tilgungsraten in erheblichem Umfange aussetzen und ihre kurzfristigen Kredite verlängern. Da diese Prolongation jedoch mit jedem Verlängerungstermin schwieriger wurde und zudem mit steigenden Zinskosten verbunden war, sah sich der Staat schließlich genötigt, durch das Gemeindeumschuldungsgesetz vom 21. September 1933 auf gesetzlichem Wege eine Konsolidierung der Gemeindeschulden herbeizuführen.

III. Verschuldungszwang eines Teils der Gemeinden

Im ersten Abschnitt des Hauptteils wurde behauptet, daß nur ein Teil der Gemeinden unter einem Verschuldungszwang steht, wenn die Steuereinnahmen (einschließlich der Zuweisungen im Rahmen des Finanzausgleichs) in ihrer Gesamtheit zur Finanzierung des Dekkungsbedarfs zwar ausreichen, wenn sich die Verteilung der Mittel jedoch nicht an dem unterschiedlichen Finanzbedarf orientiert. Ist nämlich die Steuerkraft von Kommune zu Kommune sehr unterschiedlich und werden diese Unterschiede durch Finanzausgleichsmaßnahmen nur unzureichend ausgeglichen, entsprechen andererseits die Unterschiede in der Finanzkraft nicht den regionalen Unterschieden im Finanzbedarf, dann müssen diejenigen Gemeinden, bei denen ein starkes Mißverhältnis zwischen dringlichen Ausgaben und Einnahmemöglichkeiten besteht, im Rahmen ihres Verschuldungsspielraums in die Kreditfinanzierung ausweichen. Es wurde angenommen, daß diese Situation für die finanzschwachen Gemeinden zutreffen dürfte, die bei gleich hohem unabweisbaren Finanzbedarf die Grenze, jenseits derer ein Verschuldungszwang besteht, eher erreichen als die steuerstarken Gemeinden.

Diese theoretischen Überlegungen werden durch die Verhältnisse bei den Gemeinden nach der Währungsreform von 1948 bestätigt. Wie im statistischen Teil der Untersuchung gezeigt wurde, ergab sich für die steuerschwachen gemeindlichen Gebietskörperschaften — sofern sie ihre dringlichen Aufgaben durchführen wollten — die Notwendigkeit, das Mißverhältnis zwischen Finanzbedarf und Deckungsmitteln durch eine hohe Steueranspannung zu beseitigen. Da sie bei dieser verstärkten Ausschöpfung ihrer Steuerquellen sehr bald auf

Grenzen gestoßen sind, entstand bei ihnen ein Verschuldungszwang, der durch eine — gemessen am unabweisbaren Finanzbedarf — unzureichende Mittelverteilung ausgelöst wurde.

IV. Die Kreditfinanzierung freiwilliger Investitionen

Die Frage, wann die kommunale Verschuldung eine Folge unabweisbarer Ausgaben und damit zwangsläufig war oder in welchen Fällen die Kreditnahme der Gemeinden durch freiwillige Investitionsausgaben hervorgerufen wurde, läßt sich nicht eindeutig klären. Daß Kommunaldarlehen von verschiedenen Gemeinden aufgenommen worden sind, um weniger dringliche Investitionen durchzuführen, steht außer Zweifel. Wie der Abschnitt über Zusammenhänge zwischen kommunalen Steuereinnahmen und gemeindlicher Verschuldung pro Kopf der Bevölkerung gezeigt hat, bestand eine deutliche Relation zwischen der Höhe der Steuereinnahmen und dem Schuldenstand der Gemeinden. Der Kommunalkredit dürfte jedoch nicht immer primär die Lücke zwischen Finanzbedarf und ordentlichen Einnahmen überbrückt haben; es scheint vielmehr, daß er manchmal im Gefolge eines hohen Steueraufkommens aufgetreten ist. Offenbar sind die im theoretischen Teil dargestellten vergleichsweise günstigen Möglichkeiten, die eine bessere Ausstattung mit Steuereinnahmen für die Kommunalkreditaufnahme bieten, von vielen Gemeinden genutzt worden. Das gilt sowohl für die Zeit nach dem Ende des 2. Weltkrieges als auch für die Periode von 1924 bis 1929. Namentlich im Zeitraum von der Währungsstabilisierung des Jahres 1923 bis zum Ausbruch der Weltwirtschaftskrise hat die Schuldenaufnahme nicht unbedingt die Stelle des beweglichen Einnahmeteils ausgefüllt. Oftmals waren die Möglichkeiten der Anleiheaufnahme nichts anderes als eine zusätzliche Einnahmequelle zur Mehrfinanzierung von Investitionen, die sonst nicht vorgenommen worden wären.

V. Die Bedeutung des Schuldendienstspielraums für die gemeindliche Kreditnahme

Die Analyse der Beziehungen zwischen Steuereinnahmen und Verschuldung in Gemeinden verschiedener Größenklassen hat gezeigt, daß die steuerstarken Kommunen im Verhältnis zur Einwohnerzahl sowohl in der Weimarer Republik als auch nach dem 2. Weltkrieg überdurchschnittlich mehr Kommunalkredite aufgenommen haben als die steuerschwachen.

Aufgrund der Zusammenhänge zwischen Steuerkraft, Saldo der vermögensunwirksamen Rechnung und Verschuldung wurde im statistischen Teil der Untersuchung für die Rechnungsjahre 1955 und 1956 festgestellt, daß der Schuldendienst bei den steuerstarken kommunalen Gebietskörperschaften höher war als bei den steuerschwachen. Umgekehrt war die Schuldendienstquote bei den steuerschwachen Gemeinden höher, zum Teil sogar erheblich höher als bei den steuerstarken. Diese Ergebnisse zeigen, daß die im theoretischen Teil dargestellten Möglichkeiten, wonach die steuerstarken Gemeinden in der Lage sind, sich relativ stärker zu verschulden, weil für sie ein höherer Schuldendienst tragbar ist, der Wirklichkeit entsprechen und in der Praxis genutzt werden.

Solche unterschiedlichen Verschuldungsmöglichkeiten, die das Ergebnis einer von Gemeinden und Gemeindeverbänden aktiv betriebenen Anziehungspolitik sein können, werden im allgemeinen auch örtliche Unterschiede in den kommunalen Leistungen zur Folge haben. Wie im fünften Kapitel dargelegt wurde, kann eine derart erweiterte Verschuldungskapazität eine großzügigere Ausgabenpolitik auch für unrentable Zwecke bedingen. Zusammen mit den gegenwärtig in Westdeutschland bestehenden regionalen Belastungsunterschieden, die am besten in den unterschiedlichen Hebesätzen der Gewerbesteuer zum Ausdruck kommen (vgl. Tabelle 29), können sie zu Standortverschiebungen der Unternehmungen und Wohnsitzänderungen der Haushalte führen[3]. Wenngleich persönliche Präferenzen und sonstige außerökonomische Faktoren eine Rolle bei der Standortwahl spielen, so besteht immerhin die Möglichkeit, daß die kommunale Finanzpolitik die Ballungstendenzen von Produktion und Bevölkerung verstärkt. Inwieweit das allerdings der Fall ist, läßt sich nicht quantifizieren, da Statistiken über das Ausmaß der kommunalpolitisch bedingten Standortfluktuationen fehlen. Das gleiche gilt für die wirtschaftsfördernde Anziehungspolitik der Gemeinden. Eine Untersuchung der Gemeindeausgaben nach Verwendungszwecken führt hier deshalb zu keinem befriedigendem Ergebnis, weil die spezifisch gewerbefördernden Ausgaben nicht eindeutig vom „echten" kommunalen Finanzbedarf zu unterscheiden sind.

Wie bei der Untersuchung der Beziehungen zwischen Kommunalkredit und gemeindlichen Steueraufkommen in Gemeinden *verschiedener* Größenklassen, konnte auch bei der vergleichenden Betrachtung von Steuerkraft und Kommunalkreditnachfrage von Gemeinde zu

---

[3] Vgl. dazu Willi *Albers*, Finanzzuweisungen und Standortverteilung, a. a. O., S. 253 ff. und Gerhard *Isenberg*, Finanzausgleich und Raumordnung, in: Raumforschung, 25 Jahre Raumforschung in Deutschland; Hrsg.: Akademie für Raumforschung und Landesplanung, Bremen 1960.

Gemeinde *gleicher* Größenklasse — bei nicht unbeträchtlichen Unterschieden im Verschuldungsgrad und recht differenziertem Steueraufkommen der untersuchten Gemeinden — die oben dargestellte Parallelität festgestellt werden. Der Verfasser neigt deshalb der Ansicht zu, daß der Schuldendienstspielraum für die Kommunalkreditaufnahme der überragende Gesichtspunkt ist und daß der durch ein zu geringes Steueraufkommen erwachsende Zwang zur Kommunalverschuldung als Ursache dahinter zurücktritt.

Es gab jedoch Ausnahmen in günstigem und in ungünstigem Sinne. Nicht immer wiesen die steuerstarken Gemeinden höhere Schulden auf als die steuerschwachen. Abgesehen von der Finanzkraft dürfte für diese Entwicklung von entscheidender Bedeutung gewesen sein, daß der Wiederaufbau und Ausbau durch den Krieg zerstörter Anlagen von einigen Gemeinden möglichst schnell unter Ausschöpfung aller Kreditmöglichkeiten bis zum Erreichen der Verschuldungsgrenze vorangetrieben wurde, während andere ihre Investitionsausgaben mehr dem von den Eigenmitteln gezogenen Rahmen anpaßten. Bei ihnen war die Verschuldung vergleichsweise geringer.

Allgemein ist festzustellen, daß die Höhe der kommunalen Verschuldung neben der Finanzkraft noch vom Verhalten der kommunalen Führungsschicht abhängt, die sich bei der Finanzierung ihrer unabweisbaren oder weniger dringlichen Aufgaben entweder mehr an dem durch die Eigenmittel gezogenen Rahmen oder an der Verschuldungsgrenze orientiert. Versucht die Führungsschicht der kommunalen Selbstverwaltung, sich einen eigenen „Machtbereich" aufzubauen — eine Tendenz, die in den Jahren während der Weimarer Republik bei einigen Oberbürgermeistern (z. B. Adenauer, Landmann) zu erkennen war —, dann dürfte sie in der Regel Investitionen unter Ausnutzung aller Kreditmöglichkeiten vornehmen und demzufolge die gemeindliche Verschuldungsgrenze schnell erreichen. Hierbei wird unterstellt, daß nicht immer dringliche Aufgaben vorliegen. Sind die kommunalen Ausgaben jedoch unabweisbar, dann ist die Höhe der Verschuldung eine Funktion des Maßes, in dem Überschüsse der ordentlichen Rechnung für die Finanzierung der als dringlich und notwendig anerkannten Investitionen nicht zur Verfügung stehen und in dem die Möglichkeit gegeben ist, Schulden in der entsprechenden Höhe im Rahmen der Schuldendienstleistungsfähigkeit aufzunehmen.

Was die Weimarer Zeit betrifft, so dürfte dieser Tatbestand für solche Kommunen zutreffen, die nach der Währungsstabilisierung von 1923/24 einen starken Nachholbedarf von zehn Kriegs- und Inflationsjahren einschließlich der unterlassenen Unterhaltung kommunaler Anlagen und Einrichtungen aufholen mußten. Hinzu kam weiterhin, daß der Aufgabenkreis der gemeindlichen Verwaltung erheblich ausgedehnt wurde, da den Kommunen in den Nachkriegsjahren neue Aufgabengebiete (z. B. Wohnungsbau, Gesundheits- und Wohlfahrtspflege) übertragen worden waren. Da sich andererseits die Finanzausstattung der Gemeinden bereits 1920 durch die Neuordnung des Steuersystems und des Finanzausgleichs stark verschlechtert hatte, mußte ein Teil der kommunalen Investitionsausgaben mit Kreditmarktmitteln finanziert werden.

Ähnliches gilt für die Zeit nach dem Ende des 2. Weltkrieges, als die Gemeinden außerordentlich hohe und dringende Investitionen finanzieren mußten. Wie im empirischen Teil dargelegt wurde, war dieser Investitionsbedarf auf die Kriegszerstörungen, die Investitionsdrosselung seit 1929, auf den Bedarf an gemeindlichen Einrichtungen und Anlagen durch den Flüchtlingsstrom und auf das allgemeine Anwachsen der Ansprüche an die Leistungen der öffentlichen Hand zurückzuführen. Aber auch gegenwärtig besteht fortlaufend Bedarf an Versorgungs- und Gesundheitseinrichtungen sowie im Straßenbau. Das gleiche gilt, wie auch der Wissenschaftliche Beirat beim Bundesministerium der Finanzen in seinem Gutachten[4] dargelegt hat, ebenfalls für die Zukunft. Es ist unverkennbar, daß die Kommunen den Vorsprung der seit Jahren kräftigen privaten Investitionstätigkeit aufzuholen haben, soll das weitere Wirtschaftswachstum nicht durch den Mangel an Basisinvestitionen (Straßen, Schulen, Versorgungseinrichtungen usw.) gefährdet werden. Hier wird die Beobachtung bestätigt, daß durch langfristige Entwicklungstendenzen solche kommunalen Ausgaben ständig wachsen können, denen sich die Gemeinden auch bei sparsamster Finanzführung nicht entziehen können. Kann das durch die wachsende Ausdehnung der kommunalen Tätigkeit verursachte Ausgabenmehr durch ein aus dem Wirtschaftswachstum resultierendes Einnahmenmehr nicht ausreichend gedeckt werden, dann sieht sich die gemeindliche Finanzwirtschaft letztlich gezwungen, Kapitalmarktmittel aufzunehmen. Dieser Tatbestand dürfte für viele westdeutsche Gemeinden zutreffen. Die erhebliche Zunahme der kommunalen Verschuldung, insbesondere aber das starke Wachstum der mit Anleihen finanzierten *unrentablen* Investitionen der Gemeinden und Gemeindeverbände seit etwa 1953, ist vor allem darauf zurückzuführen, daß ein Großteil der Kommunen ihre unrentablen Vorhaben nicht aus Überschüssen der ordentlichen Rechnung finanzieren konnten, sondern auf Kommunalkredite angewiesen waren. Im theoretischen Teil der Arbeit ist darauf hingewiesen worden, daß eine derartige Verengung des finanziellen Spielraums bei gleichbleibend hohem Finanzbedarf eine Zunahme des Anteils kommunaler Darlehnserlöse an den Kosten

---

[4] Vgl. Gutachten des Wissenschaftlichen Beirats beim Bundesministerium der Finanzen, a. a. O., S. 10 f.

unrentabler Investitionen zur Folge hat, wenn nicht Zweckzuweisungen durch Dritte die Stelle der fehlenden Eigenleistung ausfüllen. Die Richtigkeit der in diesem Zusammenhang gemachten Annahme, daß der Anteil kommunaler Kredite an der Finanzierung unrentabler Investitionen bei steuerstarken Gemeinden in der Regel höher ist als bei steuerschwachen, weil finanzstarke Kommunen niedrigere Zweckzuweisungen erhalten als finanzschwache, konnte am Beispiel einiger nordrhein-westfälischer Großstädte gezeigt werden.

Eine Kreditfinanzierung *unrentabler* Investitionen, so wurde weiter im theoretischen Teil dargelegt, ist durchaus zulässig — unter der Voraussetzung allerdings, daß die Gemeinden sich nicht bis zur Schuldendienstgrenze, sondern nur in einer solchen Höhe verschulden, wie es sich mit den finanzwirtschaftlichen Deckungsgrundsätzen vereinbaren läßt. Diesen Deckungsgrundsätzen ist jedoch bei der Kreditaufnahme für unrentable Zwecke nicht immer in erforderlichem Maße Rechnung getragen worden. Im vorstehenden Kapitel ist gezeigt worden, daß zahlreiche westdeutsche Gemeinden gegen den dritten finanzwissenschaftlichen Deckungsgrundsatz verstoßen haben. Es wurde weiter dargelegt, daß die erste Deckungsregel sowohl in der Weimarer Zeit als auch nach dem 2. Weltkrieg bei der Aufnahme von Kassenkrediten nicht immer genügend beachtet worden ist. Insbesondere während der Weltwirtschaftskrise führte ein derartiges Verhalten zu außerordentlichen Schwierigkeiten, die nur durch ein Eingreifen des Gesetzgebers behoben werden konnten. Derartige Schwierigkeiten größeren Ausmaßes sind in Westdeutschland jedoch nicht aufgetreten; gegenwärtig ist ein Verstoß gegen den ersten finanzwissenschaftlichen Deckungsgrundsatz nicht mehr nachweisbar.

Summary

This book tries to clarify theoretically the relations between the development of the communal credit and the local tax receipts (including financial equalization and equalization of burdens) and to prove them empirically for the time of the Republic of Weimar and the Federal Republic.

The theoretical part of this paper deals in particular with the problems of the compulsory indebtedness of the local authorities and in this connection examines the question for which purpose and to which degree communal borrowing is reasonable and how far it extends the financial scope of the communities and communal associations. A second group of problems deals with the possibilities and limits of attracting private establishments of craft and industry by means of credit-financed communal prepaid investments and by varying the collection rates of the property tax. In the further course this part analyses the relations between receipts and expenditures of the local authorities, as well as their indebtedness in the individual business cycles.

The final part confronts the facts established in the theoretical part with the results of the empirical investigation. The idea of this confrontation is to find out whether and how far the theses hold true taking into account the financial situation of the local corporate counties before and after the second world war.

Résumé

Dans ce livre, on a essayé de clarifier théoriquement les rapports existant entre le développement du crédit municipal et celui des recettes fiscales communales (y compris la péréquation des finances et des charges) et de les justifier empiriquement pour la République de Weimar et la République Fédérale.

La partie théorique de l'ouvrage touche surtout aux problemès de l'endettement forcé municipal et, à ce propos, examine la question à quels buts et dans quelle mesure il est opportun de contracter un crédit municipal et jusqu 'à quel point cela élargit la marge financière des communes et des syndicats de communes. Un deuxième ensemble de problèmes traite les possibilités et limites de l'attraction d'entreprises industrielles privées moyennant des investissements municipaux de prestation préalable financés par des crédits ainsi que moyennant des variations du taux de perception des impôts réels. Dans la suite, cette partie analyse les rapports entre les recettes et dépenses municipales et l'endettement communal dans les différentes phases de conjoncture.

Dans la partie finale, les données déterminées dans la partie théorique ont été confrontées avec les résultats de l'examen empirique. Le sens de cette confrontation est de rechercher si et dans quelle mesure les thèses étaient valables avant et après la deuxième guerre mondiale, compte tenu de la situation financière des collectivités territoriales municipales.

Anlagen

ANLAGE 1

In den westdeutschen Ländern geltende Richtlinien für die Bemessung der kommunalen Schuldengrenze*

1. Baden-Württemberg

Quellen:

Erlaß des Regierungspräsidiums Nordwürttemberg vom 13. 4. 1953 Nr. I 4 — 311/3 (GABl. S. 125); entsprechende Bestimmungen gelten in den übrigen Regierungsbezirken Baden-Württembergs.

Bemessungsgrundlage:

Verhältnis des Schuldendienstes und des Schuldenstandes zu bestimmten Einnahmearten.

Die kommunale Verschuldung ist in der Regel als unbedenklich anzusehen, wenn

a) die gesamten äußeren Schulden den Jahresbetrag der Steuereinnahmen einschließlich der Finanzzuweisungen, des Reinerlöses aus der ordentlichen Jahresnutzung im Wald sowie der Gewinne und der Konzessionsabgaben wirtschaftlicher Unternehmen (Eigenbetriebe) und wirtschaftlicher Beteiligungen, soweit sie dem ordentlichen Haushalt verbleiben, nicht übersteigen; zur Ermittlung der Werte sind die letzten drei Rechnungsjahre heranzuziehen;

b) die jährliche Belastung durch den Schuldendienst nach den tatsächlichen Darlehensbedingungen, mindestens jedoch unter Berücksichtigung ordnungsmäßiger Tilgungsraten, 10 v. H. des nach a) errechneten Betrages nicht überschreitet.

Außer Betracht zu lassen sind Kommunalkredite für werbende (rentable) Zwecke, soweit der Schuldendienst nach betriebswirtschaftlichen Grundsätzen vom Ertrag tatsächlich gedeckt wird. Nach den Bestimmungen des Regierungspräsidiums Nordwürttemberg sind „durchlaufende Darlehen sowie selbstschuldnerische Bürgschaften . . mit 10 v. H. des (verbürgten) Darlehnsbetrages anzurechnen“.

„Ausnahmsweise kann bei der Verschuldung auf das 1½fache des Jahresbetrags der Einnahmen nach a) gegangen werden. Es muß sich dabei um Gemeinden handeln, die durch ihre außerordentliche Entwicklung oder wegen besonderer Umstände innerhalb kurzer Zeit größere Pflichtaufgaben auf dem Gebiete des Schulhausbaues, der Abwasserbeseitigung, Wasserversorgung und Baulanderschließung durchzuführen haben und für die dadurch die Darlehensaufnahmen notwendig geworden sind. Bei diesen Gemeinden muß besonders darauf Bedacht genommen werden, daß sie ihren Schuldendienst nicht ohne Nachteil für die weitere Entwicklung der Gemeinde erfüllen können.“

---

* *Quelle:* Alfons *Schreml* und Josef *Dietl*, a. a. O., S. 65 ff. — Die vorliegende Übersicht ist eine gekürzte Wiedergabe der von *Dietl* und *Schreml* erarbeiteten Darstellung des wesentlichen Inhalts der in den westdeutschen Ländern geltenden Richtlinien für die Bemessung der Schuldengrenze der Gemeinden.

Diese Richtlinien gelten für Kreditaufnahmen der kreisangehörigen Gemeinden. Die Kommunalkreditaufnahmen der Land- und Stadtkreise sowie der großen Kreisstädte sind in jedem Einzelfall zu prüfen.

2. Bayern

Quelle:

Entschl. des Bayer. Staatsministeriums des Innern vom 6. 8. 1958 Nr. I B 4 — 3036 — 28/27 (MABl. S. 553).

Bemessungsgrundlage:

Verhältnis der fortdauernden Einnahmen zu den fortdauernden Ausgaben. In Abschn. I Ziff. 2 Buchst. c) der vorbezeichneten Entschließung ist u. a. folgendes ausgeführt:

„Ob der Schuldendienst mit der dauernden Leistungsfähigkeit einer Gemeinde in Einklang steht, kann nur durch eine Prüfung der Verhältnisse einer Gemeinde ermittelt werden. Hierbei sollten die fortdauernden Einnahmen den fortdauernden Ausgaben gegenübergestellt werden. Diese Gegenüberstellung für mehrere, mindestens für drei Rechnungsjahre, läßt die Entwicklung der Leistungsfähigkeit einer Gemeinde erkennen.

Ein vorsichtig angesetzter durchschnittlicher Überschuß der fortdauernden Einnahmen über die fortdauernden Ausgaben zeigt, in welchem Umfang etwa noch weitere fortdauernde Ausgaben übernommen werden können. Das Abwägen der voraussichtlichen künftigen Entwicklung ist notwendig. Hierbei ist auch zu berücksichtigen, welche Auswirkungen die beabsichtigte Maßnahme auf die künftige Haushaltswirtschaft hat. Ferner ist zu prüfen, ob gemeindliche Aufgaben und die Unterhaltung des Vermögens eine merkliche Erhöhung der fortdauernden Ausgaben erfordern."

3. Hessen

Quellen:

Richtlinien des Hessischen Ministers des Innern vom 7. 12. 1954 (StAnz. 1954 S. 1213); Erlaß des Hessischen Ministers des Innern vom 24. 5. 1956 betr. Schuldengrenze, insbesondere Genehmigung von Darlehensaufnahmen durch Gemeinden für Zwecke der Wasserwirtschaft (nicht veröffentlicht).

Bemessungsgrundlage:

Verhältnis der fortdauernden Deckungsmittel zum fortdauernden Zuschußbedarf.

In dem Erlaß des Hessischen Ministers des Innern vom 24. Mai 1956 betr. Schuldengrenze, insbesondere Genehmigung von Darlehensaufnahmen durch Gemeinden für Zwecke der Wasserwirtschaft, wurde u. a. folgendes hervorgehoben:

„Einen allgemein gültigen Schlüssel für die Bemessung der Schuldengrenze einer Gemeinde gibt es nicht. Alle bisher in der Praxis hierfür vorgenommenen Berechnungen können zu keiner allgemein gültigen Formel führen, weil sich die unterschiedliche Struktur der Gemeinden und ihre daraus folgenden unterschiedlichen Belastungsmöglichkeiten nicht auf einen Nenner bringen lassen. Insbesondere können die Höhe der bereits vorhandenen Verschuldung und eine ‚Prokopf'verschuldung für die Genehmigung oder Versagung einer Darlehensaufnahme nicht ausschlaggebend sein. Ob eine Gemeinde sich weiter verschulden kann oder nicht, hängt allein von ihrer Haushaltslage und ihrer dauernden Leistungsfähigkeit ab, d. h. davon, ob die Gemeinde in der Lage ist, den neu auf sie zukommenden Schuldendienst im Rahmen des ordentlichen Haushalts auf die Dauer gesehen zu leisten, ohne daß dadurch dessen Ausgleich auch in der Zukunft gefährdet wird...

Vor der zu treffenden Entscheidung bedarf es daher sorgfältigster Prüfung der Finanzlage der Gemeinde. Ausgangspunkt dafür wird zweckdienlicherweise eine Gegenüberstellung der fortdauernden Deckungsmittel mit dem fortdauernden Zuschußbedarf eines oder mehrerer Rechnungsjahre sein. Dabei darf aber nicht so verfahren werden, daß lediglich aus Haushalt oder Rechnung die fortdauernden Vorgänge schematisch übernommen werden. Vielmehr ist dieses Zahlenmaterial — insbesondere wenn ein Überwiegen des fortdauernden Zuschußbedarfs vorliegt — kritisch dahin zu untersuchen, ob sich nicht zugunsten des künftigen neuen Schuldendienstes Einsparungen ermöglichen oder Mehreinnahmen erzielen lassen. Das Bild der Finanzlage der Gemeinde, das so aus der Perspektive der fortdauernden Vorgänge gewonnen wird, kann jedoch für die Beurteilung eines Darlehensantrags der Gemeinde auch nicht allein ausschlaggebend sein. Es wird — namentlich bei größeren Gemeinden — in die Beurteilung vielmehr einzubeziehen sein, ob bei den einmaligen Haushalts-/Rechnungsvorgängen eine gewisse Stetigkeit vorliegt, aus der sich eine dauernde Erweiterung des finanziellen Raumes zwischen fortdauernden Deckungsmitteln und fortdauerndem Zuschußbedarf ergibt. Auch wird die Wechselwirkung zwischen fortdauernden und einmaligen Vorgängen beachtet werden müssen, da z. B. künftig wegfallende einmalige Ausgaben den Raum zwischen fortdauerndem Zuschußbedarf und fortdauernden Deckungsmitteln verbessern.

Nur aus einer solchen Gesamtschau der gemeindlichen Finanzlage wird die Aufsichtsbehörde eine richtige und verantwortliche Entscheidung treffen können. Es wäre verfehlt, die Entscheidung über den Darlehensantrag lediglich auf das Ergebnis einer Rechenformel zu gründen, das die Finanzlage niemals zutreffend wiedergeben kann..."

4. Niedersachsen

Bemessungsgrundlage:

Verhältnis des Schuldendienstes zu den Deckungsmitteln.

5. Nordrhein-Westfalen

Quelle:

Gemeinsamer Runderlaß des Innenministers
— III B 5/11 — 320/55 u. d. Finanzministers I D 1
— Tgb. Nr. 21121/55 vom 5. März 1955 (MBl. NW 1955 S. 458)

Bemessungsgrundlage:

Verhältnis der voraussichtlichen Einnahmen zu den zwangsläufig anfallenden laufenden Ausgaben.

In Ziff. 6 des vorgenannten Runderlasses ist u. a. folgendes ausgeführt: „Auf dem Gebiete der Kriegsschädenbeseitigung und der Deckung des Nachholbedarfs konnten in den letzten Jahren erfreuliche Fortschritte erreicht werden. Trotzdem sieht sich eine große Anzahl von Gemeinden immer noch großen Aufgaben gegenüber, deren Erfüllung erhebliche finanzielle Anstrengungen erfordert. Es würde die Steuerkraft der Bevölkerung zu stark belasten, wenn man diese Aufgaben in vollem Umfang aus laufenden Einnahmen decken wollte. Die Lockerung des Kapitalmarktes gibt den Gemeinden die Möglichkeit, Kredite für solche Zwecke in Anspruch zu nehmen. Da die Mehrzahl der Gemeinden von dieser Möglichkeit in weitem Maße Gebrauch gemacht hat, ist die Gesamtverschuldung der Gemeinden in den letzten Jahren stark angestiegen. Soweit es sich bei der Verschuldung um Darlehen handelt, mit denen Einrichtungen finanziert werden, die den für sie aufzuwendenden Schuldendienst nachhaltig selbst erwirtschaften, ist gegen sie nichts einzuwenden. Hingegen ist den Schulden, deren Schuldendienst aus allgemeinen Deckungsmitteln, insbesondere aus den laufenden Steuereinnahmen, gedeckt werden muß, besondere Aufmerksamkeit zu schenken. Die Gemeinden werden deshalb unter Berücksichtigung ihrer Wirtschaftsstruktur und der Entwicklung ihrer Steuereinnahmen untersuchen müssen, wie sich das Verhältnis ihrer voraussichtlichen Einnahmen zu den zwangsläufig anfallenden laufenden Ausgaben entwickeln wird und welche Beträge hiernach jährlich zur Deckung einmaliger Ausgaben oder des Schuldendienstes für neu aufzunehmende Darlehen und der laufenden Betriebs- und Unterhaltungskosten für die hiermit zu errichtenden Einrichtungen herangezogen werden können ...“

6. Rheinland-Pfalz

Quellen:

Runderlasse des Ministeriums des Innern vom 23. Juli 1954 (MinBl. Sp. 774), vom 12. März 1956 (MinBl. Sp. 240) und vom 9. Juni 1958 (MinBl. Sp. 705).

Bemessungsgrundlage:

Verhältnis des Schuldendienstes zu den Reineinnahmen und zu den allgemeinen Deckungsmitteln.

Nach der Darstellung des Bayerischen Prüfungsverbandes öffentlicher Kassen wurde

„1. Mit dem Runderlaß vom 12. März 1956 . . in Änderung des Runderlasses vom 23. Juli 1954 bestimmt, daß bei Ermittlung der Verschuldungsgrenze von den *Reineinnahmen* (§ 48 Nr. 9 GemHVO) auszugehen ist. In dem Runderlaß vom 23. Juli 1954 wurde es als ein Warnzeichen bezeichnet, wenn der Schuldendienst 10% der Reineinnahmen erreicht.

2. Das Ministerium des Innern erklärte sich dann im Runderlaß vom 9. Juni 1958 im Hinblick auf die Praxis des Rechnungshofes auch damit einverstanden, daß die Verschuldungsgrenze auf der Grundlage der *allgemeinen Deckungsmittel* errechnet wird. Die Verschuldungsgrenze wird bei dieser Methode im allgemeinen dann als erreicht anzusehen sein, wenn der aus ordentlichen Haushaltsmitteln aufzubringende Schuldendienst für nichtrentierliche Schulden 15 v. H. der allgemeinen Deckungsmittel ausmacht...

Bei Anwendung dieser Berechnung sind nur diejenigen Schuldendienstleistungen zu berücksichtigen, die aus allgemeinen Deckungsmitteln finanziert werden müssen. Hiernach bleiben die rentierlichen Schulden und die zu gleichen Bedingungen weitergegebenen Darlehen außer Ansatz. Schulden für öffentliche Einrichtungen mit Gebührenhaushalten sind so weit zu berücksichtigen, als der Schuldendienst wirtschaftlich nicht einwandfrei auf die Dauer aus dem Gebührenaufkommen gedeckt wird und — entgegen den Empfehlungen des Ministeriums des Innern — den allgemeinen Deckungsmitteln zur Last fällt.

Es wird besonders bei Annäherung an die kritische Grenze empfohlen, beide Berechnungsmethoden anzuwenden, um eine zusätzliche Beurteilungsmöglichkeit zu gewinnen. Beide Berechnungsmethoden geben nur Anhaltspunkte, die von jeder Gemeinde nach ihrer besonderen Struktur spezialisiert und vertieft werden müssen. Eine Gemeinde ist ... im allgemeinen dann nicht mehr fähig, neue Darlehenslasten aufzunehmen, wenn sie dadurch den gebotenen finanziellen Spielraum innerhalb ihres ordentlichen Haushalts für die späteren Jahre verliert."

7. Saarland

Bemessungsgrundlage:

Verhältnis des Schuldendienstes zu den Steuern und steuerähnlichen Einnahmen.

8. Schleswig-Holstein

Quellen:

Runderlasse des Innenministers vom 16. Januar 1953 (Amtsbl. Schl.-H. S. 29) und vom 27. Januar 1958 (Amtsbl. Schl.-H. S. 43).

Bemessungsgrundlage:

Verhältnis des Schuldendienstes zu bestimmten Einnahmearten und der fortdauernden Einnahmen zu den fortdauernden Ausgaben.

In Ziff. 7 des erstgenannten Runderlasses ist u. a. folgendes ausgeführt:

„Es ist leider nur in beschränktem Umfang möglich, dem Kapitalbedarf der Gemeinden auch nur in einigermaßen befriedigendem Umfange Rechnung zu tragen. Dies gilt in erster Linie für die gemeindlichen Verkehrs- und Versorgungsbetriebe. Jedoch bestehen auch im Bereich des Schul-, Gesundheits- und Straßenbauwesens erhebliche und vordringlich zu schließende Kapitallücken. Aber auch die Anerkennung dieser Notwendigkeit läßt eine plan- und bedenkenlose Darlehensaufnahme unter keinen Umständen gerechtfertigt erscheinen. Es muß weiterhin streng zwischen dem Kapitalbedarf für werbende Anlagen, und zwar vornehmlich der wirtschaftlichen Unternehmen, und demjenigen der übrigen Verwaltungszweige unterschieden werden. Kapitalbedingungen, die für wirtschaftliche Unternehmen in Anbetracht der Steuervergünstigungen für Investitionen und der Erwirtschaftung des Schuldendienstes durch die Erträge vertretbar erscheinen, werden sonst häufig die nachhaltige finanzielle Leistungsfähigkeit der Gemeinden übersteigen. Dabei läßt sich eine feste Grenze für diese nachhaltige finanzielle Leistungsfähigkeit nicht für alle Selbstverwaltungskörperschaften einheitlich ziehen. Sie hängt weitgehend von der steuerlichen Leistungsfähigkeit und hier vor allem von dem Vorhandensein steuerlicher oder sonstiger allgemeiner Deckungsreserven ab. Als Richtlinie wird dabei festzuhalten sein, daß die *Grenze der vertretbaren Schuldaufnahme* dann erreicht ist, wenn der Schuldendienst 10 v. H. der allgemeinen Deckungsmittel erreicht...

Bei Erreichung der Schuldendienstquote erscheint es vertretbar, den Schuldendienst, der auf Betriebe oder andere leistungsfähige Dritte abgewälzt werden kann, außer Betracht zu lassen."

In Ziff. 5 Abs. 2 des Runderlasses vom 27. Januar 1958 wurde — um zu genaueren Ergebnissen zu kommen — wegen des Bemessungsmaßstabs für die Verschuldungsgrenze bestimmt, daß folgende *ergänzende* Betrachtungen angestellt werden müssen:

„a) Anstelle der zufälligen Finanzvorgänge *eines* Rechnungsjahres müssen Durchschnittergebnisse mehrerer Rechnungsjahre unter Berücksichtigung der künftigen Entwicklung zugrunde gelegt werden.

b) Die Zusammensetzung des Schuldendienstes nach kurz-, mittel- und langfristiger Verschuldung sowie nach tilgungsfreien Jahren ist zu berücksichtigen.

c) Das Verhältnis des Gesamtbetrages der fortdauernden Einnahmen zu dem der fortdauernden Ausgaben des ordentlichen Haushalts ist zu ermitteln. Überwiegen die fortdauernden Einnahmen, so wird in der Regel noch eine weitere Verschuldung zugelassen werden können."

ANLAGE 2*

Landesbank der Rheinprovinz

Düsseldorf, den 29. 1. 1931

An den
Herrn Oberbürgermeister
Köln

Mit Bezug auf die gestrige fernmündliche Unterredung zwischen Ihnen und unserem Herrn Generaldirektor *Bel* überlassen wird der Stadtgemeinde Köln einen kurzfristigen Kredit von

RM 5 000 000,— vom 29. 1. bis 15. 3. 31 zu $8^1/_4$% p. a.

bei monatlich nachheriger Zinszahlung gegen Einreichung folgender Unterlagen:

1. eine Erklärung, daß es sich um einen kassentechnischen Notbehelf im Sinne des Ministerial-Erlasses vom 1. 8. 1925 handelt und die Mittel zur Rückzahlung im laufenden Etat vorgesehen sind,
2. eine Verpflichtungserklärung, gemäß welcher Sie jederzeit bereit sind, uns namens der Stadt Köln Akzepte in Höhe der in Anspruch genommenen Kredite auszustellen.

Der Abgabe dieser Erklärungen sehen wir entgegen. Die Zahlung des Kreditbetrages kann aber erst dann erfolgen, nachdem die Deutsche Bank und Disconto-Gesellschaft, Köln, uns schriftlich zugesichert hat, am 15. 3. cr. uns die 5 000 000,— RM bis zur Ablösung durch die Stadt Köln zur Verfügung zu stellen, falls die Deutsche Girozentrale, Berlin, am 15. 3. cr. nicht prolongieren sollte.

LANDESBANK DER RHEINPROVINZ
gez.: *Bel* gez.: *Bernegau*

ANLAGE 3

Oberbürgermeister Dr. *Adenauer* rief am 28. 1. cr. fernmündlich an und erklärte, daß die DGZ. bereit sei, der Stadt Köln 10 Millionen Mark Termingeld zu gewähren, falls die Landesbank dazwischenträte. Ich habe erwidert, daß die Landesbank das nur könne, wenn die DGZ. zusage, den Kredit bei Fälligkeit nicht gegen uns zu vollstrecken. Die DGZ. habe aber eine solche Erklärung abgelehnt. Der Oberbürgermeister sagte darauf, daß Bankdirektor Dr. *Brüning* von der Deutschen Bank — Köln bei ihm weile und aus bestimmten Gründen diese Geldhergabe befürworte. Übrigens habe die die bewilligenden Verhandlungen Herr Vizepräsident *Elsas* vom Städtetag mit Herrn Stadtrat *Jursch* geführt. Ich erwiderte darauf, daß bei Ablehnung der DGZ. hinsichtlich der Beanspruchung der Landesbank der Ausweg zweckmäßig erschiene, daß die Deutsche Bank — Köln uns

* *Quelle* zu Anlage 2 bis 9: Archivmaterial der Rheinischen Girozentrale und Provinzialbank, Düsseldorf.

die Zusicherung gäbe, für die 10 Millionen Mark einzutreten, falls die DGZ. sie bei Fälligkeit von der Landesbank zurückfordern solle. Herr Dr. *Brüning* gab unter Kenntnis seitens des Oberbürgermeisters die mündliche Zusicherung, daß die Deutsche Bank — Köln in einem solchen Falle für die Landesbank einträte.

Es ist nötig, diese Zusicherung schriftlich zu fordern. Ferner müssen heute vormittag mit Stadrat *Jursch* die Schlußverhandlungen und Einzelheiten besprochen werden.

Düsseldorf, den 29. Januar 1931.

gez.: *Bel, Bernegau*

Ich habe mit DGZ. soeben abgeschlossen.

5 Mill. (nicht 10!) zu 7¼ v. 29. 1.—15. 3. An Stadt Köln geben wir zu gleichen Fristen weiter zu 8¼%; zahlbar aber erst dann, nachdem die Dedi Köln uns schriftlich zugesichert hat, am 15. 3. cr. uns die 5 Mill. bis zur Ablösung durch die Stadt Köln zur Verfügung zu stellen, falls die DGZ. am 15. 3. cr. nicht prolongieren sollte.

Ich habe H. *Suth* Kts. gegeben und gebeten, von H. Dr. *Brüning* die obige Erklärung zu fordern und sie uns einzureichen. *Erst dann* würden wir für Stadt Köln an Dedi Köln zahlen.

gez.: *B. (Bel)* 29. 1. 31. 11.30

ANLAGE 4

A. SCHAAFFHAUSEN'SCHER BANKVEREIN
FILIALE DER
DEUTSCHEN BANK UND DISCONTO-GESELLSCHAFT

DIREKTION Köln, den 29. Januar 1931.

An die Direktion
der Landesbank der Rheinprovinz
z. Hd. des Herrn Generaldirektor *Bel*,
Düsseldorf

Wie wir hören, erhalten Sie von der Deutschen Giro-Zentrale

RM 5 000 000,—,

die Sie Ihrerseits der Stadt *Köln* bis 15. März 1931 fest zur Verfügung stellen.

Wir erklären uns wunschgemäß bereit, falls die Deutsche Giro-Zentrale das Geld am 15. März ds. Js. zurückverlangt und die Stadt Köln nicht in der Lage sein sollte, den Betrag zu zahlen, Ihnen die RM 5 000 000,— zur Verfügung zu stellen, bis die Stadt Köln den Betrag an Sie zahlen kann.

Hochachtungsvoll
A. Schaaffhausen'scher Bankverein
Filiale der
Deutschen Bank und Disconto-Gesellschaft
gez.: Dr. *Brüning* gez.: Dr. *Conrad*

ANLAGE 5

Landesbank der Rheinprovinz Düsseldorf, den 6. 3. 1931.

An den
A. Schaaffhausen'schen Bankverein
Filiale der Deutschen Bank & Diskonto-Gesellschaft
Köln

Wir nehmen Bezug auf die gefällige Zuschrift vom 29. 1. cr. und teilen Ihnen mit, daß nach Verhandlungen mit der Stadt Köln dieselbe zur Rückzahlung des ihr zur Verfügung gestellten Betrages von

RM 5 000 000,—

am 15. cr. nicht in der Lage ist und wir ihr den Betrag für weitere sechs Monate bis 15. September cr. belassen haben.

Wir bitten Sie, uns gegenüber nochmals Ihre Bereitwilligkeit dahingehend zu erklären, daß Sie uns den Betrag von RM 5 000 000,— zur Verfügung stellen, wenn unser Geldgeber das Kapital zurückverlangt und solang belassen, bis die Stadt Köln zur Rückzahlung in der Lage ist.

Landesbank der Rheinprovinz

ANLAGE 6

A. SCHAAFFHAUSEN'SCHER BANKVEREIN
FILIALE DER
DEUTSCHEN BANK UND DISCONTO-GESELLSCHAFT

KREDIT-ABTEILUNG . Köln, den 10. März 1931

An die Direktion
der Landesbank der Rheinprovinz
Düsseldorf

Betr.: Nr. 35 Ke/Sch. Direktion.

Aus Ihren Zeilen vom 6. cr. ersehen wir, daß Sie der Stadt Köln den Betrag von

RM 5 000 000,—

weiterhin bis 15. September d. Js. belassen.

Ihrem Wunsche entsprechend erklären wir uns bereit, falls Ihr Geldgeber das Geld am 15. September d. Js. zurückverlangt und die Stadt Köln nicht in der Lage sein sollte, den Betrag zu zahlen, Ihnen die RM 5 000 000,— zur Verfügung zu stellen, bis die Stadt Köln den Betrag an Sie zahlen kann.

Hochachtungsvoll!
A. Schaaffhausen'scher Bankverein
Filiale der
Deutschen Bank und Disconto-Gesellschaft
gez. Dr. *Brüning* gez. Dr. *Conrad*

ANLAGE 7

Düsseldorf, den 12. September 1931

An den
A. Schaaffhausen'schen Bankverein
Filiale der Deutschen Bank und Disconto-Gesellschaft

K ö l n

Betr.: Unser Kredit von RM 5 Millionen an die Stadtgemeinde Köln.

Wir nehmen ergebenst Bezug auf Ihre Schreiben vom 29. 1. und 10. 3. ds. Js. in der rubr. Angelegenheit. Unser Geldgeber hat bereits zum 15. 6. cr. den Kredit von

RM 5 000 000,—

zurückgezogen. Wir sind seitdem aus eigenen Mitteln gegenüber der Stadt Köln für diesen Betrag in Vorlage geblieben. Die Stadt Köln ist, wie uns aus verschiedenen Verhandlungen der letzten Zeit bekannt ist, nicht in der Lage, den Kredit zum 15. 9., bis zu welchem Tage er mit Ihrem Einverständnis verlängert worden ist, zurückzuzahlen. Gemäß Ihren Zusagen vom 29. 1. bzw. 10. 3. würden Sie uns demnach den Betrag von RM 5 Millionen zur Verfügung zu stellen haben, bis die Stadt Köln diesen Betrag zahlen kann. Wir bitten Sie daher ergebenst um Ihre Stellungnahme.

Hochachtungsvoll
LANDESBANK DER RHEINPROVINZ

ANLAGE 8

DEUTSCHE BANK UND DISCONTO-GESELLSCHAFT
FILIALE DÜSSELDORF

Düsseldorf, 22. September 1931

Herrn Generaldirektor *Bel*,
Landesbank der Rheinprovinz

D ü s s e l d o r f

Sehr geehrter Herr *Bel*!

Aufgrund der Erklärungen des Herrn *Weltzien* haben wir uns mit Herrn Dr. *Brüning* in Verbindung gesetzt, von dem wir heute das im Original beigefügte Schreiben erhalten. Unter diesen Umständen können wir beim besten Willen nicht dem Vorschlage des Herrn *Weltzien* folgen und bitten Sie deshalb um Stellungnahme nach dessen Rückkunft. Das Schreiben des Herrn Dr. *Brüning* dürfen wir zurückerbitten.

Mit vorzüglicher Hochachtung
Deutsche Bank und Disconto-Gesellschaft
Filiale Düsseldorf

ANLAGE 9

Zu dem Schreiben des Herrn Dr. *Brüning*, Deutsche Bank, Köln, aus Dresden vom 21. 9. 31 an Herrn Dr. *Wuppermann*, Düsseldorf, gebe ich folgenden Tatsachenbericht:

Am 28. Januar 1931, abends nach 8 Uhr, wurde ich in meiner Wohnung von Herrn Oberbürgermeister Dr. *Adenauer* angerufen. Er erklärte mir, daß die Deutsche Girozentrale bereit sei, der Stadt Köln RM 10 Millionen Termingeld zu gewähren, falls die Landesbank dazwischenträte. Ich habe am 29. 1. vormittags auf dem Büro sofort Aktennotiz gemacht und gemäß dieser Notiz Herrn Oberbürgermeister Dr. *Adenauer* im gleichen Gespräch am 28. 1. fernmündlich erwidert, daß die Landesbank nur dazwischentreten könne, wenn die DGZ zusage, den Kredit bei Fälligkeit nicht gegen uns zu vollstrecken. Die DGZ habe indes eine solche Erklärung abgelehnt. Die Stadt Köln legte auf den Abschluß besonderen Wert. Ich sagte dem Herrn Oberbürgermeister am Telefon, daß ich in einer privaten Unterredung (diese mag im November oder Dezember 1930 gewesen sein) von Herrn Geheimrat *Hagen* gebeten worden sei, ihn bei Neugewährung von Krediten an die Stadt Köln zu informieren. Ich müsse somit bitten, daß Herr Oberbürgermeister den Herrn Geheimrat *Hagen* informiere.

Ich entsinne mich genau, daß meine Forderung der Information des Herrn *Hagen* wohl aus grundsätzlichen Erwägungen nicht als opportun aufgenommen wurde. Ich erklärte daraufhin, daß ich mich Herrn *Hagen* gegenüber nur dann entlastet fühlen könne, wenn der Landesbank ein anderer Ersatzgeldgeber geboten werden könne, der eintrete für den Fall, daß die Deutsche Girozentrale uns den Betrag kündige. Der Oberbürgermeister sagte darauf, daß Bankdirektor Dr. *Brüning* von der Deutschen Bank, Köln, gerade bei ihm weile und daß dieser die Geldhereinnahme aus bestimmten Gründen befürworte. Daraufhin habe ich angeregt, daß es dann zweckmäßig erschiene, wenn die Deutsche Bank, Köln, der Landesbank die Zusicherung gäbe, notfalls für die RM 10 Millionen einzutreten. Die Akten ergeben den weiteren Verlauf. Am 29. 1. 31, 11.30 Uhr, habe ich dann für die Landesbank mit der Deutschen Girozentrale RM 5 Millionen zugunsten der Stadt Köln abgeschlossen. Ich habe auch Herrn Beigeordneten *Suth* von dieser Tatsache sofort Kenntnis gegeben und ihn gebeten, von der Deutschen Bank, Köln (Herrn Dr. *Brüning*), die Eintrittserklärung zu fordern. Erst nach deren Eingang würden wir für die Stadt Köln an Dedi Köln zahlen.

Die Dedi Köln gab am 29. 1. 31 die Erklärung, daß sie sich wunschgemäß bereit erkläre, falls die Deutsche Girozentrale das Geld am 15. 3. 31 zurückverlange und die Stadt Köln nicht in der Lage sein sollte, den Betrag zu zahlen, sie der Landesbank die RM 5 Millionen zur Verfügung stelle, und zwar so lange, bis die Stadt Köln den Betrag an uns zahlen könne.

Daraufhin hat die Landesbank am 29. 1. 31 RM 5 Millionen als Kassenkredit an die Deutsche Bank, Köln, für Rechnung der Stadtgemeinde Köln gezahlt. Der Stadt Köln wurde der Kredit am 29. 1. 31 bis zum 15. 3. 31 lt. besonderer Abmachung gewährt. Ausdrücklich wurde in dem Bestätigungsschreiben noch einmal auf die Eintrittserklärung der Dedi Bezug genommen.

Am 3. 3. 31 verlängerte Generaldirektor *Bernegau* mit Beigeordneten *Suth* den Kredit von RM 5 Millionen für die Zeit vom 16. 3. 31 bis 16. 9. 31. Am 6. 3. schrieb die Landesbank der Dedi Köln, daß der Betrag bis zum 15. 9. verlängert sei und daß die Dedi ihre Bereitwilligkeit des Eintritts prolongieren möge. Am 10. 3. bestätigte die Dedi unser Schreiben, wonach wir der Stadt Köln die RM 5 Millionen bis zum 15. 9. 31 beließen und daß sie notfalls einträte.

Die Deutsche Girozentrale zog den Ursprungs-Kredit von RM 5 Millionen per 15. 6. 31 zurück. Das geschah in den Tagen, in denen unsere starke Beanspruchung eintrat. Am 1. 7. machte das Büro auch die entsprechende Vorlage. Da aber der Kredit von uns an die Stadt Köln bis zum 15. 9. fest gegeben war, traten wir erst am 12. 9. 31 an die Dedi heran zwecks Stellungnahme zu ihren Eintrittserklärungen vom 29. 1. 31 und 10. 3. 31. Oberbürgermeister Dr. *Adenauer* rief mich am 14. 9. auf dem Büro an und betonte, daß die Eintrittserklärung der Dedi doch lediglich formalen Charakter habe und lediglich mit Rücksicht auf meine Unterhaltung mit Herrn Geheimrat *Hagen* abgegeben sei. Ich erklärte, daß ich mich dahin entsinne und um Rückgabe unseres Schreibens vom 12. 9. an die Dedi bäte, damit ich die Angelegenheit noch einmal an Hand der Akten genauer nachprüfen könne. Am 15. 9. ging mir das Schreiben an die Dedi mit einem Anschreiben des Oberbürgermeisters Dr. *Adenauer* vom 14. 9. wieder zu.

Das Schreiben des Dr. *Brüning* vom 21. 9. cr. will die früheren Eintrittserklärungen nur als formale Bescheinigungen betrachten. Herr Dr. *Brüning* begründet dies auch damit, daß weder eine Provision noch eine sonstige Vergütung beansprucht sei. Eine solche kam für die Landesbank auch wohl nicht in Frage, sondern höchstens für die Stadt Köln. Er argumentiert weiter, warum wir der Dedi Köln nicht sofort am 15. 6., dem Rückzahlungstage an die DGZ, Mitteilung gemacht hätten. Aus Obigem geht hervor, daß die Landesbank das Darlehn einmal bis zum 15. 9. 31 fest an die Stadt Köln gegeben hatte, und daß andererseits in den turbulenten Tagen des Juni der aktenmäßige Verfolg der Angelegenheit unterblieb.

Nach den Akten und nach meiner Erinnerung muß ich feststellen, daß die wiederholten rechtsverbindlichen Eintrittserklärungen der Dedi Köln in ihrer Wirkung durch keinerlei Nebenabreden abgeschwächt oder entwertet sind.
Düsseldorf, den 25. September 1931.

gez.: *Bel*

Lieber Herr *Wuppermann!*

Die Zuschrift Ihrer Filiale vom 18. ds. Mts., für die ich erneut vielmals danke, darf ich wohl Ihnen persönlich beantworten.

Meinen gestrigen telegrafischen Protest muß ich auf diesem Wege nachdrücklich wiederholen. Die Auslegung, die neuerdings Herr *Bel* den an die Landesbank gerichteten Schreiben der Kölner Filiale vom 29. Januar und 10. März ds. Js. zu geben versucht, widerspricht durchaus der vor ihrer Abfassung zwischen ihm und mir getroffenen mündlichen Vereinbarung. Laut ihr hatte und hat die Verpflichtung der Kölner Filiale gegenüber der Landesbank lediglich formalen Charakter; ich verstand mich dazu nur, damit erforderlichenfalls Herr *Bel* unter Hinweis auf sie vor Herrn Geheimrat *Hagen* gedeckt sei. Diesbezüglich kann ich mich als Zeugen stützen auf Herrn Oberbürgermeister Dr. *Adenauer* sowie auf meinen Prokuristen Herrn Dr. *Conrad,* der sich zur Mitunterzeichnung der Schreiben erst bereit fand, nachdem ich ihm im vorstehenden Sinne die Vorgänge erklärt und damit seine Bedenken ausgeräumt hatte.

Ich wäre geneigt, mir Herrn *Bels* neuerliche Einlassung mit einer bedauerlichen Gedächtnisschwäche zu erklären, wüßte ich nicht bestimmt, daß er sich vor wenigen Tagen noch des geschilderten Sachverhalts genau zu erinnern vermochte. Als ich das Schreiben der Landesbank vom 12. ds. Mts. mit ihrer Aufforderung zur Zahlung der 5 Millionen Reichsmark zu Gesicht bekam, wandte ich mich sofort an Herrn Oberbürgermeister Dr. *Adenauer* mit der Bitte, Herrn *Bel* auf den Widerspruch seines Verhaltens mit der zwischen ihm und mir getroffenen Übereinkunft aufmerksam zu machen. Herr Dr. *Adenauer* kam dem sofort nach und konnte mir schon kurz darauf berichten, die Sache sei geordnet: Herr *Bel* habe sich der Vorgänge erinnert und um Rückgabe des Aufforderungsschreibens gebeten, die dann auch erfolgte. Wie — darf ich fragen — will Herr *Bel* dies Verhalten mit seinem jetzigen in Einklang bringen?

Doch weiter! Sie wissen, lieber Herr *Wuppermann*, wie ich, daß keine Bank eine so weittragende Verpflichtung übernähme, ohne eine Provision oder sonstige Vergütung dafür zu beanspruchen, Art und Ausmaß derselben vor der Übernahme mit dem Kontrahenten festzulegen. Nichts derartiges ist in diesem Fall geschehen, was ich wohl ebenfalls als Beweis für die Richtigkeit meiner Behauptung in Anspruch nehmen darf.

Und schließlich! Wie, träfe Herrn *Bels* Gegenbehauptung zu, konnte es geschehen, daß er schon am 15. Juni den Betrag zurückzahlte, ohne der Kölner Filiale irgendwie Mitteilung davon zu machen?

Nach allem werden, hoffe ich, auch Sie überzeugt sein, daß das Verlangen der Landesbank unberechtigt ist und ihm nicht entsprochen werden kann. Persönlich kann ich nur bedauern, daß ich, seiner Loyalität vertrauend, Herrn *Bel* so entgegengekommen bin.

Würden Sie die Liebenswürdigkeit haben, Herrn *Weltzien* von Vorstehendem Kenntnis zu geben? Ich erwarte gerne Ihre weiteren Nachrichten und verbleibe mit freundlichsten Grüßen wie stets

Ihr
gez. *Brüning*

ANLAGE 10 *

Der Stadtdirektor Kleve, den 12. März 1953

An die
Rheinische Girozentrale
und Provinzialbank
Düsseldorf
Friedrichstraße 56/60

Betr.: Bereitstellung von Mitteln für die Sparkasse der Stadt Kleve zur Einräumung eines Kassenkredites für die Stadt Kleve.

Bezug: Rücksprache des Herrn Sparkassendirektors *Class* mit Ihrem Herrn Direktor *Wilharm*.

Die Haushaltssatzung der Stadt Kleve für das Rechnungsjahr 1952 sieht die Aufnahme eines Kassenkredites zur Aufrechterhaltung der Flüssigkeit der Stadthauptkasse in einer Gesamthöhe von 750 000 DM vor.

Die Genehmigung der Aufsichtsbehörde zur Inanspruchnahme des Kassenkredites gemäß § 86 Abs. I Ziffer 2 rev. DGO wurde mit Verfügung vom 27. 8. 1952 VII/1 — 902/6 a erteilt.

Der Herr Regierungspräsident in Düsseldorf als Sparkassenaufsichtsbehörde hat der Sparkasse der Stadt Kleve mit Verfügung vom 17. 2. 53 (Fin) 62/19 die Gewährung eines Kassenkredites an den Gewährsverband in der vorstehenden Höhe genehmigt.

Der Kassenkredit wird in Form eines Kontokorrentkredites in Anspruch genommen. Die Inanspruchnahme beträgt nach dem Stichtage 11. 3. 1953 = 722 510 DM.

Ich bitte höflichst, der Sparkasse der Stadt Kleve die erforderlichen Mittel bereitzustellen, damit der in der Haushaltssatzung vorgesehene Kassenkredit ausgeschöpft werden kann.

Sonstige Mittel zur Aufrechterhaltung der Flüssigkeit der Stadthauptkasse stehen nicht zur Verfügung.

An den
Herrn Stadtdirektor
der Stadt Kleve
Kleve

I/3 67/Wa/So. 15. April 1953

Betr.: Bereitstellung eines Kassenkredites in Höhe von DM 750 000,—

Unter Bezugnahme auf den in obiger Angelegenheit geführten Schriftwechsel teilen wir Ihnen nunmehr mit, daß wir bereit sind, der Stadt Kleve einen Kassenkredit in Höhe von

DM 750 000,—

einzuräumen, der bis zum 31. 12. 1953 zurückgezahlt werden muß.

In der Anlage überreichen wir Ihnen einen Schuldurkundenentwurf in doppelter Ausfertigung, aus dem Sie die Kreditbedingungen im einzelnen ent-

---

* *Quelle:* Kreditakte der Rheinischen Girozentrale und Provinzialbank, Düsseldorf.

nehmen wollen. Wir bitten Sie, die Erstausfertigung baldmöglichst rechtsverbindlich vollzogen zurückzureichen. Die Zweitausfertigung ist für Ihre Akten bestimmt.

Da der am 31. 12. 1953 fällige Kassenkredit auch in der Haushaltssatzung für das Haushaltsjahr 1953 übernommen werden muß, bitten wir, uns nach Genehmigung der Satzung 1953 bald eine beglaubigte Abschrift derselben zukommen zu lassen.

Nach Erhalt der rechtsverbindlich vollzogenen Schuldurkunde steht der Kreditbetrag vorbehaltlich des Eingangs der genehmigten Haushaltssatzung für das Rechnungsjahr 1953 zum Abruf bereit.

Hochachtungsvoll

Rheinische Girozentrale und Provinzialbank

Schuldurkunde

1. Die Stadt *Kleve*, im folgenden Kreditnehmer genannt, bekennt, von der Rheinischen Girozentrale und Provinzialbank in Düsseldorf, im folgenden Bank genannt, einen Kassenkredit in Höhe von

   DM 750 000,—

   (in Worten: Siebenhundertfünfzigtausend Deutsche Mark) erhalten zu haben.
2. Der Kredit darf nur zur Überbrückung des zeitlichen Auseinanderfallens der Einnahmen und Ausgaben des ordentlichen Haushaltplanes verwendet werden.
3. Für die Kreditsumme ist vom Tage der Bereitstellung an eine Kreditprovision von 1 ‰ monatlich auf die gesamte Kreditlinie zu entrichten.

   Ausgezahlte Beträge sind vom Tage der Inanspruchnahme an mit $^1/_2$ v. H. über dem Lombardsatz der Landeszentralbank von Nordrhein-Westfalen, mindestens aber mit $6^1/_2$ v. H., zu verzinsen. Die Zinsen sind vierteljährlich nachträglich zum Quartalsende, erstmalig zum 30. 6. 1953, zu entrichten. Mit der Rückzahlung des Kredites werden die Restzinsen fällig.
4. Der Kredit ist am 31. 12. 1953 zurückzuzahlen.
5. Dem Kreditnehmer steht das Recht zu, den Kredit ganz oder in durch 100 teilbaren Teilbeträgen jederzeit zurückzuzahlen.
6. Wird eine Leistung innerhalb 10 Tagen nach Fälligkeit nicht oder nicht vollständig bewirkt, so kann die Bank für die Zeit des Verzuges vorbehaltlich der Geltendmachung weiteren Verzugsschadens den Zinssatz auf 7,5 v. H. erhöhen. Bei Nichtinnehaltung einer Darlehnsbedingung ist die Bank außerdem berechtigt, den Kredit ohne Einhaltung einer Kündigungsfrist sofort zurückzufordern; der Kredit ist in diesem Falle vom Zeitpunkt der Nichtinnehaltung der Bedingungen ab mit 7,5 v. H. zu verzinsen.
7. Sämtliche Gebühren und Steuern oder Erhöhungen bereits bestehender Gebühren und Steuern, die jetzt oder künftig aus diesem Vertrag erwachsen, trägt der Kreditnehmer.
8. Erfüllungsort ist Düsseldorf.
9. Die vorstehende Schuldurkunde wird namens der Stadt Kleve in urkundlicher Form ausgefertigt.

Der Stadtdirektor Kleve, den 23. Dezember 1953

An
die Rheinische Girozentrale
und Provinzialbank

Düsseldorf
Friedrichstraße

Betrifft: Verlängerung des von der Rheinischen Girozentrale und Provinzialbank in Düsseldorf eingeräumten Kassenkredits von 750 000 DM bis zum Auslauf des Rechnungsjahres 1953.

Bezug: Unterredung zwischen Herrn Direktor *Class* von der Sparkasse der Stadt Kleve und Ihrem Herrn *Schwansee* von der Kommunalkreditabteilung am 22. Januar 1953.

Im Rahmen der Ermächtigung der Haushaltssatzung für das Rechnungsjahr 1952 hat die Girozentrale der Stadt Kleve dank der Vermittlung der Stadtsparkasse einen Kassenkredit in Höhe von 750 000 DM eingeräumt. Dieser Kredit ist gemäß der Schuldurkunde vom 29. April 1953 spätestens am 31. Dezember 1953 zurückzuzahlen.

Die Stadt Kleve wird das laufende Rechnungsjahr 1953 unter Einschluß der nicht erstatteten Fehlbetragsteile des Vorjahres voraussichtlich mit einem Fehlbetrag von annähernd 1,4 Millionen DM abschließen. Die Flüssigkeit der Stadthauptkasse Kleve konnte bisher nur mit Hilfe der vom Land gezahlten Betriebsmittelvorschüsse neben den voll in Anspruch genommenen Kassenkrediten aufrechterhalten werden. Diese Mittel sind nun ebenfalls restlos verbraucht. Die Stadt Kleve hat aus diesem Grunde einen weiteren Antrag auf Gewährung eines Betriebsmittelvorschusses von 500 000 DM gestellt, um die Verpflichtungen bis zum Ende des Rechnungsjahres erfüllen zu können.

Eine Rückzahlung des Kassenkredites der Girozentrale von 750 000 DM zum 31. 12. 1953 würde die völlige Zahlungsunfähigkeit der Stadt Kleve nach sich ziehen.

Ich wäre sehr dankbar, wenn der Kassenkredit der Stadt Kleve vorerst bis zum 31. 3. 1954 unter den gleichen Bedingungen weitergewährt würde.
Für Ihr Entgegenkommen danke ich Ihnen im voraus bestens.

An den
Herrn Stadtdirektor
der Stadt Kleve

Kleve
Abt. I/3

29. 12. 1953 26. Januar 1954
92/Schw/So.

Betr.: Kassenkredit in Höhe von DM 750 000,—
Konto-Nr. 42 175

Wir nehmen Bezug auf Ihr Schreiben vom 29. 12. vor. Js. und teilen Ihnen nach Prüfung der übermittelten Unterlagen mit, daß wir die Verlängerung des obigen Kassenkredites bis 31. 3. 1954 bewilligt haben.

Wir bitten Sie um gefl. Veranlassung, daß der Kassenkredit bis zu diesem Termin aus dem beantragten Betriebsmittelvorschuß bzw. weiteren Zuschüssen zurückgezahlt wird.

Hochachtungsvoll
Rheinische Girozentrale und Provinzialbank

Der Stadtdirektor Kleve, den 18. März 1954

An
die Rheinische Girozentrale
und Provinzialbank
Düsseldorf
Friedrichstraße 56

Betrifft: Kassenkredit in Höhe von 750 000 DM, Konto-Nr. 42 175.

Bezug: Ihr Schreiben vom 26. Januar 1954, 92/Schw./So.

Der Rat der Stadt Kleve hat die Haushaltssatzung für das Rechnungsjahr 1954 mit einem Gesamt-Kreditbetrag für die Stadthauptkasse Kleve von 850 000 DM beschlossen. Ein Betrag in gleicher Höhe wurde bereits aufgrund früherer Ermächtigungen in Anspruch genommen und wird bis zum Ende des Rechnungsjahres 1953 nicht zurückgezahlt werden können. Von diesem Betrag hat die Rheinische Girozentrale und Provinzialbank der Stadt Kleve 750 000 DM als festen Kassenkredit eingeräumt und überwiesen.

Aufgrund eines Entgegenkommens, für das ich hiermit nochmals danke, haben Sie den Kreditbetrag über den gesetzlichen Rückzahlungstermin hinaus bis zum 31. März 1954 bewilligt.

Ich wäre sehr dankbar, wenn der Kreditbetrag von 750 000 DM gemäß § 83 Abs. 4 GO N/W der Stadt Kleve für weitere 9 Monate bewilligt würde.

Die Genehmigung der Aufsichtsbehörde zur Aufnahme der Kassenkredite habe ich heute beantragt. Nach Eingang werde ich Ihnen umgehend eine beglaubigte Abschrift des Bescheids überreichen. Eine beglaubigte Abschrift der Haushaltssatzung für das Rechnungsjahr 1954 füge ich bei.

An den
Herrn Innenminister
des Landes Nordrhein-Westfalen
— Kommunaldezernat —
z. Hd. d. Herrn Reg.-Rat Scheel
Düsseldorf

92/Schw/So. 28. April 1954

Betr.: Kassenkredit der Stadt Kleve in Höhe von DM 750 000,—

Wir gestatten uns, in der Anlage eine Durchschrift des Antrages wegen Verlängerung des obigen Kassenkredites bis 31. 12. 1954 mit der Bitte zu überreichen, uns Ihre Stellungnahme zu dem Antrag mitzuteilen.

Wir verkennen nicht die Notlage der Stadt Kleve, es fehlen uns jedoch geeignete Mittel, um hier helfen zu können.

Da der Kassenkredit als eingefroren betrachtet werden muß, fragen wir ergebenst an, ob Sie die Verpflichtungen zur Rückzahlung des Kassenkredites bis Ende des laufenden Jahres übernehmen werden.

Im Interesse der Stadt Kleve bitten wir um baldgefl. Beantwortung unserer Anfrage.

Hochachtungsvoll

Rheinische Girozentrale und Provinzialbank

Der Innenminister
des Landes Nordrhein-Westfalen

Düsseldorf, den 10. Mai 1954

An die
Rheinische Girozentrale und
Provinzialbank
in Düsseldorf
Friedrichstr.

Betr.: Kassenkredit der Stadt Kleve in Höhe von 750 000,— DM

Die Finanzlage der Stadt Kleve ist im Augenblick besonders schwierig. Es besteht deshalb die Absicht, nach Abschluß der Jahresrechnung 1953 den Fehlbetrag, soweit er nach den Grundsätzen über die Ausschüttung des kommunalen Ausgleichsstocks als beihilfefähig anerkannt werden kann, durch einen Zuschuß aus dem kommunalen Ausgleichsstock abzudecken. Da ein Teil dieses Fehlbetrages vermutlich aus der Aufnahme eines Kassenkredites finanziert worden ist, wird es der Stadt Kleve nach Zahlung des Zuschusses möglich sein, den Kassenkredit ganz oder zum Teil abzudecken. Die neue Aufnahme eines Kassenkredites auch für das Jahr 1954 wird sich jedoch kaum vermeiden lassen, solange sich die Finanzlage der Stadt nicht ändert. Ich bin nach wie vor gemeinsam mit dem Herrn Finanzminister bemüht, der besonderen Notlage der Stadt Kleve durch Zahlung von Zuschüssen aus dem kommunalen Ausgleichsstock Rechnung zu tragen. Die Kassenlage der Stadt würde wesentlich erleichtert werden, wenn der noch nicht zurückgezahlte Kassenkredit einstweilen verlängert werden könnte.

An den
Herrn Stadtdirektor
der Stadt Kleve
Kleve
I/3

26. 3. 1954
92/Schw/So.

11. Juni 1954

Betr.: Kassenkredit in Höhe von 750 000,—
— Konto-Nr. 42 175 —

Wir nehmen Bezug auf Ihr Schreiben vom 26. 3. ds. Js. und teilen Ihnen nunmehr mit, daß wir den am 31. 3. ds. Js. fällig gewesenen Kassenkredit bis 31. 12. ds. Js. unter der Voraussetzung zu den bisherigen Bedingungen verlängern, daß der Zuschuß aus dem kommunalen Ausgleichsstock zur Abdeckung des Kassenkredites verwandt wird.

Hochachtungsvoll

Rheinische Girozentrale und Provinzialbank

Der Stadtdirektor

Kleve, den 4. November 1954

An
die Rheinische Girozentrale
und Provinzialbank
— Abteilung Kommunalkredite —
in Düsseldorf

Betr.: Kassenkredit in Höhe von 750 000 DM, Konto-Nr. 42 175.

Bezug: Ihr Schreiben vom 11. Juni 1954, Zeichen 92/Schw./So.

Im Rahmen der Ermächtigung der Haushaltsatzung der Stadt Kleve für das Rechnungsjahr 1954 verlängerten Sie mit Schreiben vom 11. 6. 1954 den Rückzahlungstermin für den im Jahre 1952 eingeräumten Kassenkredit in Höhe von 750 000 DM bis zum 31. 12. 1954. Eine Rückzahlung des Kredites zu diesem Zeitpunkt würde aber die völlige Zahlungsunfähigkeit der Stadthauptkasse Kleve nach sich ziehen.

Am Ende des Rechnungsjahres 1954 hat die Stadt einen Fehlbetrag unter Einschluß der vom Ausgleichstock nicht erstatteten Fehlbetragsteile aus den Vorjahren von rd. 1,3 Millionen DM zu überbrücken. Neben den gewährten Kassenkrediten von insgesamt 900 000 DM wird sich die Stadt wie in den vergangenen Jahren um Betriebsmittelvorschüsse des Landes bemühen müssen, die nur dann zur Verfügung gestellt werden, wenn alle Kreditmöglichkeiten ausgeschöpft sind.

In Anbetracht der besonderen Finanzlage der Stadt Kleve bitte ich schon heute um die weitere Verlängerung des Kredites bis zum 31. März 1955. Für Ihr Entgegenkommen danke ich Ihnen im voraus bestens.

Mit vorzüglicher Hochachtung

An den
Herrn Stadtdirektor
der Stadt Kleve
Kleve
Abt. I/3

4. 11. 1954
92/Wa/So.

12. November 1954

Betr.: Kassenkredit in Höhe von DM 750 000,—
Konto-Nr. 42 175

Wir bestätigen den Erhalt Ihres Schreibens vom 4. 11. ds. Js. und haben von Ihren Ausführungen Kenntnis genommen.

Mit einer Verlängerung der Laufzeit des Darlehns bis zum 31. 3. 1955 sind wir einverstanden.

Sie wollen jedoch bemüht sein, zu diesem Termin die Rückzahlung des Kassenkredites zu bewirken.

Hochachtungsvoll

Rheinische Girozentrale und Provinzialbank

Der Stadtdirektor

Kleve, den 16. März 1955

An die
Rheinische Girozentrale
und Provinzialbank
Düsseldorf

Betr.: Kassenkredit in Höhe von 750 000 DM, Kto.-Nr. 42 175.

Bezug: Ihr Schreiben vom 12. 11. 1954, Z. 92/Wa/So.

Aufgrund Ihres Entgegenkommens, für das ich hiermit danke, haben Sie den Kassenkredit in Höhe von 750 000 DM über den gesetzlichen Rückzahlungstermin hinaus bis zum 31. März 1955 bewilligt. Ihrer Forderung, bis zum 31. 3. 1955 die Rückzahlung des Kassenkredits zu bewirken, kann ich leider nicht nachkommen. Durch eine solche Maßnahme könnte die Stadt Kleve bei ihrer außerordentlich angespannten Finanzlage die Zahlungsverpflichtungen nach dem 1. 4. 1955 nicht mehr erfüllen.

Der Kreditbedarf zur Aufrechterhaltung der Flüssigkeit der Stadthauptkasse und der Stadtwerkskasse beträgt auch im kommenden Rechnungsjahr 1 150 000 DM. Von diesem Betrag haben Sie bisher der Stadt Kleve 750 000 DM als festen Kassenkredit zur Verfügung gestellt. Für das kommende Rechnungsjahr wird angestrebt, daß die Stadtsparkasse Kleve den Kontokorrentkredit für die Stadthauptkasse in Höhe von bisher 150 000 DM auf 300 000 DM erhöht. Dadurch würde es möglich, den von Ihnen bewilligten festen Kassenkredit nur mit 600 000 DM in Anspruch zu nehmen. Ein entsprechender Antrag wurde heute der Sparkasse der Stadt Kleve zugeleitet. Wie jedoch die Sparkasse über diesen Antrag entscheiden wird, kann heute noch nicht gesagt werden. Daher bin ich gezwungen, Sie zu bitten, den bisher bewilligten Kassenkredit in Höhe von 750 000 DM vom 1. April 1955 an für weitere 9 Monate weiter zu bewilligen. Eine Ausfertigung der am 14. März 1955 vom Rat der Stadt Kleve beschlossenen Haushaltssatzung für das Rechnungsjahr 1955 ist beigefügt. Die erforderliche Genehmigung durch die Aufsichtsbehörde wird nach Eingang sofort nachgereicht.

Die schon seit 1952 angestrebte kommunale Neuordnung im Raume Kleve ist nunmehr in ein entscheidendes Stadium getreten. Die Stadt Kleve erhofft sich hiervon eine wesentliche Besserung der Finanzlage, die es erlauben würde, den Kredit, der doch immerhin eine außerordentliche Belastung des städtischen Haushalts mit sich bringt, abdecken zu können.

Der Stadtdirektor

Kleve, den 6. Mai 1955

An die
Rheinische Girozentrale
und Provinzialbank
in Düsseldorf

Betr.: Kassenkredit in Höhe von 750 000 DM, Konto-Nr. 42 175.

Bezug: Ihr Schreiben vom 3. Mai 1955, Zeichen 92/Wa/So.

Die Sparkasse der Stadt Kleve bewilligte zur Aufrechterhaltung der Flüssigkeit der Stadthauptkasse Kleve einen Kontokorrentkredit in Höhe von 300 000 DM gegenüber bisher 150 000 DM. Ich habe heute die Stadthauptkasse Kleve angewiesen, Ihnen 150 000 DM zu überweisen. Damit stellt sich der bei Ihnen in Anspruch genommene Kredit noch auf 600 000 DM.

Die am 14. 3. und 21. 3. 1955 von den Räten der Stadt Kleve und der Gemeinde Materborn beschlossenen Haushaltssatzungen für das Rechnungsjahr 1955 sind von der Aufsichtsbehörde noch nicht genehmigt worden. Nach einer Mitteilung der Kreisverwaltung Kleve werden die Genehmigungen im Laufe der kommenden Woche erteilt. Ich werde die beglaubigten Abschriften der Genehmigungen alsdann unverzüglich vorlegen.

Für die weitere Kreditbewilligung möchte ich mich hiermit bedanken.

An den
Herrn Stadtdirektor
der Stadt Kleve

Kleve

92/Lei/So. 30. November 1955

Betr.: Kassenkredit in Höhe von DM 750 000,—, nunmehr DM 600 000,—
Konto.-Nr. 42 175

Der Stadt Kleve wurde am 15. 4. 1953 ein Kassenkredit in Höhe von DM 750 000,— eingeräumt, der bis zum 31. 12. 1953 zurückzuzahlen war. Der Kassenkredit wurde auf jeweiligen Antrag bislang viermal verlängert, und zwar erstmalig bis zum 31. 3. 1954, dann bis 31. 12. 1954, 31. 3. 1955 und 31. 12. 1955. Im Mai 1955 wurde zur teilweisen Abdeckung des Kassenkredits ein Teilbetrag von DM 150 000,— überwiesen, so daß sich die Kreditlinie auf DM 600 000,— ermäßigt hat.

Nach § 83 (3) der Gemeindeordnung sind Kassenkredite aus ordentlichen Einnahmen bis zum Abschluß des laufenden Rechnungsjahres oder, wenn dies nicht möglich ist, innerhalb von neun Monaten nach Einräumung des Kredites zurückzuzahlen.

Die Laufzeit des Kredites beträgt jedoch schon 2½ Jahre, und wir möchten es nicht versäumen, nochmals darauf hinzuweisen, daß es nicht unsere Absicht ist, den Kassenkredit zu einer Dauereinrichtung werden zu lassen. Wir bitten deshalb schon jetzt dafür Sorge zu tragen, daß der Kassenkredit spätestens zum 31. 12. 1955 einschließlich der bis zu diesem Zeitpunkt fällig werdenden Zinsen zurückgezahlt wird.

Hochachtungsvoll
Rheinische Girozentrale und Provinzialbank

Der Stadtdirektor

Kleve, den 7. Dezember 1955

An
die Rheinische Girozentrale
und Provinzialbank
in Düsseldorf

Betr.: Kassenkredit in Höhe von 600 000,— DM, in Anspruch genommen zur Aufrechterhaltung der Flüssigkeit der Stadthauptkasse in Kleve.

Bezug: Ihr Schreiben vom 30. November 1955, AZ.: 92/Lei/So — Konto-Nr. 42 175

Ich bestätige den Eingang Ihres Schreibens vom 30. November 1955. Die Bestimmung im § 83, Abs. 3 der Gemeindeordnung, wonach Kassenkredite bis zum Abschluß des laufenden Rechnungsjahres, wenn dies nicht möglich ist, innerhalb von 9 Monaten nach Einräumen des Kredites zurückzuzahlen sind, bereitet der Stadt Kleve große Sorge. Trotz einer steigenden Tendenz in der Flüssigkeit der Stadthauptkasse, die sich durch höhere Steuereinnahmen und durch eine Sonderhilfe des Landes entwickelt, ist die Stadt Kleve beim besten Willen leider nicht in der Lage, den Kredit bis zum 31. 12. 55 zurückzuzahlen.

Die Stadtverwaltung arbeitet nach monatlichen Finanzplänen, also nach einem Verfahren, wie es außergewöhnlich ist. Die Kämmereiverwaltung hat auf diese Weise die Ausgabewirtschaft fest in der Hand. Die Stadt ist z. Zt. in der Lage, 150 000,— DM bis 200 000,— auf den bei Ihnen aufgenommenen Kassenkredit von 600 000,— DM zurückzuzahlen, sofern Sie sich bereit erklären können, der Stadt diesen Betrag im Laufe des Monats Februar wieder zur Verfügung zu stellen.

Sie dürfen gewiß sein, daß die Stadt Kleve mit aller Sorgfalt bemüht bleibt, den Kassenkreditbedarf immer mehr einzuschränken. Aus den Bemühungen hieraus wurden ja auch im Mai dieses Jahres 150 000,— DM zur Teilabdeckung überwiesen. Die steigende Wirtschaftskraft, der gegenwärtige Stand des Eingliederungsverfahrens Kleve — Kellen, der mindestens zu einer wesentlichen finanziellen Hilfe der Gemeinde Kellen führen wird, und der Stand der in Vorbereitung befindlichen Schulfinanzierungsgesetze, werden den Haushalt der Stadt in beträchtlichem Umfange entlasten und die Flüssigkeit der Stadthauptkasse heben.

Ich wäre nach alledem der Rheinischen Girozentrale in Düsseldorf dankbar, wenn sie wie bisher in vertrauensvoller Weise den Kassenkredit zur Verfügung stellt, wobei ich zur vorübergehenden Rückzahlung der oben erwähnten 150 000,— DM bis 200 000,— DM in der Lage und gern bereit bin.

An den
Herrn Stadtdirektor
der Stadt Kleve

Kleve
Abt.: I/7

7. 12. 1955 20. 12. 1955
92/Lei/Schö.

Betr.: Kassenkredit in Höhe von DM 600 000,— an die Stadt Kleve, Konto-Nr. 42 175

Auf Ihren Antrag vom 7. 12. 1955 verlängern wir die Laufzeit obigen Kassenkredites in Höhe von

DM 600 000,—

bis zum 30. 9. 1956.

Wir sind bereit, zur vorübergehenden Zinsentlastung einen Betrag von DM 150 000,— bis DM 200 000,— sofort zurückzunehmen und der Stadt Kleve selbigen Betrag im Laufe des Monats Februar 1956 wieder zur Verfügung zu stellen.

Unter Bezugnahme auf den bisher geführten Schriftwechsel in obiger Angelegenheit bitten wir erneut, ernsthaft dafür Sorge zu tragen, daß der Kredit zumindest schrittweise abgebaut wird und an uns zurückfließt.

Hochachtungsvoll
Rheinische Girozentrale und Provinzialbank

Der Stadtdirektor

Kleve, den 31. 12. 1955

An
die Rheinische Girozentrale
und Provinzialbank
in Düsseldorf

Betr.: Kassenkredit in Höhe von 600 000 DM zur Aufrechterhaltung der Flüssigkeit der Stadthauptkasse Kleve.

Bezug: Ihr Schreiben vom 20. 12. 1955, Zeichen 92/Lei/Schö.

Ich bestätige den Eingang Ihres Schreibens vom 20. 12. 1955 und danke für die Verlängerung des Kredites bis zum 30. 9. 1956. Die Stadt Kleve wird dafür sorgen, daß der Kredit schrittweise, je nach Lage der Flüssigkeit der Stadthauptkasse, abgebaut wird.

Die angebotene, zur vorübergehenden Zinsentlastung dienende Rückzahlung von 150 000 DM bis 200 000 DM kann leider im Augenblick nicht erfolgen, weil die Stadt für die Entwässerungsdruckrohrleitung, die z. Z. mit einem Kostenaufwande von 1 300 000,— DM gebaut wird, insgesamt 200 000 DM in den letzten Tagen hat vorfinanzieren müssen. Die Leistung dieser Aufgabe war Anfang Dezember nicht zu übersehen.

Damit die Angelegenheit bereinigt wird, bitte ich in meinem Schreiben vom heutigen Tage um die Zwischenfinanzierung des von der Kreditanstalt für Wiederaufbau in Frankfurt aus ECA-Zinsen und Tilgungen 1955 (Sparte Wasserwirtschaft) bewilligten Darlehens in Höhe von 500 000 DM. Bei der Auszahlung der Darlehensvaluta bitte ich zur vorübergehenden Rückzahlung des Kredites von 600 000 DM einen Betrag von 200 000 DM aufzurechnen. Es läßt sich jedoch heute schon übersehen, daß die Stadthauptkasse zur rechtzeitigen Leistung von Ausgaben des ordentlichen Haushalts den Kassenkredit gegen Ende Februar wieder benötigt. Zur gegebenen Zeit erlaube ich mir, den Kredit wieder abzurufen.

Für das gezeigte Entgegenkommen möchte ich mich bedanken.

Der Stadtdirektor

Kleve, den 27. Februar 1956

An die
Rheinische Girozentrale
und Provinzialbank
in Düsseldorf

Betr.: Kassenkredit in Höhe von 600 000 DM zur Aufrechterhaltung der Flüssigkeit der Stadthauptkasse Kleve.

Bezug: Ihr Schreiben vom 20. 12. 1955, Zeichen 92/Lei/Schö — Kto.-Nr. 42 175 und mein Schreiben vom 31. 12. 1955, Abt. I/3.

Die im Augenblick zur Aufrechterhaltung der Flüssigkeit in Anspruch genommenen Kassenkredite für die Stadthauptkasse reichen nicht aus, um die fälligen Zahlungsverpflichtungen zu erfüllen. Ich wäre Ihnen deshalb sehr dankbar, wenn Sie von dem am 11. Januar 1956 zur vorübergehenden Zinsentlastung zurückgezahlten Betrag in Höhe von 200 000,— DM die Hälfte = 100 000,— DM der Stadthauptkasse Kleve wieder zur Verfügung stellen könnten. Die Finanzplanung läßt jedoch erkennen, daß auch die restlichen 100 000,— DM wahrscheinlich zum 1. April 1956 zur Abwicklung des Haushaltsplanes 1955 abgerufen werden müssen.

Die Stadt Kleve wird ernsthaft dafür sorgen, daß der Kredit möglichst bald wenigstens teilweise wieder zurückgezahlt wird.

An den
Herrn Stadtdirektor
der Stadt Kleve

Kleve
Abt.: I/3

27. 2. 1956 3. 3. 1956
92/Lei/Schö.

Betr.: Kassenkredit in Höhe von DM 600 000,— an die Stadt Kleve
Konto-Nr. 42 175

Bei Auszahlung des Darlehns von DM 500 000,— aus ECA-Zinsen und -Tilgungen 1955 wurde ein Teilbetrag von DM 200 000,— zur vorübergehenden Zinsentlastung obigem Kassenkreditkonto Nr. 42 175 gutgebracht. Wir erklärten uns bereit, der Stadt Kleve selbigen Betrag im Laufe des Monats Februar 1956 wieder zur Verfügung zu stellen.

In Erledigung Ihres Schreibens vom 27. 2. 1956 haben wir die Auszahlung eines Teilbetrages aus obigem Kassenkredit vorgenommen, wofür wir die Stadt Kleve auf dem Kassenkreditkonto Nr. 42 175 mit

DM 100 000,— Wert: 5. 3. 1956

belastet haben.

Den Gegenwert überweisen wir in gleicher Höhe und mit gleicher Wertstellung auf das bei der Sparkasse der Stadt Kleve geführte Konto Nr. 266 der Stadthauptkasse.

Wir haben uns vermerkt, daß auch die restlichen DM 100 000,— wahrscheinlich zum 1. 4. 1956 zur Abwicklung des Haushaltsplanes 1955 abgerufen werden müssen, wodurch der Kassenkredit dann wieder in voller Höhe von DM 600 000,— bei uns in Anspruch genommen wäre.

Hochachtungsvoll

Rheinische Girozentrale und Provinzialbank

Der Stadtdirektor

Kleve, den 28. März 1956

An die
Rheinische Girozentrale
und Provinzialbank
in Düsseldorf

Betr.: Kassenkredit in Höhe von 600 000,— DM zur Aufrechterhaltung der Flüssigkeit der Stadthauptkasse Kleve.

Bezug: Ihr Schreiben vom 3. März 1956, Zeichen 92/Lei/Schö.

Der Auslauf des Rechnungsjahres 1955 stellt die Stadt Kleve vor Zahlungsverpflichtungen, deren Einlösung durch die augenblickliche Lage der Stadthauptkasse unmöglich ist. Ich wäre Ihnen sehr dankbar, wenn Sie von den am 11. Januar 1956 zur vorübergehenden Zinsentlastung zurückgezahlten Betrag in Höhe von 200 000,— DM den Rest = 100 000,— DM der Stadt Kleve wieder zur Verfügung stellen könnten. Diese Flüssigkeitsschwierigkeiten werden jedoch nach meinen Finanzplanungen wahrscheinlich bis Ende April teilweise behoben sein, so daß ich dann wieder einen größeren Betrag zurückzahlen kann.

Ich möchte Ihnen versichern, daß die Stadt Kleve den Kredit nur dann in Anspruch nimmt, wenn es zur Leistung von fälligen Zahlungen unbedingt erforderlich ist.

An den
Herrn Stadtdirektor
der Stadt Kleve
Kleve
Abt. I/3

28. 3. 1956 29. März 1956
92/Lei/So.

Betr.: Kassenkredit in Höhe von DM 600 000,— an die Stadt Kleve
Konto-Nr. 42 175

Wir erhielten Ihr Schreiben vom 28. 3. 1956, demzufolge wir die Auszahlung des Restbetrages aus obigem Kassenkredit vorgenommen und die Stadt Kleve dafür auf dem Kassenkreditkonto Nr. 42 175 mit

DM 100 000,— Wert: 4. 4. 1956

belastet haben.

Den Gegenwert überweisen wir in gleicher Höhe und mit gleicher Wertstellung auf das bei der Sparkasse der Stadt Kleve geführte Konto Nr. 266 der Stadthauptkasse.

Hochachtungsvoll

Rheinische Girozentrale und Provinzialbank

An den
Herrn Stadtdirektor der Stadt
Kleve
Kleve
Abt. I/3

90/Me/Ne. 290 4. Oktober 1956

Betr.: Kassenkredit in Höhe von DM 600 000,— an die Stadt Kleve
Konto-Nr. 42 175

Der bisher wiederholt verlängerte Kassenkredit war am 30. 9. 1956 zur Rückzahlung fällig.

Es erscheint uns aus den Ihnen bereits früher dargelegten Gründen unbedingt notwendig, wegen der Rückführung des Kassenkredites mit Ihnen zu verhandeln. Wir bitten Sie daher, kurzfristig einen Besprechungstermin mit uns telefonisch zu vereinbaren.

Hochachtungsvoll
Rheinische Girozentrale und Provinzialbank

Aktenvermerk

Am 6. 11. 1956 wurde in unserem Hause über die Rückführung des Kassenkredites der Stadt Kleve verhandelt. Teilnehmer dieser Verhandlung waren Herrn Stadtoberamtmann *Feuerstein*, Herr stellvertr. Direktor *Mehls*, und der Unterzeichnete. Herr *Feuerstein* trug zunächst die Haushalts- und Finanzlage der Stadt Kleve der letzten Jahre in kürzester Form vor. Der Haushaltsplan des Rechnungsjahres 1956 schließt mit einem Fehlbetrag von DM 1 005 000,— ab und ist hauptsächlich auf die Ausgemeindung von Kellen sowie die katastrophalen Kriegszerstörungen, die erhebliche Ausgaben auf allen Gebieten des kommunalen Sektors zur Folge hatten, zurückzuführen. Die Wiedereingliederung der Gemeinde Kellen ist angestrebt und wird voraussichtlich Ende 1957 oder Anfang 1958 erfolgen.

Die Stadt Kleve hat zur Abdeckung des Fehlbetrages einen Antrag auf Gewährung einer Zuweisung aus dem kommunalen Ausgleichsstock gestellt. Ein Teilbetrag von DM 297 000,— ist bewilligt, ein weiterer Betrag für die nächsten Wochen zugesagt.

Herr *Feuerstein* unterbreitete dann aufgrund seiner Ausführungen den Vorschlag, einen Betrag von DM 300 000,— sofort zurückzuzahlen und die restlichen DM 300 000,— voraussichtlich in 14 Tagen. Bis zur endgültigen Eingliederung der Gemeinde Kellen wird es der Stadt jedoch nicht möglich sein, den Haushaltsplan des kommenden Rechnungsjahres in Einnahmen und Ausgaben auszugleichen, so daß erneut die Aufnahme eines Kassenkredites im März/April 1957 in gleicher Höhe erforderlich wird. Über die Rückführung des Kassenkredites für Ende 1957 würden keine Zweifel bestehen, da Zuweisungen aus dem kommunalen Ausgleichsstock zu erwarten sind.

Herr stellv. Direktor *Mehls* erklärte sich mit diesem Vorschlag einverstanden, machte jedoch die Einräumung eines Kassenkredites für das Rechnungsjahr 1957 von der Zustimmung des Direktoriums unserer Bank abhängig.

Mit Rücksicht auf die angespannte Geld- und Kapitalmarktlage sind zum gegebenen Zeitpunkt neue Verhandlungen erforderlich. Es wurde bereits jetzt darauf hingewiesen, daß die Hergabe eines Kassenkredites zu den bisherigen Bedingungen nicht mehr erfolgen kann.
Düsseldorf, den 7. November 1956

STADT KLEVE
DER STADTDIREKTOR

Kleve, den 8. November 1956

An
die Rheinische Girozentrale
und Provinzialbank

Düsseldorf
Friedrichstr. 56/60
Postschließfach 14 129

Betr.: Kassenkredit in Höhe von 600 000 DM, Konto-Nr. 42 175.

Bezug: Verhandlung vom 6. 11. 1956 zwischen Herrn Direktor *Mehls*, Herrn *Leineweber* und Oberamtmann *Feuerstein* von der Stadtverwaltung Kleve.

Hiermit bestätige ich das Ergebnis der Verhandlung vom 6. November 1956. Die Stadt Kleve erklärt sich bereit, 300 000 DM des Kassenkredits von 600 000 DM sofort zurückzuzahlen. Die restlichen 300 000 DM werden zurückgezahlt, sobald die Stadt wegen einer anerkannten Forderung von 457 000 DM an die Abteilung Kommunale Finanzen des Herrn Regierungspräsidenten (Ausgleichsstock des Landes) befriedigt ist. Ich zweifele nicht daran, daß diese 457 000 DM in den nächsten 2 bis 3 Wochen hier eingegangen sein werden.

Die Stadt Kleve erlaubt sich, wie in der Verhandlung vom 6. November 1956 ausdrücklich betont, an die restlose Rückzahlung des Kassenkredites die bedingende Bitte zu knüpfen, daß die völlige Rückzahlung seitens der Rheinischen Girozentrale mit einer Zusage des Inhalts gekoppelt wird, daß die Rheinische Girozentrale zum 1. April 1957 der Stadt Kleve einen Kassenkredit in gleicher Höhe gewährt. Ich würde mir erlauben, im Laufe des Monats März oder April 1957 wegen der Erfüllung einer solchen Zusage erneut an Sie heranzutreten.

Ich bitte, mir die Zusage schriftlich bestätigen zu wollen.

Der Stadtdirektor

Kleve, den 23. Januar 1957

An die
Rheinische Girozentrale
und Provinzialbank
in Düsseldorf

Betr.: Kassenkredit in Höhe von ursprünglich 750 000,— DM
Konto-Nr. 42 175.

Bezug: Mein Schreiben vom 8. 11. 1956, Abt. I/3.

Nachdem die Abteilung Kommunale Finanzen der Bezirksregierung in Düsseldorf die anerkannte Forderung der Stadt Kleve an den kommunalen

Ausgleichsstock in Höhe von 457 000,— DM überwiesen hat, bin ich in der Lage, die Restschuld des Kassenkredites in Höhe von 300 000,— DM zurückzuzahlen. Die Stadtkasse Kleve hat Anweisung, Ihnen diesen Betrag heute zu überweisen. Nach Ausgleich des Kreditkontos bitte ich um Übersendung der Schuldurkunde und der Zinsrechnung vom 1. 1. 1957 bis heute.

Wegen der Gewährung eines neuen Kassenkredites für das Rechnungsjahr 1957 erlaube ich mir, Ihnen im März einen Antrag mit Bezug auf Ihr Schreiben vom 13. 11. 1956, Zeichen 921/Lei/Rl vorzulegen.

An den
Herrn Stadtdirektor
der Stadt Kleve

Kleve
Abt. I/3

23. 1. 1957
921/Lei/Rl

13. Februar 1957

Betr.: Kassenkredit in Höhe von ursprünglich DM 750 000,— an die Stadt Kleve, Konto-Nr. 42 175

Nachdem der obige Kassenkredit in voller Höhe einschließlich Zinsen zurückgezahlt worden ist, reichen wir Ihnen anliegend die Schuldurkunde über

DM 750 000,— vom 29. 4. 1953

zu unserer Entlastung zurück.

Hochachtungsvoll
Rheinische Girozentrale und Provinzialbank

Literaturverzeichnis

1. Bücher, Aufsätze und Vorträge

Achterberg, Erich: Artikel Kommunalobligationen, in: Enzyklopädisches Lexikon für das Geld-, Bank- und Börsenwesen, Bd. II, Frankfurt am Main 1957, S. 1007.

Albers, Willi: Artikel Finanzausgleich (III) Deutschland, in: Handwörterbuch der Sozialwissenschaften, 3. Bd., Stuttgart, Tübingen, Göttingen 1961, S. 553—575.

— Aufgabe und Stellung der Gemeinden im Finanzsystem der gesamten Öffentlichen Hand, in: Finanzarchiv Tübingen, N. F. 19 (1959), S. 399—426.

— Finanzzuweisungen und Standortverteilung, in: Kommunale Finanzen und Finanzausgleich (Schriften des Vereins für Socialpolitik N. F., Bd. 32); Hrsg.: H. Timm u. H. Jecht, Berlin 1964, S. 253—286.

— Möglichkeiten und Grenzen eines interkommunalen Finanzausgleichs, in: Kommunale Finanzreform (Schriftenreihe der Forschungsstelle der Friedrich-Ebert-Stiftung), Hannover 1962, S. 63—83.

— Die Aufgaben- und Einnahmenverteilung auf die öffentlichen Gebietskörperschaften und die gemeindliche Selbstverwaltung, in: Archiv für Kommunalwissenschaften; Hrsg.: H. Herzfeld u. a., 1. Jg. (1962), Stuttgart und Köln 1962, S. 65—92.

Barocka, Egon: Die Analyse der Gemeindeschulden, in: Der langfristige Kredit, 8. Jg. (1957), Heft 21/22, S. 387—394.

— Kommunalkredit und kommunale Finanzwirtschaft, Frankfurt am Main 1958.

— Die Verschuldungsgrenze der Gemeinden, in: Zeitschrift für das gesamte Kreditwesen, 8. Jg. (1955), Heft 16, S. 610—612.

Becker, Erich: Die Selbstverwaltung als verfassungsrechtliche Grundlage der kommunalen Ordnung in Bund und Ländern, in: Handbuch der kommunalen Wissenschaft und Praxis; Hrsg.: H. Peters, Bd. I, Berlin, Göttingen, Heidelberg 1956, S. 113—129.

Behmenburg, Friedrich-Wilhelm: Die langfristige Investitionsplanung der Gemeinden, Düsseldorf 1962.

Bickel, Wilhelm: Der Finanzausgleich, in: Handbuch der Finanzwissenschaft, 2. Bd., zweite, völlig neubearbeitete Auflage, Tübingen 1956, S. 730—788.

Butschkau, Fritz: Kommunalkredit und kommunale Kreditinstitute, in: Deutscher Städtetag (Tagungsberichte), Juli 1949, S. 100—117.

Dieben, Wilhelm und Kurt *Ebert:* Die Technik des öffentlichen Kredits, in: Handbuch der Finanzwissenschaft, 3. Bd., zweite, völlig neubearbeitete Auflage, Tübingen 1958, S. 36—57.

Dietl, Josef: Siehe *Schreml*, Alfons.

Düvel, Carl: Rechtfertigung und Grenzen kommunaler Schuldenaufnahme, in: Der langfristige Kredit, 8. Jg. (1957), Heft 21/22, S. 375—378.

Ebert, Kurt: Siehe *Dieben*, Wilhelm.

Eheberg, Karl Theodor v.: Artikel Gemeindefinanzen, in: Handwörterbuch der Staatswissenschaften, 4. Bd., vierte, gänzlich umgearbeitete Auflage, Jena 1927, S. 783—845.

— Finanzwissenschaft, 18. u. 19. Auflage, Leipzig und Erlangen 1922.

Falter, Manuel: Die Praxis des Kreditgeschäfts bei Sparkassen und anderen Kreditinstituten, fünfte, völlig neubearbeitete Auflage, Stuttgart 1962.

Forsthoff, Ernst: Lehrbuch des Verwaltungsrechts, neunte neubearbeitete Auflage, München und Berlin 1966.

Gerloff, Wilhelm: Artikel Öffentlicher Kredit, in: Handwörterbuch des Bankwesens, Berlin 1933, S. 405—414.

Giere, Gustav: Gedanken über die gemeindliche Schuldengrenze, in: Der Städtetag N. F., 7. Jg. (1954), Heft 10, S. 454—457.

— Kommunales Schuldenwesen, in: Handbuch der kommunalen Wissenschaft und Praxis; Hrsg.: H. Peters, Bd. III, Berlin, Göttingen, Heidelberg 1959, S. 186—227.

— Steuern oder Schulden? in: Der Städtetag N. F., 11. Jg. (1958), Heft 7, S. 294—296.

— Artikel Gemeindefinanzen (II) Empirischer Überblick, in: Handwörterbuch der Sozialwissenschaften, Stuttgart, Tübingen, Göttingen 1963, S. 308—319.

Görgens, Hartmut: Die Entwicklung der Gemeindeverschuldung in Nordrhein-Westfalen in: Mitteilungen des Rheinisch-Westfälischen Instituts für Wirtschaftsforschung, Heft 8, 1966, S. 207—227.

Habermehl, Peter: Der Finanzausgleich, in: Finanzarchiv Tübingen, N. F. 11 (1949), S. 707—732.

Hacker, Horst: Finanzausgleich, in: Handbuch der kommunalen Wissenschaft und Praxis; Hrsg.: H. Peters, Bd. III, Berlin, Göttingen, Heidelberg 1959, S. 395—453.

Haller, Heinz: Zur Problematik der Kreditfinanzierung öffentlicher Ausgaben, in: Finanzarchiv Tübingen, N. F. 19 (1959), S. 72—91.

Hansmeyer, Karl-Heinrich: Der öffentliche Kredit (Bd. 23 der Taschenbücher für Geld, Bank und Börse), Frankfurt am Main 1965.

— Gemeindliche Schuldaufnahme und wirtschaftliches Wachstum, in: Archiv für Kommunalwissenschaften; Hrsg.: H. Herzfeld u. a., 4. Jg. (1965), Stuttgart und Köln 1965, S. 197—219.

Heckt, Wilhelm: Die Verschuldung der Gemeinden, in: Die öffentliche Verwaltung, 12. Jg. (1959), Heft 3, S. 85—88.

Heinke, Siegfried: Mehrjahresprogramm der Gemeinde und Mehrjahresfinanzplan, Sonderdruck des Verlages Neuer Vorwärts, Godesberg o. J.

Herrmann, Kurt: Umfang und Grenzen der kommunalen Verschuldung, in: Kommunalwirtschaft, Jg. 1957, Heft 12, S. 491—500.

— Bezugsgrößen zur Beurteilung der kommunalen Verschuldung, in: Kommunalwirtschaft, Jg. 1957, Heft 3, S. 85—87.

Hettlage, Karl-Maria: Gemeindefinanzreform 1962?, in: Der Volkswirt, 15. Jg. (1961), Heft 4, S. 134—137.

Hettlage, Karl-Maria und Wilhelm *Loschelder:* Gemeindehaushaltsrecht, in: Gemeindewirtschaftsrecht, Teil 2, vierte Auflage, Berlin-Eberswalde 1938,

Hornschu, Hans-Erich: Die Entwicklung des Finanzausgleichs im Deutschen Reich und in Preußen von 1919 bis 1944, Kiel 1950 (Forschungsberichte des Instituts für Weltwirtschaft an der Universität Kiel, 3).

Hötte, Ferdinand und Karl *Markus:* Die neue Haushaltstechnik, Berlin—Stuttgart 1941.

Isenberg, Gerhard: Finanzausgleich und Raumordnung, in: Raumforschung, 25 Jahre Raumforschung in Deutschland, Hrsg.: Akademie für Raumforschung und Landesplanung, Bremen 1960.

— Die Funktionen der Gemeinde im volkswirtschaftlichen Wachstumsprozeß, in: Die Gemeinde, Jg. 17 (1965), Heft 7, S. 155—157.

Jonas, Werner: Die staatliche Überwachung und Bereinigung des kommunalen Schuldenwesens unter besonderer Berücksichtigung Preußens, Berliner Dissertation 1938.

Keller, Theo: Artikel Finanzausgleich (I) Allgemeines, in: Handwörterbuch der Sozialwissenschaften, 3. Bd., Stuttgart, Tübingen, Göttingen 1961, S. 541—547.

Kloten, Norbert: Standortwirkungen kommunaler Besteuerungsformen, in: Kommunale Finanzen und Finanzausgleich (Schriften des Vereins für Socialpolitik N. F., Bd. 32); Hrsg.: H. Timm u. H. Jecht, Berlin 1964, S. 121—171.

— Steuerpolitik als regionale Strukturpolitik, in: Archiv für Kommunalwissenschaften; Hrsg.: H. Herzfeld u. a., 3. Jg. (1964), Stuttgart und Köln 1964, S. 41—56.

Kokotkiewiecz, Gerhard: Der Immobiliarkredit, seine Lage und Aussichten, in: Vierteljahreshefte zur Konjunkturforschung, Sonderheft 30, Berlin 1932.

Kreikebaum, Hartmut: Das Prestigeelement im Investitionsverfahren — Ein Beitrag zur Investitionstheorie, in: Heft 4 der Beiträge zur Verhaltensforschung (Das Prestigemotiv in Konsum und Investition — Demonstrative Investition und aufwendiger Verbrauch, von H. Kreikebaum und G. Rinsche); Hrsg.: G. Schmölders, Berlin 1961, S. 13—104.

Le Bon, Gustave: Psychologie der Massen, Stuttgart 1957.

Lenort, Norbert J.: Strukturforschung und Gemeindeplanung, Köln und Opladen 1960.

Lincke, Fritz: Umfang und Grenzen der kommunalen Verschuldung, in: Kommunalwirtschaft, Jg. 1957, Heft 12, S. 500—506.

Littmann, Konrad: Raumwirtschaftliche Auswirkungen der Finanzpolitik, in: Finanzarchiv Tübingen, N. F. 19 (1959), S. 367—381.

Loschelder, Wilhelm: Siehe *Hettlage,* Karl Maria.

Mann, Fritz Karl: Zur Soziologie der finanzpolitischen Entscheidung, in: Schmollers Jahrbuch für Gesetzgebung, Verwaltung und Volkswirtschaft im Deutschen Reiche, 57. Jg., München und Leipzig 1933, S. 705—735.

Markus, Karl: Siehe *Hötte,* Ferdinand.

Moll, Bruno: Probleme der Finanzwirtschaft, in: Probleme des Geld- und Finanzwesens, Leipzig 1924.

— Lehrbuch der Finanzwissenschaft, Berlin 1930.

Mulert, Oskar: Die Bedeutung des Auslandskredites für die deutschen Gemeinden, München 1931.

Neumark, Fritz: Grundsätze und Arten der Haushaltsführung und Finanzbedarfsdeckung, in: Handbuch der Finanzwissenschaft, 1. Bd., zweite, völlig neubearbeitete Auflage, Tübingen 1952, S. 606—669.

Oechsle, Bruno: Finanzreform? Eine Schicksalsfrage für die Gemeinden, in: Beiträge zur Gemeindefinanzreform, Stuttgart o. J.

Popitz, Johannes: Der Finanzausgleich und seine Bedeutung für die Finanzlage des Reichs, der Länder und Gemeinden (Veröffentlichungen des Reichsverbandes der Deutschen Industrie), Vortrag, Berlin 1930.

— Der künftige Finanzausgleich zwischen Reich, Ländern und Gemeinden. Gutachten, erstattet der Studiengesellschaft für den Finanzausgleich, Berlin 1932.

— Artikel Finanzausgleich, in: Handwörterbuch der Staatswissenschaften, 3. Bd., vierte, gänzlich umgearbeitete Auflage, Jena 1926, S. 1016—1042.

Reichstein, Susanne: Die Kassenbestände im außerordentlichen Haushalt der Gemeinden — Zur Problematik des § 92 (2) Gemeindeordnung Nordrhein-Westfalen, Bd. 31 der finanzwissenschaftlichen Forschungsarbeiten der Universität Köln; Hrsg.: G. Schmölders, Berlin 1964.

Rietdorf, Fritz: Ist das Zustimmungsverfahren nach dem Gemeindeumschuldungsgesetz noch zeitgemäß?, in: Der Städtetag N. F., 6. Jg. (1953), Heft 5, S. 191—192.

Rinsche, G.: Siehe *Kreikebaum,* Hartmut.

Ritschl, Hans: Eine Neuregelung des Finanzausgleichs in Beziehung zu Artikel 107 des Grundgesetzes für die Bundesrepublik, in: Finanzarchiv Tübingen, N. F. 13 (1951/52), S. 369—377.

— Begründung und Neugestaltung der steuerlichen Entlastung des Sparens (Gutachten), in: Sparkasse, 74. Jg. (1957), Heft 20, S. 311—324.

— Theorie der Staatswirtschaft und Besteuerung, Bonn und Leipzig 1925.

— Gemeinwirtschaft und kapitalistische Marktwirtschaft, Zur Erkenntnis der dualistischen Wirtschaftsordnung, Tübingen 1931.

— Theoretische Volkswirtschaftslehre (2 Bde.), Tübingen 1947.

— Artikel Finanzwissenschaft, in : Handwörterbuch der Betriebswirtschaft, Bd. II, dritte, völlig neubearbeitete Auflage, Stuttgart 1957/58, S. 1938—1950.

— Die Prinzipien der Staatswirtschaft, in: Finanzarchiv Tübingen, N. F. 12 (1951), S. 581—615.

Sattler, Herbert: Zum kommunalen Finanzsystem, in: Der Städtetag N. F., 10. Jg. (1957), Heft 11, S. 495—498.

— Zum kommunalen Investitionsbedarf, in: Der Städtetag N. F., 11. Jg. (1958), Heft 9, S. 403—407.

Schacht, Hjalmar: 76 Jahre meines Lebens, Bad Wörishofen 1953.

Schimmel, W.: Schulden und Schuldengrenze der Gemeinden, in: Der Gemeindehaushalt, Jg. 1955, Heft 10, S. 183.

Schmölders, Günter: Kommunale Finanzpolitik, in: Handbuch der kommunalen Wissenschaft und Praxis; Hrsg.: H. Peters, Bd. III, Berlin, Göttingen, Heidelberg 1959, S. 31—74.

— Die Entpolitisierung der Stadtverwaltungen, in: Reichsverwaltungsblatt 1933, Heft 3.

Schreml, Alfons und Josef *Dietl:* Die Berechnung der gemeindlichen Schuldengrenze, in: Schriften des Bayerischen Prüfungsverbandes öffentlicher Kassen, 5. Bd., zweite Auflage, München 1960.

Schumpeter, Joseph Alois: Das deutsche Finanzproblem, in: Schriftenreihe des deutschen Volkswirts, 1928.

Seiler, Gerhard: Probleme der kommunalen Finanzwirtschaft, Heft 17 der Schriftenreihe der Industrie- und Handelskammer zu Düsseldorf, Düsseldorf und Wien 1964.

Sies, Walter: Siehe *Stucken*, Rudolf.

Steinert, H.: Wie man Industrie ansiedelt, in: Handelsblatt Nr. 181 v. 20. 9. 1965.

Stucken, Rudolf: Grundsätze für die Anleihepolitik, in: Archiv für Sozialwissenschaft und Sozialpolitik, Tübingen, Bd. 57 (1927), S. 746—768.

— Kredit als finanzwirtschaftliches Deckungsmittel, in: Finanzarchiv Tübingen, N. F. 5 (1938), S. 529 ff.

— Der Finanzausgleich in der Bundesrepublik, in: Finanzarchiv Tübingen, N. F. 14 (1954), S. 695—703.

— Die Finanzierung der gemeindlichen Investitionen, in: Der langfristige Kredit, Jg. 1958, Heft 21/22, S. 403—405.

— Finanzwissenschaftliche Deckungsgrundsätze, in: Probleme des öffentlichen Budgets (Schriften des Vereins für Socialpolitik N. F., Bd. 31); Hrsg.: H. Jecht, Berlin 1964, S. 49—60.

— Fragen der öffentlichen Verschuldung unter besonderer Berücksichtigung der Kommunen, in: Kommunalwirtschaft, Jg. 1956, Heft 8, S. 382—384.

— und Walter *Sies:* Finanzwissenschaftliche Deckungsgrundsätze und konjunkturpolitische Postulate, in: Finanzarchiv Tübingen, N. F. 12 (1951), S. 616—631.

Surén, Friedrich-Karl: Die Gemeindeordnungen in der Bundesrepublik, Bd. II, Gemeindewirtschaftsrecht, Köln, Berlin, München, Bonn 1960.

Timm, Herbert: Artikel Gemeindefinanzen (I) Theorie, in: Handwörterbuch der Sozialwissenschaften, Stuttgart, Tübingen, Göttingen 1963, S. 299—308.

Vialon, Friedrich Karl: Haushaltsrecht, Berlin und Frankfurt am Main 1959.

Voigt, Fritz: Das Finanzsystem der deutschen gemeindlichen Selbstverwaltung, Leipziger Dissertation 1935.

— Untersuchungen zum Finanzsystem der deutschen gemeindlichen Selbstverwaltung, in: Beiträge zur Finanzkunde, H. 1, Leipzig 1936.

— Die Selbstverwaltung als Rechtsbegriff und juristische Erscheinung, Leipzig 1938; Leipziger Rechtswissenschaftliche Studien, herausg. von d. Leipziger Juristenfakultät, Bd. 110.

— Aussagefähigkeit und Erkenntnisgrenzen der modernen Wirtschaftstheorie, in: F. Voigt (u. a.): Beiträge zur Theorie des Sparens und der wirtschaftlichen Entwicklung, Schriften des Instituts für das Spar-, Giro- und Kreditwesen, Bd. 1, Berlin 1958, S. 7—83.

— Die Einwirkungen der Verkehrsmittel auf die wirtschaftliche Struktur eines Raumes, dargestellt am Beispiel Nordbayerns, in: Die Nürnberger Hochschule im fränkischen Raum, Nürnberg 1954.

— Die volkswirtschaftliche Bedeutung des Verkehrssystems, Bd. 1 der verkehrswissenschaftlichen Forschungen (Schriftenreihe des verkehrswissenschaftlichen Seminars der Universität Hamburg), Berlin 1960.

Weinberger, Bruno: Gefährdet das derzeitige kommunale Finanzsystem die Durchführung gegenwärtiger und zukünftiger Gemeindeaufgaben?, in: Kommunale Finanzreform (Schriftenreihe der Forschungsstelle der Friedrich-Ebert-Stiftung), Hannover 1962, S. 25—38.

— Hausbanken der Kommunen, in: Der Volkswirt, 15. Jg. (1961), Beilage zu Heft 23, S. 37—38.

— Neue Aspekte für eine kommunale Finanzreform, in: Der Städtetag N. F., 14. Jg. (1961), Heft 11, S. 583—586 und Heft 12, S. 649—654.

— Die Gemeindefinanzen an der Jahreswende, in: Der Städtetag N. F., 17. Jg. (1964), S. 1—7.

Wilharm, Kurt: Aktuelle Tendenzen im Kommunalkredit, in: Kommunalwirtschaft, Jg. 1963, Heft 5, S. 194—197.

Winkler, Ernst-Günter: Aufgaben und Grenzen der gemeindlichen Kreditnahme, Berlin—München 1961.

Zeitel, Gerhard: Die zweckmäßige Struktur des kommunalen Steuersystems, in: Kommunale Finanzen und Finanzausgleich (Schriften des Vereins für Socialpolitik N. F., Bd. 32); Hrsg.: H. Timm u. H. Jecht, Berlin 1964, S. 173—218.

— Eigentümlichkeiten und Grenzen der Kommunalverschuldung, in: Gemeindewirtschaft und Unternehmerwirtschaft (Festgabe für Rudolf Johns); Hrsg.: L. Mülhaupt u. K. Oettle, Göttingen 1965, S. 61—89.

Ziebill, Otto: Warum brauchen die Städte Kredit?, in: Der langfristige Kredit, 8. Jg. (1957), Heft 21/22, S. 357—358.

— Geschichte des Deutschen Städtetages, Stuttgart 1956.

Zimmermann, August: Die Grundlagen des Kommunalkredits, in: Kommunalwirtschaft, Jg. 1955, Heft 12, S. 585—589.

2. Statistische Quellen

Statistisches Bundesamt, VII 2000/05, Dr. H/Ps.

Statistisches Bundesamt: Der Finanzausgleich zwischen Land und Gemeinden in den Rechnungsjahren 1951 bis 1955, in: Wirtschaft und Statistik, 9. Jg. N. F., Heft 8, 1957, S. 413—420.

Statistisches Bundesamt: Unterschiede in der Finanzlage der Gemeinden, in: Wirtschaft und Statistik, 10. Jg. N. F., Heft 12, 1958, S. 678—681.

Statistisches Bundesamt: Statistik der Bundesrepublik Deutschland, Bd. 57.

Statistisches Bundesamt: Fachserie L: Finanzen und Steuern, Reihe 1/II, Kommunalfinanzen 1962.

Die Entwicklung der kommunalen Verschuldung, in: Monatsberichte der Deutschen Bundesbank, Dezember 1959, S. 11—16, und November 1964, S. 3—11.

Beiträge zur Statistik des Landes Nordrhein-Westfalen: Die kommunale Verschuldung in Nordrhein-Westfalen (Heft 140 u. 152); Hrsg.: Statistisches Landesamt Nordrhein-Westfalen, Düsseldorf 1961 und 1963.

Statistisches Reichsamt: Wirtschaft und Statistik 1934.

Deutscher Städtetag: Statistisches Jahrbuch Deutscher Gemeinden, 51. Jg. 1963.

Gemeinschaftsveröffentlichung der Statistischen Landesämter: Das Bruttoinlandsprodukt der kreisfreien Städte und Landkreise in der Bundesrepublik Deutschland 1957 und 1961 (Sozialproduktberechnungen der Länder, Heft 1), Wiesbaden 1964.

Statistisches Reichsamt: Statistisches Jahrbuch für das Deutsche Reich 1934, 1935 und 1936.

Statistisches Reichsamt: Statistik des Deutschen Reichs, Bd. 437 und 440.

Statistisches Reichsamt: Einzelschriften zur Statistik des Deutschen Reichs, Nr. 13: Die öffentliche Verschuldung im Deutschen Reich am 31. März 1928 und am 31. Dezember 1929, Berlin 1930.

Statistisches Reichsamt: Einzelschriften zur Statistik des Deutschen Reichs, Nr. 16 und Nr. 17: Der Finanzausgleich im Deutschen Reich (Teil I und Teil II), Berlin 1931.

Statistisches Reichsamt: Einzelschriften zur Statistik des Deutschen Reichs, Nr. 19: Steuerverteilung und Steuereinnahmen im Deutschen Reich 1928/29 bis 1930/31, Berlin 1931.

Statistisches Reichsamt: Einzelschriften zur Statistik des Deutschen Reichs, Nr. 27: Öffentlicher Kredit und Wirtschaftskrise, Berlin 1933.

Statistisches Reichsamt: Einzelschriften zur Statistik des Deutschen Reichs, Nr. 32: Die Gemeindefinanzen in der Wirtschaftskrise, Berlin 1936.

Materialien zur Vorbereitung der Banken-Enquete 1933. Zusammengestellt und überreicht vom Centralverband des Deutschen Bank- und Bankiergewerbes (E. V.), Berlin 1933.

Ausgewählte Tabellen zur Gemeindefinanzreform, Tabelle GF 10, Bl. 2 (Manuskript).

Die kommunale Verschuldung in Nordrhein-Westfalen; Hrsg.: Statistisches Landesamt Nordrhein-Westfalen.

Die öffentlichen Finanzen; Hrsg.: Statistisches Landesamt Nordrhein-Westfalen.

Statistische Rundschau für das Land Nordrhein-Westfalen; Hrsg.: Statistisches Landesamt Nordrhein-Westfalen, 16. Jg., Heft 5, Düsseldorf 1962.

Statistisches Amt des Vereinigten Wirtschaftsgebietes: Wirtschaft und Statistik, 1. Jg. N. F., Heft 3, 1949.

Statistisches Bundesamt: Wirtschaft und Statistik N. F., Jg. 1951 bis 1966.

Geschäftsberichte der Bank deutscher Länder für die Jahre 1952, 1953 und 1954.

Monatsberichte der Bank deutscher Länder.

Monatsberichte der Deutschen Bundesbank.

Statistisches Bundesamt: Die Finanzen der Gemeinden im Vereinigten Wirtschaftsgebiet im 3. Rechnungsjahr 1948 (1. 10. bis 31. 12.), Statistische Berichte, VII/4/2.

Amt für Statistik und Wahlen der Stadt Dortmund.

Modellerhebung des Deutschen Gemeindetages in kreisangehörigen Gemeinden Nordrhein-Westfalens.

Statistisches Bundesamt: Statistisches Jahrbuch für die Bundesrepublik 1952, 1958, 1961—1964.

Statistisches Bundesamt: Finanzen und Steuern, Reihe 9 Realsteuern, I. Realsteuervergleich 1956 und 1965.

Statistisches Bundesamt: Statistischer Bericht VII/43/18 (Realsteuervergleich 1958) und VII/43/19 (Gemeindliche Realsteuern im Rechnungsjahr 1959).

3. Gesetze, Verordnungen, Berichte, Dokumentationen

Gesetz über die Pfandbriefe und verwandten Schuldverschreibungen der öffentlich-rechtlichen Kreditanstalten vom 21. 12. 1927 (RGBl. 1927, S. 492) in der Fassung vom 8. 5. 1963 (BGBl. 1963, S. 312).

Hypothekenbankgesetz vom 13. 7. 1899 (RGBl. 1899, S. 375) in den Fassungen vom 29. 3. 1930 (RGBl. 1930, S. 108) und vom 5. 2. 1963 (BGBl. 1963, S. 81).

Verordnung des Reichspräsidenten über die Spar- und Girokassen sowie die kommunalen Giroverbände und kommunalen Kreditinstitute vom 5. August 1931 (RGBl. 1931, S. 429): Verbot der Kreditgewährung.

Verfügung des Ministeriums des Innern und des Finanzministeriums vom 9. 1. 1924, betr. wertbeständige Anleihen der Gemeinden und Gemeindeverbände, Ministerialblatt für die Preußische Innere Verwaltung, Jg. 1924, S. 46 ff.

Mustersatzung für Sparkassen.

Deutsche Gemeindeordnung vom 30. Januar 1935 (RGBl. 1935, S. 49).

Dritte Verordnung des Reichspräsidenten zur Sicherung von Wirtschaft und Finanzen und zur Bekämpfung politischer Ausschreitungen vom 6. Oktober 1931 (RGBl. 1931, S. 537): Aufnahme von Anleihen und Darlehen (Dritter Teil, Kapitel I).

Drucksachen des Reichstages, 12. Legislaturperiode, 1. Session 1907/09, Nr. 1035. Denkschriftenband zur Begründung des Entwurfs eines Gesetzes betreffend Änderungen im Finanzwesen. Anlagen zu den Stenographischen Berichten. Berlin 1908, S. 741 ff.

Landessteuergesetz vom 30. März 1920 (RGBl. 1920, S. 402).

Verordnung über Erwerbslosenfürsorge vom 13. November 1918 (RGBl. 1918, S. 1305).

Verordnung über Aufbringung der Mittel für die Erwerbslosenfürsorge vom 15. Oktober 1923 (RGBl. 1923, S. 984).

Verordnung über die Umstellung der Gemeindeabgaben nach der Währungsreform vom 5. Oktober 1948 (GVBl. 1948, S. 205).

Gesetz über die Arbeitsvermittlung und Arbeitslosenversicherung vom 16. Juli 1927 (RGBl. 1927, S. 187).

Gemeindeumschuldungsgesetz vom 21. September 1933 (RGBl. 1933, S. 647).

Anordnung, betreffend Einquartierung vom 16. November 1918 (RGBl. 1918, S. 1315).

Verordnung des Reichspräsidenten zur Behebung finanzieller, wirtschaftlicher und sozialer Notstände vom 26. Juli 1930 (RGBl. 1930, S. 311).

Deutscher Bundestag — 2. Wahlperiode, Drucksache II/2544: Entwurf eines Änderungsgesetzes zum Bewertungsgesetz von 1934.

Reichsbewertungsgesetz vom 16. Oktober 1934 (RGBl. 1934, S. 1035).

Grundsteuergesetz vom 1. Dezember 1936 (RGBl. 1936, S. 986).

Deutscher Bundestag — 4. Wahlperiode, Drucksache IV/1488: Entwurf eines Gesetzes zur Änderung des Bewertungsgesetzes vom 1. Oktober 1963.

Bekanntmachung, betreffend Einwirkungen der Flüchtlingsfürsorge auf das Armenrecht vom 16. Mai 1918 (RGBl. 1918, S. 409).

Gemeindeordnungen der westdeutschen Bundesländer.

Ministerialblatt für die gesamte innere Verwaltung in den Königlich Preußischen Staaten, Jg. 1891, S. 84.

Ministerialamtsblatt der bayerischen inneren Verwaltung vom 11. Oktober 1907, S. 482.

Verordnung über die Aufstellung und Ausführung des Haushaltsplans der Gemeinden (Gemeindehaushaltsverordnung) vom 4. 9. 1937 (RGBl. 1937, S. 921).

Gemeindehaushaltsverordnung Nordrhein-Westfalen vom 26. 1. 1954.

Einführungsgesetz zum Realsteuergesetz.

Preußisches Gemeindefinanzgesetz vom 15. Dezember 1933.

Erstes Wohnungsbaugesetz in der Fassung vom 25. August 1953 (BGBl. 1953, S. 1047).

Neufassung des Zweiten Wohnungsbaugesetzes (Wohnungsbau- und Familienheimgesetz) vom 1. August 1961 (BGBl. 1961, S. 1121).

Wiederaufbau und Verschuldung — Die außerordentliche Haushaltswirtschaft der Stadt Duisburg in den Rechnungsjahren 1949 bis 1958; Hrsg.: Stadtkämmerei der Stadt Duisburg.

Archivmaterial der Rheinischen Girozentrale und Provinzialbank, Düsseldorf.

Deutscher Bundestag — 4. Wahlperiode, Drucksache IV/2890: Jahresgutachten 1964 des Sachverständigenrates zur Begutachtung der gesamtwirtschaftlichen Entwicklung (im Buchhandel erschienen unter dem Titel: Stabiles Geld — Stetiges Wachstum, Jahresgutachten 1964/65 des Sachverständigenrates zur Begutachtung der gesamtwirtschaftlichen Entwicklung, Stuttgart und Mainz 1965).

Deutscher Bundestag — 4. Wahlperiode, Drucksache IV/2661: Bericht der Sachverständigenkommission über eine Untersuchung von Maßnahmen zur Verbesserung der Verkehrsverhältnisse der Gemeinden.

Deutscher Bundestag — 4. Wahlperiode, zu Drucksache IV/1752: Nachtrag zum Bericht über die Wirtschaftsentwicklung im Jahre 1963 und die Aussichten für 1964 (Wirtschaftsbericht 1964).

Deutscher Bundestag — 5. Wahlperiode, Drucksache V/1160: Jahresgutachten 1966 des Sachverständigenrates zur Begutachtung der gesamtwirtschaftlichen Entwicklung (im Buchhandel erschienen unter dem Titel: Expansion und Stabilität, Jahresgutachten 1966/67 des Sachverständigenrates zur Begutachtung der gesamtwirtschaftlichen Entwicklung, Stuttgart und Mainz 1966).

Institut „Finanzen und Steuern": Finanzverwaltung und Finanzausgleich in der Weimarer Republik, Heft 42, Bonn 1956.

Gutachten des Wissenschaftlichen Beirats beim Bundesministerium der Finanzen, Zur gegenwärtigen Problematik der Gemeindefinanzen, Köln 1959.

Gutachten über die Finanzreform in der Bundesrepublik Deutschland, Stuttgart, Köln, Berlin, Mainz 1966.

Die Standortwahl der Industriebetriebe in der Bundesrepublik Deutschland im Zeitraum von 1950—1960; Hrsg.: Bundesministerium für Arbeit und Sozialordnung, Bonn 1961.

Die Gemeinden sind die wesentlichsten Verkehrsbereiche, in: Der Städtetag N. F., 17. Jg. (1964), Heft 1, S. 16—18.

Finanzbericht 1965; Hrsg.: Bundesministerium der Finanzen, Bonn 1964.

157 Milliarden — Der Deutsche Städtetag errechnet den Investitionsbedarf der Gemeinden, in: Der Städtetag N. F., 15. Jg. (1962), Heft 5, S. 229—230.

Personenverzeichnis

Sachverzeichnis

FSC
www.fsc.org
MIX
Papier | Fördert
gute Waldnutzung
FSC® C083411

Kolibri 360 GmbH
Ferdinand-Jühlke-Straße 7
99095 Erfurt, Deutschland
produktsicherheit@kolibri360.de

Druck:
CPI Druckdienstleistungen GmbH
im Auftrag der
Kolibri 360 GmbH
Ferdinand-Jühlke-Str. 7
99095 Erfurt